Otto Hahn, geboren am 8. März 1879 in Frankfurt am Main – als jüngster Sohn des Glasermeisters Heinrich Hahn und dessen Frau Charlotte, geborene Giese –, starb am 28. Juli 1968 in Göttingen.

Dezember 1938: Otto Hahn und sein Assistent Fritz Straßmann stoßen bei ihren Experimenten am Berliner Kaiser-Wilhelm-Institut auf einen Vorgang, der zu einem »schrecklichen Schluß« führen sollte: Bei den Arbeiten über die Entstehung von Radioisotopen aus Uran durch Bestrahlen mit schnellen und verlangsamten Neutronen entdeckt Hahn die Kernspaltung. Ihm wurde 1944 für diese Entdeckung, mit der das Atomzeitalter begann, der Nobelpreis verliehen. Daß seine Forschungsarbeit mißbraucht werden sollte, daß sie als Grundlage für die Entwicklung der Atombombe dienen würde, die in ihrer Anwendung letztlich die Existenz der Menschheit bedroht – daß auch die friedliche Nutzung der Kernenergie mit großen Risiken verbunden sein würde, war für ihn eine bittere Erfahrung und veranlaßte ihn, unermüdlich vor diesen Gefahren zu warnen.

Anläßlich des 50. Jahrestages dieser Entdeckung und des 20. Todestages von Otto Hahn wird der Bildband über das Leben und Werk des bedeutendsten Chemikers unseres Jahrhunderts vorgelegt.

insel taschenbuch 1089
Otto Hahn
Leben und Werk in Texten
und Bildern

Otto Hahn

Leben und Werk in Texten
und Bildern
Mit einem Vorwort von
Carl Friedrich von Weizsäcker
Herausgegeben von Dietrich Hahn
Insel Verlag

insel taschenbuch 1089
Erste Auflage 1988
© dieser Ausgabe Insel Verlag Frankfurt am Main 1988
Alle Rechte vorbehalten
Vertrieb durch den Suhrkamp Taschenbuch Verlag
Umschlag nach Entwürfen von Willy Fleckhaus
Satz: Otto Gutfreund, Darmstadt
Druck: Nomos Verlagsgesellschaft, Baden-Baden
Printed in Germany

1 2 3 4 5 6 - 93 92 91 90 89 88

Inhalt

Für Franziska

Vorbemerkung des Herausgebers

Vor zwanzig Jahren, am 28. Juli 1968, starb in Göttingen Otto Hahn. Einen Tag später veröffentlichte die Max-Planck-Gesellschaft zur Förderung der Wissenschaften in allen großen Zeitungen eine Todesanzeige: »Unser Ehrenpräsident Otto Hahn ist in seinem 90. Lebensjahr am 28. Juli entschlafen. Als Begründer des Atomzeitalters wird er in die Geschichte der Menschheit eingehen. Deutschland verliert mit ihm einen Gelehrten, der sich durch aufrechte Haltung und innere Bescheidenheit in gleicher Weise auszeichnete. Die Max-Planck-Gesellschaft trauert um ihren Gründer, der die Aufgaben und die Tradition der Kaiser-Wilhelm-Gesellschaft nach dem Kriege fortführte, und um einen gütigen und geliebten Menschen, der allen unvergessen bleibt, die ihm begegnen durften. Sein Werk wird fortbestehen. Wir gedenken seiner in großer Dankbarkeit und Verehrung.«

Am 17. Dezember 1988 jährt sich zum 50. Mal Otto Hahns bedeutendste, in den Auswirkungen umstrittenste Entdeckung: die Kernspaltung des schweren Elements Uran in je zwei mittelschwere Atomkerne, die wissenschaftliche Grundlage der Kernenergie.

Diese Entdeckung, eine der folgenreichsten in der Geschichte der Menschheit, hat Otto Hahn zeitlebens bewegt und mit großer Sorge erfüllt. Seit 1945, als seine Forschungsarbeit durch die Atombomben von Hiroshima und Nagasaki als Instrument der Politik mißbraucht wurde, gehörte er zu den großen Mahnern, die die Welt eindringlich vor den Gefahren der militärischen Verwendung der Kernenergie und einer politischen Eskalation warnten. Ungezählt sind seine Appelle und Manifeste für Weltfrieden, internationale Abrüstung und Völkerverständigung. Ich erinnere nur an seinen Rundfunkappell »Cobalt 60 — Gefahr oder Segen für die Menschheit?« (1955), die von ihm initiierte »Mainauer Kundgebung der Nobelpreisträger« (1955), seine führende Rolle bei der berühmten Erklärung der »Göttinger Achtzehn« (1957) und an seine Unterzeichnung der »Petition der Naturforscher an die Vereinten Nationen« im Januar 1958. Bis zu seinem Tode blieb Otto Hahn eine Symbolgestalt des aktiven Pazifismus.

Ich danke dem Insel Verlag, daß er anläßlich der beiden Gedenktage diesen Bild- und Textband über das Leben und Werk Otto Hahns herausgibt. Dies ist um so mehr zu begrüßen, da sich seit einiger Zeit in der Darstellung des Menschen Otto Hahn und in der Schilderung der Geschichte der Kernspaltung durch rein subjektive Wertungen ihrer Verfasser Legenden gebildet haben, die durch den vorliegenden Band widerlegt werden können.

Otto Hahn, der unter den politischen Folgen der Kernspaltung wohl am meisten gelitten hat, wollte nicht als alleiniger Urheber dieser unabsehbaren Entwicklung angesehen werden. Er hat immer die seit 1934 gemeinsam mit Lise Meitner ausgeführten Arbeiten über die Transurane als mitentscheidend für die spätere Entdeckung und seinen Assistenten Fritz Straßmann stets als Mitentdecker bezeichnet. Aber er hätte sich auch gegen jede verfälschende Auslegung und jede widersprüchliche Analyse der Entdeckungsgeschichte gewehrt. Sauberkeit und Wahrheit waren zwei von Otto Hahns vornehmsten Maximen.

Ich denke, daß niemand anderes als Hahn, Meitner und Straßmann selbst ein objektiveres Urteil über die damaligen Verhältnisse im Hahnschen Laboratorium und die tatsächliche Geschichte der Kernspaltung abgeben können. Es schien mir daher wichtig, vor allem auf authentische Äußerungen von Hahn, Meitner und Straßmann von 1939 bis 1968 zurückzugreifen, also einer Zeitspanne, in der alle drei noch lebten und Divergenzen oder Fehldeutungen hätten überprüft und korrigiert werden können. Die von mir verwendeten Zitate, die verständlicherweise in einigen Veröffentlichungen allesamt verschwiegen werden, lassen keinen anderen Schluß zu und bestätigen sehr klar das allgemeine Bewußtsein, von Otto Hahn als dem Entdecker der Kernspaltung und von Fritz Straßmann als Mitentdecker zu sprechen. Daran werden auch die in den 70er Jahren unter dem Autorennamen Fritz Straßmann publizierten Beiträge nichts ändern, die in Ton und Inhalt zum Teil so ganz anders klingen als zu Hahns Lebzeiten. »Selten wird Neues ganz wahr und Wahres ganz neu sein«, schrieb Franz Grillparzer 1842. Fritz Straßmann, von Otto Hahn und Lise Meitner immer als integrer, bescheidener und loyaler Mensch geschildert, sollte man hierfür nicht verantwortlich machen.

1979 verfaßten die Professoren Hans-Joachim Born, Gottfried von Droste, Siegfried Flügge, Hans Käding, Walter Seelmann-Eggebert und Kurt Starke einen Kommentar, der sich kritisch mit einigen damaligen Publikationen auseinandersetzt. Darin heißt es unter anderem: »Zum Schluß möchten wir gemeinsam unser Bedauern ausdrücken, daß heute, zehn Jahre nach dem Tode unseres verehrten Lehrers und 40 Jahre nach seiner großartigen Entdeckung, in der Öffentlichkeit, in Zeitungen und Zeitschriften, das Andenken an diesen großen deutschen Gelehrten gelegentlich durch unsachliche Bemerkungen und unfreundliche Formulierungen beeinträchtigt wurde. Es lag uns in den kurzen persönlichen Erinnerungen an Otto Hahn daran, solange es uns ehemaligen Mitarbeitern noch möglich ist, das Bild zu überliefern, das wir uns von ihm in jahrelangen persönlichen Kontakten übereinstimmend gemacht haben.«

Das Bild Otto Hahns zu bewahren – wie er lebte, dachte und handelte – ist seit Jahren auch meine vordringlichste Aufgabe, und ich werde mein mögliches tun, um jeder sein Leben und Werk entstellenden Rezeption entgegenzuwirken.

Dieses Taschenbuch stützt sich auf die Biographie »Otto Hahn«, die ich im März 1979 anläßlich Hahns 100. Geburtstags herausgegeben habe. Viele Abschnitte werden dem Kenner vertraut vorkommen, aber es konnten auch mehrere neue Bild- und Textdokumente einbezogen werden, wobei der Schwerpunkt auf den nicht ganz leicht zugänglichen Aufsätzen von Hahns Institutsangehörigen liegt, denen ich eine hohe Authentizität beimesse.

Allen, die mir bei der Herausgabe dieses Bandes mit Rat und Tat zur Seite standen, möchte ich herzlich danken: Lotte Braun, Alexander und Johanna Dées de Sterio, Lothar von Forcade de Biaix, Dr. Ruth Gerlach, Gerhard Gronefeld, Susann Grünwald, Aldo Guida, Maria Guttenbrunner-Zuckmayer, Dr. Franz-Heinrich Hackel, Dr. Annegret Harz, Professor Manfred Hänisch, Michael Hagemann, Dr. Eckart Henning, Dr. Gottfried Honnefelder, Professor Hans Jürgen Kallmann, Martina Keun-Geburtig, Professor Ernst von Khuon, Heidrun Klein, Professor Gerda Panofsky, Professor Kurt Starke, Ute Weber, Brigitte Wiendl, Evelyn Zander. Ganz besonders danke ich Professor Carl Friedrich von Weizsäcker für sein persönliches, mit interessanten Erinnerungen versehenes Vorwort und Franziska Petzi, ohne deren Verständnis und Zuneigung dieses Buch nicht entstanden wäre. Ihr ist dieser Band gewidmet.

Ottobrunn, im März 1988   Dietrich Hahn

Vorwort von
Carl Friedrich von Weizsäcker

Dieses Buch erzählt in Bildern und kurzen Texten das Leben von Otto Hahn. Meine Einführung dazu kann nur drei Beiträge liefern. Erstens soll sie, einfach dadurch, daß ich sie schreibe, meinen großen Respekt vor Otto Hahn ausdrücken; wenn ich so sagen darf, die liebende Verehrung, die ich ihm bewahrt habe. Zweitens möchte ich ein paar Erinnerungen an ihn erzählen. Schließlich eine kurze Reflexion auf die historische Bedeutung seiner größten Entdeckung.

Liebende Verehrung. Hätte ich ihm das ins Gesicht gesagt, so hätte er eine ehrliche, trockene, freundlich-spöttische Bemerkung gemacht. Er hielt sich nicht für bedeutend. Er täuschte sich nicht über sich selbst. Er hielt sich für einen guten Chemiker, und das war er auch. Den Sechzigjährigen führte seine präzise Beobachtungsgabe, seine immense Erfahrung, sein rastloser Fleiß zur unerwarteten, verblüffenden Entdeckung der Uranspaltung. Der verdiente Nobelpreis hat ihn gefreut. Aber ich habe größere Wissenschaftler als ihn gekannt; unter hochmütigen Physikern unterschrieb er gern als »Otto Hahn, Chemiker«. Ich habe bedeutendere Menschen als ihn gekannt, aber nie einen, der vertrauenswürdiger war. Gerade weil man es ihm nicht ins Gesicht sagen konnte, konnte man ihn liebend verehren.

Erinnerungen. Im Sommer 1936 war ich ein halbes Jahr in Hahns Institut, als »Haustheoretiker« in der Abteilung von Lise Meitner; ich vertrat den für dieses halbe Jahr abwesenden Max Delbrück. Sie war eine gütige und kluge Chefin. Hahn suchte sie öfters in ihren Arbeitsräumen auf, um über aktuelle Forschungsarbeiten zu reden. Die Atmosphäre im Institut war die des freien, wissenschaftlich engagierten Gesprächs. Autoritätsstrukturen außer der natürlichen Autorität der guten Wissenschaftler Hahn und Meitner, habe ich nicht wahrgenommen, auch keinerlei nazistisches Gedankengut – genau wie ich es auch von der bei Heisenberg und nachher bei Debye gekannt habe. Lise Meitner war sich ihrer Überlegenheit in physikalischer Theorie über Hahn wohlbewußt; ich höre sie noch in wienerischer Klangfarbe zu ihm sagen: »Hähnchen, das verstehst du nicht.« Er anerkannte dieses Wissen. Aber im Grunde war er wohl doch der noch produktivere Wissenschaftler: er lebte mit seinen radioaktiven Isotopen wie mit eigenen Kindern oder vielleicht mit vertrauten Haustieren. Und die Wissenschaft wurde mit den geringsten Hilfsmitteln gemacht. Ich sehe noch Hahn und Straßmann in weißen Laborkitteln, ohne Hilfe auch nur einer technischen Assistentin, von einem Arbeitszimmer über den Gang ins nächste Zimmer laufen, um dort eine im ersten Zimmer bestrahlte Substanz eigenhändig unter den Geigerzähler zu legen.

Im Herbst 1936 ging ich, ebenfalls als Haustheoretiker, in das nur 5 Minuten von Hahns Institut entfernte Kaiser-Wilhelm-Institut für Physik, unter Peter Debye. Ich besuchte noch öfters Hahns Institutskolloquium. Einige Zeit nach Weihnachten 1938 rief Hahn mich in meiner Wohnung an. »Herr von Weizsäcker, können Sie sich ein radioaktives Radium vorstellen, das bei allen chemischen Reaktionen nicht mit Radium, sondern mit Barium geht?« »Haben Sie so etwas?« »Ja. Es sollte nach Joliot Radium sein, ist aber von Barium nicht zu trennen.« »Nun, ich würde dann doch wohl vermuten, daß es wirklich Barium ist.« »Ja, das kommt mir auch so vor. Aber dann ist der Urankern zerplatzt.«

Eine völlig unerwartete Entdeckung. Schon wenigstens ein halbes Jahr vorher hatte er gesagt: »Ich muß die Radiümer von dem Joliot überprüfen. Ich verstehe nicht, wie er mit Neutronen aus Uran Radium machen kann.« Lise Meitner hatte wenig Lust dazu; das sei mühsam und werde zum Schluß vielleicht doch nur einen »Dreckeffekt« aufklären. Aber Hahns Neugier ließ ihm keine Ruhe. Daß die Uranspaltung, das »Zerplatzen« des Urans, seine größte Entdeckung war – wenn sie denn die richtige Erklärung des Befunds war –, das war ihm alsbald klar. Lise Meitner und Otto Robert Frisch gaben dann die richtige Erklärung des physikalischen Mechanismus im »Tröpfchenmodell« des Kerns: die Energiezufuhr durch die Anlagerung eines Neutrons bringt den Kern in längliche Schwingungen, und unter dem Einfluß der gegenseitigen elektrostatischen Abstoßung seiner Teile kann ihm geschehen, daß er auseinanderfliegt. Keine grundlegende Modifikation der Theorie des Atomkerns war dazu nötig, nur das Ziehen einer nicht erwogenen Konsequenz. In diesem Falle war das Experiment der Theorie vorausgegangen.

Joliot in Paris wiederholte und bestätigte Hahns Experiment. Im Februar 1939 besuchte ich Hahns Institutskolloquium und erfuhr, daß Joliot als weiteres Produkt der Spaltung des Kerns Sekundärneutronen gefunden hatte. Jedem Kernphysiker mußte klar sein, daß – wenn mehr als *ein* Neutron pro Spaltung ausgelöst wurde – nun eine Kettenreaktion möglich sein würde. Da man die Größe der Energien kannte, war klar, daß dies eine Energiequelle, vermutlich eine Bombe, von ungeahnter Stärke ergeben würde. Was tun? Ich ging alsbald zu Georg Picht, und unser Gespräch führte uns zu der Erwartung, die Menschheit müsse nun, wolle sie sich nicht selbst zugrunde richten, auf die Dauer die Institution des Kriegs überwinden. Vorerst aber würde Hitler aller Voraussicht nach seinen Krieg beginnen.

Die Geschichte der amerikanischen und auch der deutschen Arbeiten an Reaktor und Bombe ist oft erzählt worden und hier nicht zu wiederholen. Als zu Anfang des Kriegs das Heereswaffenamt in Berlin Arbeiten über die technische Erzeugung der Kettenreaktion einleitete, an denen ich beteiligt war, ging ich zu Hahn und riet ihm, sich pro forma zu beteiligen. An Reaktor- oder Bomben-Modellen wollte und konnte er schon seiner Arbeitsrichtung nach nicht arbeiten. Aber wenn er die Spaltungsvorgänge weiter studierte, konnte er den Arbeiten seines Instituts das Prädikat »kriegswichtig« geben lassen und die Mitarbeiter vor der Einziehung zur Wehrmacht oder zu anderen, wirklich kriegsbezogenen Arbeiten schützen. Er handelte so. Im Gespräch sagte er mir jedoch in großer Erregung: »Wenn durch meine Arbeiten der Hitler eine Atombombe kriegt, dann bringe ich mich um.« Eine unvergeßliche Szene.

Am Kriegsende wurden wir verhaftet und, nach einigen Zwischenstationen, im englischen Gutshaus Farmhall, nicht allzuweit von Cambridge, ein halbes Jahr lang interniert, gut ernährt, höflich behandelt, aber hermetisch von der Umwelt abgeschlossen. Dies war für mich die ausführlichste und, ich wage zu sagen: schönste Zeit des Zusammenseins mit Otto Hahn. Er war unser Senior, 66 Jahre alt, damals genau doppelt so alt wie ich. Er war unser natürlicher Sprecher gegenüber den englischen »Betreuern« und die natürliche Autorität in unserem Kreise, gerade weil er nie Autorität in Anspruch nahm. Jeder von uns wurde gelegentlich von einem »Lagerkoller« befallen; Hahn schlichtete mit einem ruhigen Wort, einem Scherz, einem Kalauer, der uns zum Lachen brachte. Wenn sein um wenige Monate jüngerer Freund und Gesinnungsgenosse Max von Laue in eine seiner gelegentlichen Sonderbarkeiten verfiel, konnte Hahn ihn beruhigen; und nachher trällerte er vielleicht einen Gassenhauer aus der Zeit vor 1914 vor sich hin: »O du mein Max, mein Max . . .«. Am Silvesterabend 1945, als wir wußten, daß wir bald nach Deutschland zurückkehren würden, wurde eine heitere kleine Feier veranstaltet, mit selbstgedichteten Limericks und einer Theaterdarbietung des begabten deutschen Kriegsgefangenen Harry Cramer (heute Kunstprofessor in Kassel), der uns als Friseur zugeteilt war; Hahn ließ sich bewegen, das alte bayerische Chevaux-leger-Lied zu singen: »S'wär ja traurig, gäb's kein Mädel meh-er für dem König seinen Schwalangschä-hä-här . . .«

Aber die Heiterkeit war ja eine heroische Leistung. Hahn war erleichtert, daß der Krieg zu Ende, die Hitler-Herrschaft gebrochen war. Aber jeder von uns dachte mit Schrecken an das, was nun zu Hause geschehen mochte, an die neuen Flüchtlingsströme, mit Sorge an die Zukunft. Wir begriffen nicht, warum wir als so wichtige Personen behandelt wurden, bis uns die Nachricht von Hiroshima die Augen öffnete: wir waren Fachleute für eine technische Entwicklung, die in Amerika schneller gelungen war, als wir für möglich gehalten hätten. Der Vorgang in Farmhall ist hier im Buch geschildert. Für nichts habe ich Hahn so verehrt wie für die tiefe moralische Betroffenheit, in der er die Mitschuld auf sich nahm für die Folgen seiner Entdeckung, Folgen, die er nie gewollt hatte und nicht verhindern konnte. Ein Trost wurde ihm die Hoffnung, die Uranspaltung werde der Menschheit eine kaum erschöpfbare und, wie wir meinten, völlig umweltfreundliche Energiequelle zur Verfügung stellen.

Nach der Rückkehr in die Heimat wurden ihm noch zweiundzwanzig Lebensjahre geschenkt. In die aktive chemische Forschung kehrte er nicht mehr zurück. Er übernahm die Verantwortung für den Wiederaufbau eines wichtigen Teils der deutschen Wissenschaft, als Präsident der Max-Planck-Gesellschaft zur Förderung der Wissenschaften, in welche die alte Kaiser-Wilhelm-Gesellschaft faktisch umgetauft worden war. Diese Aufgabe war bei ihm in der besten Hand. Ich erlaube mir auch hier eine der kleinen Heiterkeiten zu erzählen, mit denen er mühsame Situationen meisterte. Die erste Sitzung des neugegründeten Senats der Max-Planck-Gesellschaft dauerte sehr lange. Vor der Tür warteten zahlreiche Journalisten. Als Hahn spät am Abend herauskam, stürzten sich alle auf ihn. »Ich beantworte nur eine Frage.« »Herr Präsident, was halten Sie von fliegenden Untertassen?« (Ufos). »Ach, wenn das vernünftige Leute wären, würden sie nicht da am Himmel herumkrebsen, sondern kämen herunter und würden uns Guten Tag sagen.« Sprach's und entschwand.

Diese 22 Jahre sind hier im Buch ausführlich dokumentiert. Es waren die Jahre seines großen Ruhms und sorgenvoll getragener Pflichten. Noch einmal hatten wir enge, vertrauensvolle Zusammenarbeit, in der Göttinger Erklärung von 1957 gegen nationale Atomrüstung. Als Hahn 1968 starb, wußte er, daß das Problem der Verhütung des Atomkriegs noch nicht gelöst ist.

Eine Schlußreflexion. Was bedeutet ein solches Forscherleben, was bedeutet Hahns klassische Entdeckung in der Menschheitsgeschichte? Die Wissenschaft verändert die Welt, unaufhaltsam. Hahns Entdeckung zeigt, daß diese Veränderung eintritt, auch wenn der Entdecker sie vorweg überhaupt nicht zu denken vermocht hat und sie nachher nicht wollte. Die Wissenschaft ist moralisch solange nicht erwachsen, als sie nicht bereit ist, die Verantwortung auch für ihre ungewollten Folgen auf sich zu nehmen. Dies bedeutet aber Mitarbeit an der Veränderung der politischen Struktur der Welt. Die Menschheit kann nicht auf die Dauer zugleich mit der Kenntnis der Kernspaltung und der Institution des Krieges leben. Dieses Wissen beschattete die letzten Lebensjahrzehnte Otto Hahns. Es bewußt getragen zu haben, war sein Beitrag zum unerläßlichen Bewußtseinswandel unserer Zeit. Es war sein Geschenk an die Menschheit.

Frankfurt am Main
1879-1897:
Kindheit und Schulzeit

Frankfurt am Main, um 1880. »*Mein Vater Heinrich Hahn, 1845 in Gundersheim bei Worms geboren, erlernte das Glaserhandwerk. Damit setzte er nur die eine Richtung der Tätigkeit meines Großvaters fort, denn dieser war Landwirt und Weinbauer auf eigenem Hof und betrieb daneben eine Glaserei mit Fensterrahmenschreinerei. Die Landwirtschaft interessierte ihn so wenig, daß er lieber lange Fußmärsche nach Alzey in Kauf nahm und dort eine handwerkliche Fortbildungsschule besuchte.*« (›Mein Leben‹)

»*1866, also mit 21 Jahren, kam mein Vater nach Frankfurt in die Schönsche Glaserei in der Bockgasse am Liebfrauenberg. Die Lehr- und Wanderjahre lagen hinter ihm. Dramatisch konnte er von den aufregenden Tagen berichten, als die Preußen in die alte freie Hauptstadt einmarschierten und sie für Preußen annektierten.*« (›Radiothor‹)

»*Hier, in der Altstadt von Frankfurt, lernte er seine spätere Frau, meine Mutter, Charlotte geborene Giese kennen, die damals schon Witwe war.*« (›Radiothor‹) »*Mit ihrer Mutter wohnte sie in der Nachbarschaft der Schönschen Glaserei, in der mein Vater arbeitete. Beide führten damals einen Mittagstisch, der von jüngeren, gebildeten, meist jüdischen Kaufleuten besucht wurde. Aus dieser Zeit stammen die vorzüglichen Kochkünste meiner Mutter, die später von vielen Gästen unserer Familie bewundert wurden.*« (›Mein Leben‹)

Die Mutter Charlotte Hahn (1845-1906), geborene Giese. »*Der ersten Ehe meiner Mutter war ein Sohn, Karl, entsprossen. 1875 heiratete mein Vater die junge Witwe. Beide waren 30 Jahre alt. Der Stiefbruder Karl wurde später adoptiert, hieß dann also ebenfalls Hahn.*« (›Radiothor‹)
»*Aus der Ehe gingen drei Söhne hervor: 1876 Heiner, 1877 Julius und am 8. März 1879 ich selbst.*« (›Mein Leben‹)
»*Meine Vorfahren mütterlicherseits stammen aus Norddeutschland, der Mark Brandenburg und Ostpreußen. Unter diesen Verwandten befinden sich mehrere Akademiker von Rang.*« (›Mein Leben‹)
Der Vater Heinrich Hahn (1845-1922). »*Väterlicherseits stammen meine Vorfahren aus einem alten, eingesessenen rheinhessischen Bauerngeschlecht. Ihre Kinder zogen, sofern sie nicht die elterlichen Höfe übernahmen, in die Fremde. Dort übten sie zum Teil sehr angesehene Berufe aus, wurden unter anderem Lehrer und Ärzte.*« (›Mein Leben‹)

Hahn-Denkmal von Knud Knudsen an der Stelle des Geburtshauses in Frankfurt am Main (früher Bockgasse 17, heute Ziegelgasse).

»An die Stätte meiner Geburt in der Bockgasse erinnere ich mich nur noch aus einigen späteren Besuchen. Die Wohnung muß äußerst eng gewesen sein. Wir Kinder schliefen in einem Alkoven, der nur vom Treppenhaus etwas Licht bekam. Zu erreichen war dieser Raum durch das Schlafzimmer meiner Eltern, das zugleich Wohn- und Eßzimmer war. Das dritte Zimmer war der obligate ›Salon‹ mit dem damals unvermeidlichen Goldfischglas. Das Treppenhaus besaß eine enge, hölzerne Wendeltreppe mit einem als Handlauf dienenden Seil. Im Erdgeschoß war die Glaserwerkstatt; das Glaslager befand sich im Keller, durch eine Klapptür zugänglich.« (›Mein Leben‹)

Die vier Brüder Heiner, Julius, Otto und Karl (von links) Im Jahre 1882.

»Die Erziehung von uns drei jüngeren Brüdern lag ganz in den Händen des ältesten Bruders Karl. Frühzeitig entwickelte er sein pädagogisches Talent. Er war streng, leicht erregbar, und wir hatten großen Respekt vor ihm. So hatten wir uns verpflichtet, nie mit den Straßenjungen der Steingasse zu spielen, weil diese aus viel niedrigerem Milieu stammten als wir. Wir hielten dieses Versprechen gewissenhaft ein. Karl selbst war für uns etwas Besonderes.« (›Radiothor‹) *»Er besuchte das sehr angesehene städtische Goethe-Gymnasium, lernte also Griechisch und Latein und fühlte sich uns überlegen. Er vergaß auch später nicht, uns klarzumachen, daß wir keine humanistische Bildung hatten. Dabei deklamierte er pathetisch, unsere Bewunderung erwartend, in griechischer Sprache aus Odyssee und anderen Texten, mit dem Ergebnis, daß ich heute noch einige griechische Verse gut kenne, obgleich mir ihr Sinn erst Jahrzehnte später aufging. Ich habe den Mangel an humanistischer Bildung nie ganz verwunden.«* (›Mein Leben‹)

Das Elternhaus, Töngesgasse 21 (außen links). »*Redlichkeit, Fleiß und Bildungsdrang verhalfen meinen Eltern bald zu einer gutbürgerlichen Existenz. Meine Mutter kam schon aus dieser Atmosphäre; sie hatte eine gute Schulbildung genossen und bei den jungen Kaufleuten die Umgangsformen erlernt, die meinem vom Lande stammenden Vater jetzt zugute kamen. Er hatte mit 26 Jahren die Schönsche Glaserei käuflich erworben und baute sie nun weiter aus: ein Spiegel- und Bilderrahmungs-Geschäft mit Vergolderei kam hinzu.*« (›Mein Leben‹)*
»Der Aufstieg des Vaters vom bescheidenen Handwerker zum angesehenen Unternehmer hing eng mit der politischen Entwicklung der damaligen Zeit zusammen. Frankfurt, 1866 Preußen einverleibt, erlebte besonders nach dem gewonnenen Krieg von 1870/71 einen außergewöhnlichen Aufschwung, der sich unter anderem in einer stürmischen Bautätigkeit auswirkte. Damals arbeiteten viele tüchtige Handwerker – darunter auch mein Vater – bis in die Nacht hinein, machten gute Gewinne und erwarben eigene Liegenschaften.*« (›Mein Leben‹) »Durch diese Umstände waren die Eltern schon nach einigen Jahren in der Lage, die viel zu kleine und enge Wohnung in der Bockgasse, in der ich geboren wurde, aufzugeben. Sie kauften ein älteres Wohn- und Geschäftshaus in der Töngesgasse 21, und hier spielte sich das Leben für uns vier Brüder in der frühen Jugend- und Schulzeit ab.*« (›Radiothor‹)*

Unterschrift aus dem Jahre 1886, das älteste erhaltene handschriftliche Dokument.

»Im Frühjahr 1885 kam ich in die Vorschule der Klinger-Oberrealschule. Die ersten Schreibübungen auf der Schiefertafel verliefen noch glimpflich, konnte man doch mißglückte Buchstaben wieder wegwischen und neu schreiben. Als wir jedoch zu Schreibheften übergingen, hatte ich gleich am Anfang Pech. Ich machte einen dicken Tintenklecks, den ich nicht ausradieren konnte. Ergebnis: eine ebenso dicke Ohrfeige des Klassenlehrers.« (›Mein Leben‹)

»Im Schreiben war ich, auch abgesehen von diesem ersten Klecks, nicht sehr geschickt; ich hätte es mit der linken Hand viel schneller gelernt. Deshalb habe ich es in den ersten Schuljahren auch nie über einen mittleren Platz unter den 45 bis 50 Schülern gebracht. In der Sexta kam ich aber dann ganz unerwartet auf den dritten Platz. Französisch fiel mir nämlich leicht, und Schönschreiben war nicht mehr so wichtig.« (›Mein Leben‹)

Theaterzettel der Uraufführung von ›Alt-Frankfurt‹, 1887. »Es war Weihnachten 1885, daß ich als 6jähriger Bub mit meinen Eltern zum ersten Male in der Oper war. Ich erinnere mich an das Weihnachtsmärchen ›Prinzessin Goldhaar‹. Dann kamen aber bald der ›Max und Moritz‹ und das bezaubernde ›Alt-Frankfurt‹ von Stoltze. ›Alt-Frankfurt‹ war ein großer Erfolg.« (An Fritz Dietz, 4. 1. 1967)

Töngesgasse 18. *»Der Wunsch meines Vaters, daß ich das Abitur machen und anschließend Architektur studieren sollte, entsprang wohl seinem eigenen Interesse am Hausbau. Er entwickelte beim Kauf von Häusern und Grundstücken einen Weitblick, der sich für die ganze Familie segensreich auswirkte.«* (›Mein Leben‹) *»Um das Jahr 1895 baute mein Vater das neuerworbene Grundstück zwischen Töngesgasse 18 und Rheineckstraße 21 zur Erweiterung des Spiegel- und Bilderrahmengeschäftes völlig um. Wir zogen aus dem Haus Töngesgasse 21 in die sehr viel größere und schönere Wohnung Töngesgasse 18 . . . bis meinen Vater erneut die Baulust packte. So kaufte er dann im Westen Frankfurts einen freien Bauplatz mit Garten und ließ hier, am Beethovenplatz 4, ein neues dreistöckiges Haus mit drei Achtzimmerwohnungen errichten.«* (›Mein Leben‹)
»Heiner blieb im eigentlichen Geschäft, das sich weiter ausdehnte und heute unter dem Namen ›Glasbau Heinrich Hahn‹ ein nicht nur in Frankfurt bekanntes Unternehmen ist.« (›Radiothor‹)
»Julius schuf das ›Kunsthaus Hahn‹, das bis zu seiner Vernichtung bei einem Bombenangriff 1945 in hohem Ansehen stand.« (›Mein Leben‹)

Jugendbrief an den Bruder Heiner vom 24. Dezember 1894 mit dem Satz »*Auch für Chemie interessiere ich mich noch sehr . . .*«
»*Bei aller Arbeit für die Schule blieb mir aber auch genügend Zeit, mich mit anderen Dingen zu beschäftigen. Zu den Abenteuerbüchern gesellte sich allmählich populärwissenschaftliche Literatur: Carus Sterne, Ernst Haeckel, Ernest Renan, Max Eyth, Kurd Lasswitz und andere. Nur kurz interessierte ich mich auch für Spiritismus. Die Bücher von Karl des Prel und Dessoir regten mich aber so auf, daß ich die Lektüre wieder aufgab.*« (›Mein Leben‹) »*Später beschäftigte ich mich auch mit Kunstgeschichte. Die Anregung hierzu kam ebenfalls von einem meiner Brüder; Karl hielt als junger Oberlehrer an einer Zweigstelle des Frankfurter Hochstifts Vorträge über kunstgeschichtliche Themen, die auch mich sehr interessierten.*« (›Mein Leben‹)
»*Im allgemeinen verlief meine Oberrealschulzeit recht unbeschwert.*« (›Mein Leben‹) »*Der Unterricht in Chemie war zum ›Schlafen langweilig‹, und doch interessierte ich mich zunehmend gerade für dieses Fach. Schon in der Zeit der Untersekunda hatte ich mit einem meiner Kameraden in der Waschküche meiner Mutter Versuche durchgeführt. Ich lernte Wasserstoff herzustellen, mit Sauerstoff Kohle zu verbrennen, mit Natriummetall, gelbem Phosphor und Kaliumchlorat zu experimentieren. An Formelgleichungen wagten wir uns allerdings noch nicht heran.*« (›Mein Leben‹)

DIE

SCHULE DER CHEMIE,

ODER

ERSTER UNTERRICHT IN DER CHEMIE,

VERSINNLICHT DURCH

EINFACHE EXPERIMENTE.

Zum

Schulgebrauch und zur Selbstbelehrung,

insbesondere für

angehende Apotheker, Landwirthe, Gewerbtreibende etc.

Von

Dr. Julius Adolph Stöckhardt,

Königl. Sächs. Geh. Hofrath, Professor der Chemie an der Königl. Akademie für
Forst- und Landwirthe zu Tharand und K. S. Apothekenrevisor.

Neunzehnte verbesserte Auflage.

Mit 219 in den Text eingedruckten Holzschnitten und einer
farbigen Spectraltafel.

BRAUNSCHWEIG,
DRUCK UND VERLAG VON FRIEDRICH VIEWEG UND SOHN.
1881.

488　　　Chemische Verbindungsgesetze.

wenige Ausnahmen abgerechnet, sämmtlich aus noch kleineren
Theilchen — aus Atomen — zusammengesetzt sind.

Atom nennt man den kleinsten, weder einer mechanischen
Zertheilung, noch einer chemischen Zersetzung unterziehbaren
Theil eines einfachen Körpers; oder mit anderen Worten: Das
Atom ist der kleinste, chemische Verbindungen einzugehen fähige
Theil eines Elements.

Diejenige Kraft, welche die Atome zu Molecülen vereinigt,
ist die Affinität oder chemische Verwandtschaft. Alle
chemischen Vorgänge sind durch die Affinität der Atome bedingt,
welche bei jedem Elemente in charakteristischer Weise verschieden
ist und in naher Beziehung zur Elektricität steht.

Die grosse Schnelligkeit, mit welcher man oft chemische
Processe vor sich gehen sieht, sowie mehrere andere Wahrneh-
mungen nöthigen zu der Vermuthung, dass auch die Atome, indem sie sich zu Molecülen vereinigen, nicht in directe Berührung
treten, sondern gewisse Abstände oder Zwischenräume innehalten.
Jedoch muss als feststehend angenommen werden, dass die Wärme
u. dergl. diese Zwischenräume nicht zu verändern vermag, ohne
zugleich eine Zersetzung des Molecüls herbeizuführen. Dagegen
bewirken Wärme und Elektricität, zuweilen auch Licht und
äussere Erschütterung eine Bewegung der Atome in den Molecülen, welche oft eine Aenderung in der Stärke der Affinität zur
Folge hat. — So verbindet sich das Eisen in glühendem Zustande
direct mit Sauerstoff, während wiederum das Queckselberoxyd
beim Erhitzen sich in seine Bestandtheile zersetzt. Chlor verbindet sich mit Wasserstoff durch Vermittlung des elektrischen
Funkens oder des Sonnenlichtes und Jodstickstoff zersetzt sich
in Folge blosser Erschütterung.

Die Affinität vermag ihre Wirkung nur in nächster Nähe zu
äussern und es ist daher nöthig, dass sich die Molecüle derjeni-
gen Körper, welche gegenseitig in chemische Action treten sollen,
innig vermischen. Es müssen daher die festen Körper erst durch
Schmelzen oder Auflösen dazu befähigt werden. — Corpora non
agunt nisi fluida lautet ein schon sehr alter Lehrsatz.

538. Gewicht der Molecüle. Ueber die absolute Zahl
und Grösse der in einem Kilogramm oder Liter enthaltenen
Molecüle irgend eines Körpers wird man, deren Kleinheit
wegen, stets im Ungewissen bleiben, dagegen ist es eine Haupt-

---

Titelblatt von Stöckhardts ›Die Schule der Chemie‹. »Ernster wurde das Interesse aber erst in der Unter- oder Oberprima.« (›Radiothor‹) »Ein Freund meines älteren Bruders Karl, der selbst Chemie studierte, schenkte mir das Lehrbuch ›Schule der Chemie‹ von Stöckhardt.« (›Mein Leben‹)

Auszug aus ›Schule der Chemie‹, 19. Auflage 1881.
»Atom nennt man den kleinsten, weder einer mechanischen Zertheilung, noch einer chemischen Zersetzung unterziehbaren Theil eines einfachen Körpers; oder mit anderen Worten: Das Atom ist der kleinste, chemische Verbindungen einzugehen fähige Theil eines Elements.«

Martin Freund (1845-1923), um 1900. *»Als Oberprimaner hörte ich ein Abendkolleg über ›Organische Farbstoffe‹ im Physikalischen Verein (dem Vorläufer der Frankfurter Universität) bei Professor Martin Freund.«* (›Radiothor‹) *»Die schönen Farbstoffreaktionen, die Prof. Freund in vielen Reagenzgläsern hervorzauberte, waren uns in ihrer formelmäßigen Erklärung noch fremd, aber sie boten einen ästhetischen Genuß und erweckten den Wunsch auf späteres Verständnis.«* (›Erlebnisse‹)

»So konnte ich meinem Vater dann doch vorschlagen, Chemie zu studieren, statt Architekt zu werden. Er erklärte sich damit einverstanden.« (›Radiothor‹)

Otto Hahn als 18jähriger Abiturient, März 1897. »*Im Frühjahr 1897 legte ich mein Abiturientenexamen ab. Da man bei einigermaßen guten Leistungen von der mündlichen Prüfung befreit wurde, und ich in der Prima der Drittbeste unter neun oder zehn Schülern war, kam ich recht glimpflich davon. Mein Abschlußzeugnis zeigt drei volle Einsen, aber nicht etwa in Chemie, Mathematik oder Französisch, sondern in Turnen, Singen und Religion!*« (›Mein Leben‹)

Marburg - München - Marburg
1897-1901:
Studienjahre

Marburg. »*Nachdem ich mich zum Studium der Chemie entschlossen hatte, kam die Frage nach der Hochschule. In nächster Nähe zu Frankfurt lagen Marburg mit seiner Universität und Darmstadt mit der Technischen Hochschule. Da es damals hieß, daß Marburg keine Universität habe, sondern eine Universität sei, entschied ich mich für diese Stadt. Das war im Sommer 1897.*« (›Mein Leben‹)

»*Am liebsten wäre ich zu einer Burschenschaft gegangen, aber die Eltern wünschten nicht, daß ich einer schlagenden Verbindung beitreten solle.*« (›Radiothor‹) *»Sie fürchteten wohl auch, daß ihr Sohn den Verlockungen des Alkohols allzu schnell erliegen würde.*« (›Mein Leben‹) »*So trat ich in den Naturwissenschaftlich-Medizinischen-Verein ein, der keine Bestimmungsmensuren schlug, aber sogenannte unbedingte Satisfaktion gab. Im Gegensatz zu manchen anderen ›Wissenschaftlichen Vereinen‹ war der Zwang zum Biertrinken und der ›Comment‹ bei uns ebenso groß wie bei den farbentragenden Verbindungen.*« (›Radiothor‹)

Eine Marburger Gasse um 1900.

Gedenktafel von Heinrich Reinhard am Hause Ketzerbach Nr. 47 (enthüllt 1979). »*Ich wohnte bei Mutter Lesch, der Frau eines Schuhmachers, auf der Ketzerbach und hatte zwei kleine Zimmer für 80 Mark im Semester, mit Frühstück. Das Quartier war sehr bescheiden; bei hochgestreckten Armen stieß man an die Decke. Über mir wohnte mein Vereinsbruder Hans Grau, einer der wenigen ernst arbeitenden Kommilitonen.*« (›Mein Leben‹)

Hahn (unten, ganz links) im Kreise seiner Kommilitonen, Sommer 1897. »*Von Pflege der Wissenschaft war bei uns nicht sehr viel zu merken. So verlief meine Studentenzeit sorglos mit vielen vergnügten Stunden und frohen Erlebnissen; sorglos, weil ich nie vorhatte Wissenschaftler zu werden und annahm, daß es für eine Stelle in der Industrie nicht nötig sei, mehr als das Hauptfach, nämlich Chemie, zu pflegen.*« (›Radiothor‹) »*Ich erinnere mich, daß ich am Anfang meiner ›Erziehung zum Bier‹ an einem Sonntagmorgen mit dem Besen unter dem Tisch hervorgekehrt werden mußte.*« (›Mein Leben‹)

Theodor Zincke (1844-1928). »*Auf der Universität belegte ich natürlich das Hauptkolleg Chemie bei Theodor Zincke sowie Physik bei Melde und wählte als Nebenfach Mineralogie und Kristallographie bei Bauer, weil dieses Fach der Chemie am nächsten stand. Diese drei Vorlesungen fanden vormittags statt; am Nachmittag war das Anfängerpraktikum für qualitative Analyse bei dem jungen, eben habilitierten Dozenten Rudolf Schenck.*« (›Mein Leben‹)

»*Das Hauptkolleg bei Zincke war lehrreich, der Vortrag sachlich. Vor dem Kolleg schrieb Zincke die wichtigsten Gleichungen an die beiden großen Tafeln und arbeitete sie dann, durch Versuche unterstützt, systematisch durch. Wer sich die Gleichungen aufschrieb, sammelte einen eisernen Bestand an Kenntnissen, die später durch Spezialkollegs ergänzt werden konnten.*« (›Mein Leben‹)

Hermann Cohen (1842-1918), Zeichnung von Leonid Pasternak. »*Für die anderen Nebenfächer Mineralogie und vor allem Philosophie bei den Neukantianern Cohen und Natorp habe ich in den späteren Semestern ziemlich fleißig gearbeitet . . .*« (›Radiothor‹) »1873 kam Hermann Cohen nach Marburg, der Begründer der ›Marburger Schule‹. Dieser junge Meister setzte zunächst die angestrengte Arbeit von Jahrzehnten an die Kommentierung der Werke Kants und verband damit eine weitgreifende Interpretation des Kantschen Systems. In dieser Arbeit bildete sich Cohens prinzipielle Überzeugung, auf der sich dann sein eigenes philosophisches System gründete: ›Erkenntnis ist Wissenschaft und streng genommen mathematische Wissenschaft.‹« (Ingeborg Schnack)[1]

Paul Natorp (1854-1924). »1881 trat neben Cohen sein bedeutendster Schüler, der siebenundzwanzigjährige Paul Natorp. Natorps philosophische Untersuchungen vollzogen sich zunächst im Geiste Cohens, er führte die Gedanken des Lehrers und Freundes in eigener Weise weiter, so daß die ›Marburger Schule‹ fünfzig Jahre lang ihren Ruf und ihre Anziehungskraft bewahren konnte.« (Ingeborg Schnack)[1]

»Marburgs Wert lag in seiner philosophischen Schule«, erzählte Boris Pasternak, seit 1912 ebenfalls Schüler von Cohen und Natorp wie – seit 1911 – José Ortega y Gasset.

Die Münchner Universität. »*Damals war es üblich, die Universität mehrere Male zu wechseln. So ging ich für das dritte und vierte Semester nach München. Ein wohl zu spät beantragter Wunsch nach einem Arbeitsplatz im Institut von Adolf von Baeyer konnte nicht mehr erfüllt werden. Ich mußte deshalb in dem in München gut bekannten privaten Institut von Dr. Bender und Hobein einen Platz für das Praktikum belegen. Thema der praktischen Arbeit: die quantitative Analyse.*« (›Mein Leben‹)
»*Ich belegte aber die Vorlesungen von Adolf von Baeyer. Sie waren eine Art Wiederholung des Kollegs von Zincke. Allerdings besuchte ich sie nicht ganz regelmäßig, da 15 Minuten nach Adolf von Baeyers Vorlesungen, der in der Arcisstraße las, ein Kolleg in der Universität folgte über Rembrandt und Rubens mit Exkursionen in die Alte Pinakothek, die mich sehr interessierten.*« (›Mein Leben‹)

Hahn (mit Strohhut) und Münchner Kommilitonen, 1898. »*Einige meiner aus Marburg ebenfalls nach München gekommenen Vereinsbrüder gründeten hier zum Zwecke der Geselligkeit eine Art Ableger unseres Vereins. Im Gegensatz zur strengen Zucht unseres Marburger Bundes blieb es in der Großstadt München bei einer losen Vereinigung ohne Bierzwang, aber auch ohne sonstige Bindungen. Wissenschaftliche Vorträge wurden natürlich hier nicht gehalten, aber auch der Bierkonsum war – trotz der guten Qualität des Bieres – wesentlich geringer als in Marburg.*« (›Mein Leben‹) »*Häufig ging ich abends in den Löwenbräukeller, wo bis 11 Uhr großes Militärkonzert war. Natürlich ließ ich auch den Münchner Fasching nicht aus. Einige Male nahm ich auch einen Anlauf zum Besuch philharmonischer Konzerte, hatte aber noch keine rechte Freude an klassischer Musik. Öfter ging ich auf billige Plätze ins Schauspielhaus und sah Stücke von Sudermann, Ibsen oder Hauptmann, die mir sehr gefielen.*« (›Mein Leben‹)
Abgangszeugnis der Münchner Universität, 18. März 1899.

Postkarte von Lotte Henke vom 17. August 1899. *»Ein kleines Intermezzo war in meinem fünften Semester die Liebe zu Lotte Henke, der Tochter einer Marburger Chemikerswitwe. Sie ging in die Studententanzstunde, die auch ich [. . .] besuchte. Lotte und ich hatten uns sehr gern. Sie war gerade 16 Jahre alt und sehr hübsch, ihre erste Liebe war ich aber nicht. Wir schickten uns Briefchen, versuchten uns sonntags morgens beim Bummel zu sehen, durften uns nie allein treffen, denn das wäre zu sehr aufgefallen. Am Ende des Semesters war Stiftungsfest unseres Vereins, das mehrere Tage lang mit viel Erfolg [. . .] gefeiert wurde. Endlich konnte ich mit Lotte bei Ausflug, Tanz und Damenfrühschoppen zusammen sein. Ich war sehr glücklich. In diesem Semester schrieb ich Lottchen, als sie einmal verreist war, das Verslein:*

> *Aus Marburg, dem lieblichen Städtchen,*
> *Gelegen am Ufer der Lahn,*
> *Da send' mein'm lieblichen Mädchen*
> *Viel Grüß ich, genannt Otto Hahn.«*
> ‹Mein Leben›

(Transkription) »Besten Dank für Ihre freundliche Karte mit dem niedlichen Gedicht, über welches ich mich sehr freute, und herzliche Grüße

sendet Ihnen, Ihr Lottsche.« »[. . .] Im Winter 1899/1900 machte ich anorganische und organische Präparate sowie Verbrennungen und hörte einige Spezialkollegs, außerdem Philosophie bei Cohen. Auch Mathematik belegte ich wieder, arbeitete aber nicht genügend mit, so daß nicht sehr viel hängenblieb.

Bei den regelmäßigen Tanzabenden fehlte ich nie. Neben dem einen oder anderen recht harmlosen Flirt entwickelte sich um diese Zeit meine Freundschaft zu Olga Urhahn, Tochter eines Arztes aus Jesberg bei Wildungen. Wir hatten einander bald sehr gern und schrieben uns regelmäßig, wenn einer von uns nicht in Marburg war. [. . .]

Bei einem dieser Kränzchen widmete ich Olga Urhahn das gleiche Verslein »Aus Marburg, dem lieblichen Städtchen . . .«, das ursprünglich für Lotte Henke bestimmt gewesen war. Zufällig trafen sich die beiden, und Olga erzählte der Lotte, daß ich ihr ein nettes Verslein geschrieben habe. Als die eine die erste Zeile deklamiert hatte, setzte die andere bei der zweiten Zeile ein! Lotte Henke erzählte mir das später und meinte, ich müsse in Zukunft vorsichtiger sein. Sie nahm es aber gar nicht übel, und Olga war natürlich auch nicht böse, denn sie hatte den Vers ja gerade erst bekommen.« (›Mein Leben‹)

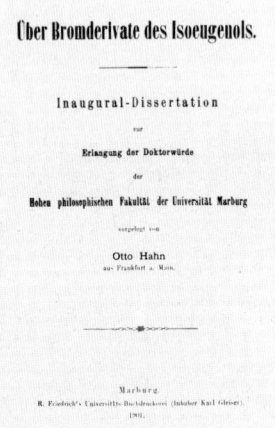

Über Bromderivate des Isoeugenols.

Inaugural-Dissertation

zur

Erlangung der Doktorwürde

der

Hohen philosophischen Fakultät der Universität Marburg

vorgelegt von

Otto Hahn

aus Frankfurt a. Main.

Marburg.
R. Friedrich's Universitäts-Buchdruckerei (Inhaber Karl Gleiser).
1901.

Hahn, Wintersemester 1900/1901. »*. . . ich hatte meinen Schnurrbart zu einer schönen Spitze aufgezwirbelt . . .*« (›Mein Leben‹) »*Im Laufe des Sommers 1900 begann ich meine Doktorarbeit. Ich kaufte einen Liter Isoeugenol, das gut nach Nelkenöl roch, und machte damit Bromierungen. Es kamen sehr schöne, kristallisierte Derivate heraus, auch ein oder zwei leicht zersetzliche Methylenchinone. Experimentiert wurde mit den einfachsten Hilfsmitteln, dabei lernte man gut beobachten und gewissenhaft arbeiten. Ich war recht fleißig, arbeitete auch abends zuhause, allerdings niemals samstags abends oder am Sonntag.*« (›Mein Leben‹)

Titel der Dissertation. »*Am 24. Juli 1901 absolvierte ich den mündlichen Teil meines Doktorexamens, gleichzeitig mit meinem Freunde Dahmer. Es ging alles gut. Natorp prüfte in Philosophie Kants* ›Kritik der reinen Vernunft‹, *über die ich gut Bescheid wußte. Bei der* ›praktischen Vernunft‹ *wäre es wohl kritischer gewesen! [. . .] Die Chemie ging sehr glatt, so daß wir beide* ›magna cum laude‹ *und noch ein besonderes Lob für unsere Leistungen in den Nebenfächern bekamen.* ›Summa cum laude‹ *ist nach meiner Erinnerung in der damaligen Zeit nie vorgekommen. [. . .] Im Sommer 1901 machte ich meine Doktorarbeit* ›Über Bromderivate des Isoeugenols‹ *zum Druck fertig.*« (›Mein Leben‹)

Das Chemische Institut der Universität Marburg. *»Am 1. Oktober 1901 trat ich dann als Einjährig-Freiwilliger in das 81. Infanterieregiment in Frankfurt ein. Den anfangs sehr anstrengenden Dienst brachte ich gut hinter mich. Sicher wurde ich als Dr. phil. wohl auch mit etwas mehr Respekt behandelt als die meisten meiner Kameraden.«* (›Mein Leben‹)

»Kein Mensch hat 1901 oder 1902 daran gedacht, daß er vielleicht einmal einen Krieg erleben würde. Man war Soldat ›weil es Kaiser und Vaterland so wollten‹, und man genierte sich, wenn man von der Dienstpflicht befreit wurde. Der Offizier war eine Art Halbgott, und die einzelnen Waffengattungen hielten sich gegenüber den anderen für verschieden vornehm.« (›Mein Leben‹)

»Schon während meiner Dienstzeit war mir die Stelle eines Vorlesungsassistenten bei meinem Lehrer Zincke angeboten worden. Da ich mir von dieser Ausbildung eine gute Basis für eine spätere Industrietätigkeit versprach, nahm ich sie natürlich an und war ab 1. Oktober 1902 wieder am Chemischen Institut in Marburg.« (›Mein Leben‹)

Marburg-London-Montreal 1902-1906:
Lehrjahre

Hahn (Mitte) mit Mitgliedern des Instituts, Sommer 1903. »*Meine Tätigkeit für die nächsten zwei Jahre war also die Vorbereitung der Vorlesung, die morgens von 9 bis 10 stattfand. Außerdem Privatassistenz im Chefprivatlabor.*« (›Erlebnisse‹) »*Kurz vor 8 Uhr erschien ich und zündete zunächst die als Abzug wirkende Gasflamme unter der großen Tafel an. Wenig später erschien der Chef, überzeugte sich vom Stand der Dinge und schrieb die wichtigsten chemischen Reaktionen für den Tag an die Tafel.*« (›Mein Leben‹) »*Ich fand ein sehr gut geführtes Vorschriftsheft für die Experimente vor. Mein eigenes Geschick im Erfinden neuer instruktiver Experimente war gar nicht groß, aber durch Gewissenhaftigkeit gelang das meiste gut. Zincke war also wohl zufrieden.*« (›Erlebnisse‹)

London, um 1905. »*Gegen Ende meiner Assistenzzeit fragte der Direktor der Chemischen Werke Kalle & Co. in Biebrich, Professor Fischer, bei meinem Chef nach einem jungen Chemiker, den er nicht nur in der Fabrik beschäftigen, sondern auch gelegentlich ins Ausland schicken könnte. Zincke schlug mich vor, und Professor Fischer versuchte es mit mir. Ich sollte mich zunächst einmal ins Ausland begeben, um Englisch und Französisch zu lernen.*« (›Mein Leben‹)

»*Zincke riet mir, zunächst für ein halbes Jahr nach London zu gehen, wo ich vielleicht bei dem berühmten Entdecker der Edelgase, Sir William Ramsay, einen Arbeitsplatz finden würde. Zincke fragte Ramsay, ob er einen seiner Schüler für einige Zeit im University College aufnehmen wolle, und Ramsay antwortete, ich möge kommen.*« (›Mein Leben‹)

»*So kam ich im Herbst 1904, nach zweijähriger Assistenzzeit in Marburg, nach London . . .*« (›Erlebnisse‹)

Sir William Ramsay (1852-1916) im Labor. »*Im University College, im Institut von Sir William, traf noch ein weiterer Deutscher ein, und zwar Dr. Otto Sackur aus Breslau, der ebenfalls bei Ramsay arbeiten wollte. Ramsay gab uns nun verschiedene Arbeitsthemen. Herrn Sackur überreichte er ein Mineral und schlug ihm vor, es auf radioaktive Elemente zu untersuchen.*« (›Radiothor‹)

»*Mich selbst fragte Ramsay, ob ich über Radium arbeiten wolle, und als ich ihm sagte, daß ich von Radium gar nichts wisse, meinte er, das schade nichts, dann würde ich unbefangener an die Dinge herantreten. Er gab mir eine Schale mit etwa 100 g Bariumchlorid und teilte mir mit, in diesem sei Radium enthalten, etwa 10 mg. Ich solle nach der Methode von Madame Curie das Radium vom Barium trennen, reines Radium herstellen und durch eine Reihe organischer Verbindungen eine Atomgewichtsbestimmung des Radiums durchführen.*« (›Radiothor‹)

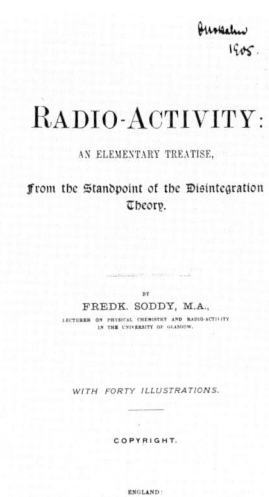

Otto Hahn
1905.

RADIO-ACTIVITY:

AN ELEMENTARY TREATISE,

From the Standpoint of the Disintegration Theory.

BY

FREDK. SODDY, M.A.,

LECTURER IN PHYSICAL CHEMISTRY AND RADIO-ACTIVITY
IN THE UNIVERSITY OF GLASGOW.

WITH FORTY ILLUSTRATIONS.

COPYRIGHT.

ENGLAND:
"THE ELECTRICIAN" PRINTING & PUBLISHING COMPANY, LTD.,
SALISBURY COURT, FLEET STREET, LONDON.
1904.

PROPERTIES OF THE RADIUM EMANATION. 159

from air, allowed to flow into B. The seal at the dotted line N was then made. C is a tube in which is a thin copper spiral wire which can be heated by an electric current. D is a phosphorous pentoxide tube to absorb moisture. E is a capillary U tube which is cooled in liquid air during the experiment. The emanation and any CO_2 present are condensed here and prevented from entering the spectrum tube.

Fig. 37.

The tap L is connected to the mercury pump not shown. F is the spectrum tube shown half full size at H. The copper spiral is first partially oxidised by filling the tube with oxygen from the burette G and keeping the spiral at dull redness by a current. The whole apparatus is thoroughly exhausted and all taps closed. Water is now admitted from B into A, the

›**Radio-Activity**‹, Soddys berühmtes Buch aus dem Jahre 1904, Hahns Hauptinformationsquelle am Beginn seiner Wandlung zum Radiochemiker. »Ich war damals sehr fleißig in London und habe mir das notwendige Wissen angeeignet. Ich fand immer mehr Freude an der Sache. Später habe ich bemerkt, daß ich mir sogar viel zuviel Arbeit gemacht hatte.« (›Mein Leben‹)

Auszug aus Soddys Buch ›Radio-Activity‹ mit den von Ramsay und Soddy verwendeten Versuchsapparaturen zur Gewinnung von Helium aus Radium.

Niederschrift einer ähnlichen Abhandlung von Ramsay und Soddy aus dem Jahre 1903. »Hahn notierte sich sorgfältig, was Ramsay in seinen Vorlesungen berichtete. Diese Niederschriften sind erhalten geblieben. Sie gestatten uns einen Vergleich mit Text und Inhalt der von Ramsay publizierten Arbeiten. Skizzen und Versuchsbeschreibungen beweisen, daß Hahn damals schon sehr sorgfältig beobachtete und in seinen Aufzeichnungen sehr gewissenhaft war.« (Klaus Hoffmann)[2]

Das chemische Laboratorium des University College, um 1905. *»Ich machte meine chemischen Trennungen in dem alten, sehr bescheidenen im Souterrain befindlichen Laboratorium des Instituts, in dem noch eine ganze Anzahl älterer Studenten arbeitete. Das Labor hatte ein Glasdach mit rostigen Eisensprossen.«* (›Radiothor‹)
»In der Zwischenzeit fraktioniere und verarbeite ich das ›Bariumchlorid‹. Ich finde in den Laugen angereichert eine Aktivität mit der Emanation des Thoriums, aber viel stärker als gewöhnliches Thor.« (›Erlebnisse‹) *»Es mußte also ein neues radioaktives Element sein, das offenbar aus der Muttersubstanz Thorium entstanden war. Ich nannte das neue Element Radiothorium, in der Annahme, daß es der strahlende Bestandteil des strahlungslosen Thoriums sei.«* (›Radiothor‹) *»Ich bin sehr frappiert gewesen über die Kühnheit, Geschicklichkeit und Ausdauer von Dr. Hahn.«* (Ramsay an Emil Fischer, 26. 3. 1905)

A New Element.

Very soon the scientific papers will be all agog with a new discovery which has been added to the many brilliant triumphs of Gower-street. Dr. Otto Hahn, who is working at University College, has discovered a new radio-active element, extracted from a mineral from Ceylon, named Thorianite, and possibly, it is conjectured, the substance which renders thorium radio-active. Its activity is at least 250,000 times as great as that of thorium, weight for weight. It gives off a gas (generally called an emanation), identical with the radio-active emanation from thorium. Another theory of deep interest is that it is the possible source of a radio-active element possibly stronger in radio-activity than radium itself, and capable of producing all the curious effects which are known of radium up to the present. The discoverer read a paper on the subject to the Royal Society last week, and this should rank, when published, among the most original of recent contributions to scientific literature.

›Daily Telegraph‹ vom 8. März 1905 (Hahns 26. Geburtstag). ». . . versuche mich jetzt auf anorganischem bzw. physikalischem Gebiete, wie Du weißt, habe auch ein schönes Resultat bekommen, was Sir William Ramsay neulich in der Royal Society vortrug. Es ist eine vorläufige Mitteilung, die für radioaktive Chemiker Interesse hat. Wenn die ›proceedings‹ herauskommen, schicke ich Dir einen Abdruck. Vorläufig schicke ich Dir einen kleinen Zeitungsausschnitt, der in arg hohen Worten abgefaßt ist. Wer sie eingeschickt hat, weiß ich nicht. Der Erfolg ist gut aber ich werde noch sehr viel Arbeit mit dem Zeug haben . . . – Also dieser Zeitungsausschnitt ist hochtrabend und übertrieben wie alle englischen Zeitungsnachrichten. Die ›proceedings‹ sind harmloser; ich hoffe, sie kommen bald heraus.« (An Georg Dahmer, 14. 3. 1905)

»Natürlich versuchten auch viele andere Chemiker dieses neue Thoriumglied aus Thoriumzusammensetzungen zu gewinnen, denn es wäre genauso wie Radium sehr wertvoll gewesen. Aber alle erlebten einen völligen Mißerfolg . . . Wie war es aber dann dem Zauberer Hahn gelungen, der damals noch ein blutiger Anfänger auf dem Gebiet der Radiochemie war?« (Frederick Soddy)[3]

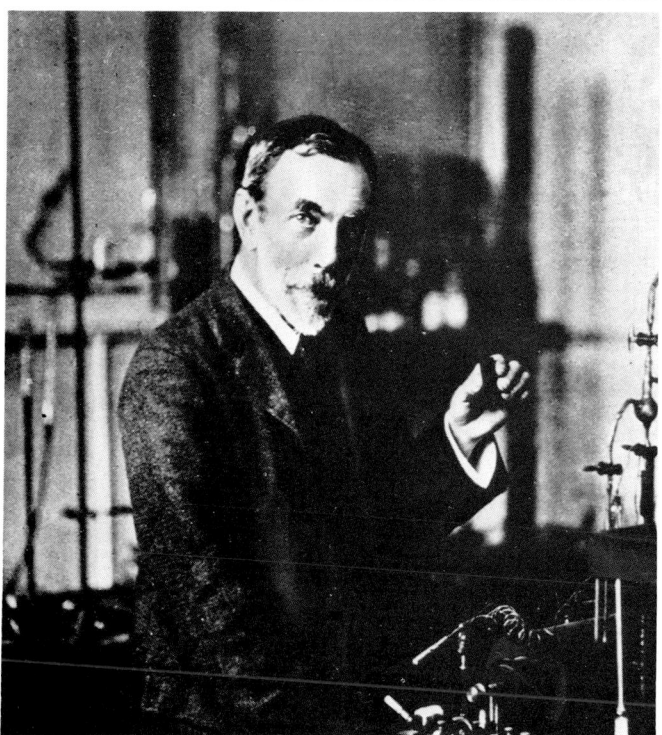

Sir William Ramsay, um 1907. »*Gegen Schluß meines Aufenthaltes fragte mich Ramsay, was ich vorhabe nach meiner Rückkehr. Ich erzählte ihm von meinem Plan zu Kalle & Co. zu gehen.*« (›Erlebnisse‹) »*Von der in Aussicht genommenen Stellung in der Industrie riet er mir ab und empfahl, bei der Radiumforschung zu bleiben und mich in Berlin für das neue Fach zu habilitieren. Da ich jedoch in Berlin niemand kannte, half mir Ramsay auch hier weiter. Er schrieb einen Brief an Emil Fischer, den berühmten Direktor des Chemischen Instituts, ebenfalls Nobelpreisträger.*« (›Mein Leben‹) »*Hahn hat in München, auch bei Zincke in Marburg studiert . . . Wäre es möglich, daß er in Ihrem Laboratorium während ein paar Jahren arbeitet? Er ist ein netter Kerl, bescheiden, ganz zu vertrauen und hoch begabt . . . Ich kann ihn stark empfehlen als einen der besten Arbeiter, den ich kenne.*« (Ramsay an Emil Fischer, 26. 3. 1905) »*Menschlich war Sir William Raysay von großer Freundlichkeit und einem besonderen Charme.*« (›Radiothor‹)

Emil Fischer (1852-1919) im Labor. »*Fischer schreibt mir, ich möchte ihn einmal in Berlin aufsuchen, erklärt sich bei meinem Besuche in den Ferien bereit, mir eine Arbeitsmöglichkeit zu geben. Ich beschließe daraufhin, bevor ich endgültig nach Berlin gehe, nach Kanada zu Rutherford zu fahren, um wirklich etwas Näheres über Radioaktivität zu lernen.*« (›Erlebnisse‹) »*Ich berichtete Rutherford über meine Tätigkeit bei Ramsay und teilte ihm die Entdeckung des ›neuen Elements‹ mit. Gleichzeitig fragte ich ihn, ob ich ab Herbst 1905 für ein halbes Jahr bei ihm in Montreal arbeiten könne. Rutherford sagte zu.*« (›Mein Leben‹) »Hahn ist ein prächtiger Bursche und hat bewundernswerte Arbeit geleistet. Ich bin sicher, daß Sie Freude daran hätten, wenn er mit Ihnen zusammenarbeitet.« (Ramsay an Rutherford, 20. 5. 1905)

Ernest Rutherford (1871-1937). »*Aufgrund der Zusage von Rutherford fuhr ich im September 1905 zunächst nach New York, blieb dort zwei oder drei Tage und fuhr dann weiter nach Montreal.*« (›Radiothor‹)
»*Ich stellte mich Rutherford vor; er zeigte mir das McDonald Physics Building und seine und seiner Mitarbeiter Arbeitsräume, die im wesentlichen im Keller des Instituts lagen.*« (›Radiothor‹) »*Ich bekam im Keller einen Arbeitsplatz, wo ich meine aus Konserven und Tabaksdosen gefertigten Elektroskope aufbauen konnte, und außerdem eine räumlich weit getrennte Möglichkeit zum chemischen Arbeiten. Für die Chemie war das Institut nicht besonders ausgestattet; es gab nur eine sogenannte chemische Küche.*« (›Mein Leben‹)
»*Am nächsten Tag ließ sich Rutherford etwas über das ›neue Element‹ erzählen. Er schien etwas skeptisch zu sein. Ich konnte ihn aber überzeugen, daß ich nicht nur das viel schneller zerfallende, von Rutherford und Soddy entdeckte ThX in Händen hatte, sondern etwas Neues. Später gestand mir Rutherford, daß er anfangs nicht an das Radiothor geglaubt hatte. Er wurde in seiner Skepsis bestärkt durch das Urteil seines Freundes B. B. Boltwood von der Yale Universität, der ihm geschrieben hatte: ›The substance of Hahn appears to be a new compound of Thorium X and stupidity.‹ Rutherford und Boltwood hatten zu den damaligen radioaktiven Erfahrungen des Ramsayschen Laboratoriums kein großes Zutrauen. Das Radiothor wurde auch von Boltwood bald anerkannt.*« (›Radiothor‹)

Rutherford im Kreise seiner Mitarbeiter, 1905. Obere Reihe: G. Dunn, R. Lawrence, B. Gordon, L. Levi, R. W. Boyle. Mittlere Reihe: R. K. McClung, Hahn, A. S. Eve. Untere Reihe: Max Levin, H. T. Barnes, John Cox, Rutherford. *»Schon sehr bald nach meiner Ankunft im Rutherford-schen Laboratorium war ich glücklich über die Atmosphäre und den Arbeitsgeist im Institut. Die Zahl der Schüler von Rutherford war noch nicht groß. So konnte er sich um jeden Einzelnen kümmern, und er tat dies auch fast jeden Tag. Diese Schüler haben damals alle zu der stürmischen Entwicklung des neuen Forschungsgebiets in eigenen, aber von Rutherford angegebenen Arbeiten beigetragen.«* (›Radiothor‹)

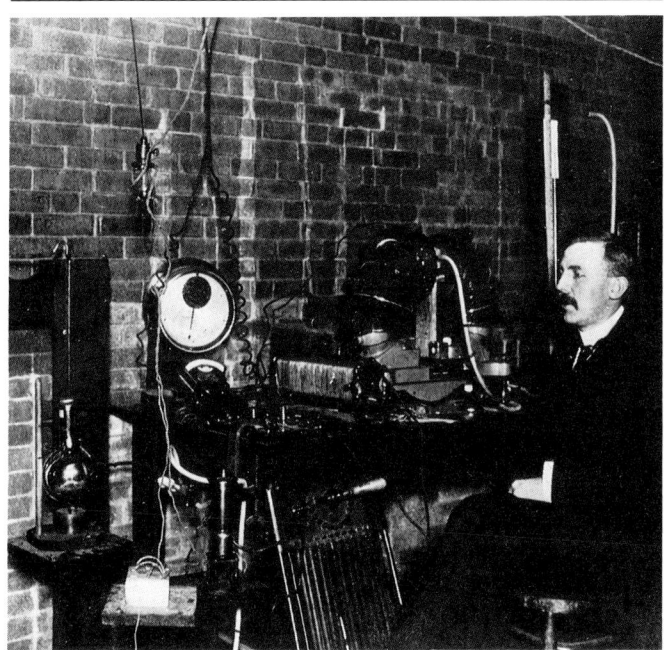

Rutherford vor seiner α-Strahlen-Apparatur. »Neben diesen Versuchen über die α-Teilchen der Thoriumreihe beschäftigte ich mich auch mit Actinium. Und hier hatte ich das Glück, wieder ein neues Produkt aufzufinden, das bei den im Rutherfordschen Institut durchgeführten Untersuchungen über die Zerfallsprodukte des Actiniums übersehen worden war. Ich nannte die Substanz Radioactinium. – Mit dem Radioactinium hatte ich Rutherford gegenüber einen kleinen Triumph. Er hatte mir anfangs das Radiothor nicht glauben wollen. Ich rächte mich für sein Mißtrauen und fand bei ihm etwas Neues, was seinem chemischen Mitarbeiter Godlewski entgangen war.« (›Radiothor‹) »Rutherford pflegte damals von mir zu sagen: ›Hahn has a special smell for discovering new elements.‹ (Hahn hat einen besonderen Riecher für die Entdeckung neuer Elemente.)« (›Mein Leben‹)

Picknick im Frühjahr 1906 (von rechts: Mrs. Cox, Arthur Stewart Eve, Rutherford, Mrs. Rutherford, Miss Cox, Hahn, Mrs. Eve, unbekannt). *»Für einen jungen Deutschen, der vor mehr als 50 Jahren nach Montreal kam, war doch manches anders, als er es von seiner preußisch-deutschen Erziehung her gewohnt war. Das zeigte sich an der Stadt selbst, am Verkehr mit gleichaltrigen oder älteren Kollegen und Kolleginnen, an der Liberalität, was in unserem Autoritätsstaat unmöglich gewesen wäre. Das völlig unbefangene Leben damals auch unter den verschiedenen Geschlechtern zeigte sich mir auch dadurch, daß die junge Tochter von Professor Cox mich ein- oder zweimal abends ins Theater einlud.«* (›Radiothor‹) *»Ich hatte aber auch netten persönlichen Kontakt mit der Familie Rutherford, mit A. S. Eve und seiner lieben Frau, mit Professor Cox und natürlich mit meinem Kollegen Max Levin.«* (›Mein Leben‹)

RADIOACTIVE SUBSTANCES

AND THEIR

RADIATIONS

BY

E. RUTHERFORD, D.Sc., Ph.D., LL.D., F.R.S.

NOBEL LAUREATE

LANGWORTHY PROFESSOR OF PHYSICS, UNIVERSITY OF MANCHESTER

To Otto Hahn
with the authors kind regards.

Cambridge :
at the University Press
1913

Widmung von Rutherford in seinem Buch ›Radioactive Substances and their Radiations‹, Cambridge University Press, 1913. »Den nachhaltigsten Einfluß auf die Entwicklung von Hahns Forscherleben hatte zweifellos Rutherford; vielleicht war dieser [. . .] sogar der einzige, den er sich überhaupt zum Vorbild nahm. Mit ihm verband ihn auch eine aufrichtige, in Briefen und in gegenseitigen Besuchen gepflegte Freundschaft bis zu dessen frühem Tod 1937. Wir denken weniger daran, daß Rutherford ihn in die physikalischen Probleme der Radioaktivität und besonders in die Methodik der Analyse der Alphastrahlen einführte, und daß diese ihn schon bald darauf zur Analyse der Betastrahlung und mit ihr wieder zum Auffinden neuer Elemente führte. Viel wesentlicher war der ungezwungene Verkehr des Lehrers, des Leiters des Instituts mit seinen Schülern und Mitarbeitern, die ihm ungewohnte, so ganz unprofessorale Haltung von Rutherford, das konzentrierte Arbeiten, die freie, nur von sachlichen Argumenten beherrschte Diskussion, die Hartnäckigkeit bei der Vertretung seines Urteils und das offene Eingestehen eines Irrtums. Alles wurde für Hahns Leben um so mehr entscheidend, als es seinen eigenen Anlagen entsprach . . . Bis ins höchste Alter nannte er den Winter in Montreal ›die schönste Zeit meines Lebens‹.« (Walther Gerlach)[3]

Berlin
1906-1912:
Chemisches Institut
der Universität

Berlin, Unter den Linden, um 1905. »*Im Sommer 1906 kam ich von meinem fast dreivierteljährigen Aufenthalt in Montreal aus dem Institut von Ernest Rutherford nach Deutschland zurück. Durch diesen Aufenthalt an der besten Quelle hatte ich die Grundlagen der neuen Wissenschaft ›Radiumforschung‹ ganz gut gelernt. Es waren auch ein paar Arbeiten von mir aus dem Institut erschienen oder sie waren im Druck.*« (›Radiothor‹)

BERLIN *meine beiden Fenster*, Am Neuen Tor

»Meine beiden Fenster«, Hahns Wohnung von 1906 bis 1913. *»Während dieser Jahre habe ich in der Hessischen Straße in Berlin N gewohnt. Ich hatte ein Zimmer mit Blick zum Platz vor dem Neuen Tor. Da ich auch während der Ferienmonate die ziemlich hohe Miete von 50 Mark monatlich anstandslos zahlte, war ich ein geschätzter Mieter, und während meine Wirtsleute mehrmals wechselten, wurde ich von den Nachfolgern immer mit übernommen. Elektrisches Licht gab es noch nicht im Haus. Ich hatte eine Petroleumlampe auf dem Schreibtisch und außerdem eine Gaslampe an der Zimmerdecke; beim Arbeiten benutzte ich immer die Petroleumlampe. Zum Hinaufsteigen in meine sehr hoch gelegene Wohnung bedurfte es in der Nacht immer einer Anzahl von Streichhölzern.«* (›Mein Leben‹)

CHEMISCHES INSTITUT der UNIVERSITÄT

In der ehemaligen
Holzwerkstatt im
Erdgeschoß dieses
Gebäudes haben die
Radiumforscher
OTTO HAHN
und
LISE MEITNER
von 1906/07 bis 1912
durch bedeutende
Entdeckungen der
Naturwissenschaft
gedient

Das Chemische Institut der Universität Berlin. Links neben dem Portal die Gedenktafel, die an die fruchtbaren Jahre 1906-1912 erinnert. »*So kam ich also im Herbst 1906 in das Institut von Emil Fischer, der sich aufgrund des freundlichen Schreibens von Sir William Ramsay noch vor meiner Reise zu Rutherford bereiterklärt hatte, mich in seinem Institut aufzunehmen.*« (›Radiothor‹)

»*Nach einigen Überlegungen, wo ich unterzubringen sei, schlug er mir die im Souterrain des Instituts befindliche, mit einer Hobelbank als Hauptschmuck versehene ›Holzwerkstatt‹ vor. Der Raum war offenbar nicht mehr benutzt, und Emil Fischer meinte, hier sei ich ungestört, und ich könne mir den Raum nach meinen Wünschen einrichten. – Die Hobelbank wurde entfernt. Stattdessen kam ein einfacher Tisch für Schreibarbeiten in den Raum und ein langer, schwerer Eichentisch zum Aufstellen der Elektroskope. Nach meinen Erfahrungen bei Rutherford ließ ich drei Elektroskope herstellen, eines für α-Strahlen, eines für β-Strahlen und eines für γ-Strahlenmessungen.*« (›Radiothor‹)

Gedenktafel, enthüllt im November 1966 von der Humboldt-Universität Berlin, DDR, anläßlich des 50. Jahrestages des Einzugs Otto Hahns in das Chemische Institut. »*Ich darf wohl auch im Namen meiner lieben Lise Meitner sagen, daß wir stolz und glücklich sind über die Anerkennung unserer gemeinsamen Arbeiten, die wir in den glücklichen Jahren im Chemischen Institut ausgeführt haben.*« (An Friedrich Herneck, 14. 12. 1966)

Emil Fischer in seinem Laboratorium. »*Zunächst hatte ich natürlich ein bißchen Lampenfieber. Wie würde sich meine Zukunft entwickeln? Ich stand mit meinem Arbeitsgebiet ganz allein, denn im Institut eines berühmten Organikers wußte niemand etwas von Radioaktivität, und außer den Kollegen Stock und Fischer nahm keiner meine Arbeiten ernst. Andererseits machte ich niemandem Konkurrenz und wurde von allen freundlich aufgenommen.*« (›Mein Leben‹) »Ich freue mich, daß Du in Berlin den Dingen Gestalt verleihst. Ich glaube ganz sicher, daß es Dir gelingen wird, die ›Gelehrten‹ davon zu überzeugen, daß unsere Verrücktheit ein System hat.« (Rutherford an Hahn, 25. 9. 1906)

Heinrich Rubens (1865-1922) in seinem Laboratorium. »*Noch näher trat ich allmählich dem Physikalischen Institut, wo Rubens mich sehr freundlich aufgenommen hatte.*« (›Erlebnisse‹) »*Ich habe dort über meine oder unsere gemeinsamen Arbeiten oder auch über andere Gebiete der Radioaktivität referiert. Uns waren die Begriffe Radium C, Thorium X oder Radioactinium vollständig in Fleisch und Blut übergegangen, andere hatten damit Schwierigkeiten. Ich erinnere mich, daß Professor Rubens mich einmal fragte: ›Wie kommt es, daß es Ihnen möglich ist, alle diese Namen zu unterscheiden und auch noch ihre chemischen Eigenschaften zu kennen? Das ist doch furchtbar kompliziert.‹*« (›Mein Leben‹) »*Wissenschaftliche Beziehungen knüpfte Hahn vor allem mit den Physikern an; . . . und Hahn sah die Bedeutung seiner Untersuchungen als Grundlage für die Atomphysik. So besuchte er das physikalische Kolloquium von Max Planck und Heinrich Rubens und kam nicht nur mit diesen, sondern auch mit dem ganz einzigartigen Kreis der jungen Berliner Physiker schnell in persönliche Verbindung: Otto von Baeyer, James Franck, Gustav Hertz, Robert Pohl, Peter Pringsheim, Wilhelm Westphal. In diesen weltoffenen, menschlich-heiteren, wissenschaftlich-ernsten und strebsamen Kreis paßte der fröhliche, humorvolle, fleißige Otto Hahn; mit allen blieb er lebenslang in herzlicher Freundschaft verbunden.*« (Walther Gerlach)[3]

QVOD FELIX FAVSTVMQVE SIT

AVSPICIIS LAETISSIMIS ET SALVBERRIMIS

SERENISSIMI AC POTENTISSIMI PRINCIPIS

GVILELMI II

IMPERATORIS GERMANORVM
BORVSSIAE REGIS
RELIG AC DOMINI NOSTRI CLEMENTISSIMI IVSTISSIMI CLEMENTISSIMI
SVMMIS AVSPICIIS

VNIVERSITATIS LITTERARIAE FRIDERICAE GVILELMAE

RECTORE MAGNIFICO

IVLIO KAFTAN

THEOLOGIAE ET PHILOSOPHIAE DOCTORE IN HAC VNIVERSITATE LITTERARIA THEOLOGIAE ORDINARII

ORDINIS PHILOSOPHORVM H. T. DECANO

RICARDVS PISCHEL

PHILOSOPHIAE DOCTOR IN HAC VNIVERSITATE LITTERARIA LINGVARVM INDICARVM PROF. P. O.

EX DECRETO ORDINIS AMPLISSIMI PHILOSOPHORVM

DIE WICHTIGSTEN SELTENEN ERDEN

AVCTOR

OTTO HAHN

OB VENIAM LEGENDI IMPETRANDAM

DIE XV. M. IVNII MDCCC L

DISPVTABIT

HAC TABVLA

P. P. BERLOLINI DIE VI. M. IVNII A. MDCCCVII

XIV. Hauptversammlung der Deutschen Bunsengesellschaft für angewandte physikalische Chemie (früher Deutsche Elektrochemische Gesellschaft) in Hamburg am 9. bis 12. Mai 1907.

Die Sitzungen, deren Vorsitz Herr Geh. Rat Nernst führte, begannen am 10. Mai morgens 9 Uhr in der Aula der Ober-Realschule vor dem Holstentor und zwar stand im Vordergrunde der Verhandlungen nach Erledigung der üblichen Ansprachen und des Geschäftsberichtes ein Zyklus zusammenfassender Vorträge über Radioaktivität und Atomzerfallshypothese.
1. Prof. Voller aus Hamburg: Allgemeine Einleitung in die Erscheinungen der Radioaktivität;
2. Prof. Marckwald aus Berlin: Das chemische Verhalten der radioaktiven Substanzen;
3. Prof. Georg Meyer aus Freiburg i.B.: Die Entstehung von Helium aus radioaktiven Elementen;
4. Dr. von Lerch aus Wien: Die Natur der radioaktiven Strahlung;
5. Dr. Hahn aus Berlin: Die Hypothese des Atomzerfalls;
6. Dr. M. Levin aus Göttingen: Einige Folgerungen aus der Hypothese des Atomzerfalls;

Die Habilitationsurkunde »*Im Frühjahr 1907 konnte ich mich bei Emil Fischer für das Fach der Chemie habilitieren.*« (›Mein Leben‹)

»Alle zuvor erwähnten Untersuchungen legen Zeugnis dafür ab, daß Dr. Hahn mit den feinen Methoden der radioaktiven Forschung genau vertraut ist und die Fähigkeit besitzt, sie zur Erlangung neuer schöner Resultate zu benutzen.   Da es mir wünschenswert erscheint, daß dieser hoffnungsvolle Zweig der physikalisch-chemischen Forschung hier noch mehr als bisher gepflegt wird, so habe ich Dr. Hahn gern ins Chemische Institut aufgenommen und aus demselben Grunde halte ich seine Habilitation für wünschenswert.« (Emil Fischer)[4]

Bericht über die Hauptversammlung der Deutschen Bunsengesellschaft in Hamburg vom 9. bis 13. Mai 1907 in der ›Physikalischen Zeitschrift‹, 8. Jg., Nr. 11, 1907. In seinem Vortrag sprach Hahn u. a. auch bereits von der »*Energie, die ein Gramm Radium während eines Jahres abgibt. Sie ist viele tausend Male größer als die, die man bei der Explosion der stärksten Explosionskörper bei gleichen Mengen beobachtet.*« Damit streifte Hahn, ähnlich wie Soddy drei Jahre früher, erneut das Problem der atomaren Energie. Aber: »*An solche Energiebeträge können wir mit unseren chemischen und physikalischen Hilfsmitteln nicht, wenigstens vorläufig nicht, herankommen.*« Derselbe Mann, der 1907 diese vorsichtige Voraussage machte, sollte 31½ Jahre später einen Weg dazu finden.

Ein neues Zwischenprodukt im Thorium.

Von Otto Hahn.

Über die Eigenschaften des Radiothors und speziell seine Stellung zum Thorium sind in letzter Zeit eine ganze Reihe von Arbeiten erschienen. In meiner ersten zusammenfassenden Mitteilung[1]) über das Radiothorium habe ich die Wahrscheinlichkeit betont, daß dieses ein Zerfallsprodukt des Thoriums sei, daß das Thorium selbst wohl keine Strahlen aussende und die Aktivität des gewöhnlichen Thoriums nur vom Radiothor und dessen Zerfallsprodukten herrühre. Um dieses anzudeuten, habe ich auch den Namen Radiothorium für das stark aktive Produkt gewählt.

Die Arbeiten von G. A. Blanc[1]) und von Elster und Geitel[2]) bestätigten und vervollkommneten die Erkenntnis der radioaktiven Eigenschaften des Radiothors und ihre Übereinstimmung mit denen des Thoriums, so daß über die Identität der beiden die Emanation aussendenden Substanzen ein Zweifel nicht herrscht.

Erstveröffentlichung des Mesothoriums in der ›Physikalischen Zeitschrift‹, 8. Jg., Nr. 9, 1907. »Natürlich war ich noch besonders an dem Thorium und seinen Umwandlungsprodukten interessiert. Mit der mir von Sir William Ramsay empfohlenen Thoriumfabrik von O. Knöfler & Co. setzte ich mich in Verbindung und bekam von dieser Firma alle die Präparate, um die ich bat, zur Verfügung gestellt, unter anderem eine Reihe praktisch reiner Thoriumsalze verschiedenen Herstellungsdatums. Ich prüfte deren Aktivität unter möglichst identischen Bedingungen . . . Es zeigte sich genau das, was ich bei meiner Unterredung mit Boltwood als Hypothese vorgebracht hatte.« (›Erinnerungen‹) »Zwischen dem Radiothor und dem Thorium mußte es noch eine unbekannte langlebige Zwischensubstanz geben. Ich nannte sie Mesothorium.« (›Mein Leben‹) »Ich habe mich sehr gefreut, kürzlich Deinen Brief zu erhalten und vom Fortschritt Deiner Arbeit zu erfahren. Es ist sehr zufriedenstellend, die Frage des Mesothoriums geklärt zu wissen. Hast Du Deine Trennungsmethoden schon in kommerziellem Umfang? Ich hoffe, Radiothorium und Mesothorium bald auf dem Markt zu sehen. — Besteht vielleicht eine Möglichkeit, daß Du uns besuchen kannst? Wir würden uns sehr freuen, Dich hier bei uns zu haben, wenn Du herüberkommst. Laß mich jede Zeit wissen, die Du kommen könntest; es wäre eine gute Gelegenheit, noch Urlaub aufzubrauchen.« (Rutherford an Hahn, 24. 9. 1907)

Ein kurzlebiges Zwischenprodukt zwischen
Mesothor und Radiothor.

Von Otto Hahn.

In einer Mitteilung über ein neues Zwischenprodukt im Thorium [1]) habe ich angegeben, daß
die Umwandlung des Thoriums in das Radiothor
nicht unmittelbar erfolgt, sondern daß wir ein
Zwischenprodukt annehmen müssen mit einer
Zerfallsperiode länger als der des Radiothors.
Die Substanz wurde aus Monazitsandrückständen
und auch aus älteren Thorsalzen abgeschieden;
sie zeigte über Monate hinaus ein konstantes
Ansteigen der Aktivität; und dieser Anstieg
rührte von der Bildung des Radiothors her,
was an der charakteristischen Emanation einwandfrei nachgewiesen werden konnte. Ich
nannte den Körper Mesothorium.

In einer späteren Arbeit „Über die Strahlen
der Thoriumprodukte" [2]) habe ich dann die Angabe gemacht, daß die neue Substanz β-Strahlung
aussendet, während das Thorium selbst α-Partikeln
emittiert.

Erstveröffentlichung des Mesothoriums 2 in der ›Physikalischen Zeitschrift‹, 9. Jg., Nr. 8, 1908. »*Sehr bald konnte ich feststellen, daß das
Mesothor als solches praktisch strahlenlos ist, aber ein strahlendes Zerfallsprodukt liefert, das mit einer Halbwertszeit von 6,2 h zerfällt.*«
(›Radiothor‹) »Es hat mich interessiert, von Deinem neuen Produkt zu
erfahren, von dem ich überzeugt bin, daß es richtig ist. Auf diese Weise
wird das Mesothorium zum genauen Analogon des Actiniums. Du
scheinst private Jagdgründe für Thorium zu haben, und ich kann Deine
Schwierigkeit mit den Namen gut verstehen. Ich bin der Meinung, daß
es schade wäre, sich für das neue Produkt einen neuen Namen auszu-
denken.« (Rutherford an Hahn, 27. 1. 1908)
»*Es erhebt sich nun eine gewisse Schwierigkeit in Hinsicht der Nomenklatur der Thoriumverbindungen, indem für die neue kurzlebige Substanz eine Bezeichnung eingeführt werden muß. Nochmals ein anderes
Beiwort zum Namen Thorium zu wählen scheint unübersichtlich und
nicht angebracht. Das Nächstliegende wird es sein, den Namen Mesothor beizubehalten und die beiden Produkte mit einem Index zu verse-
hen. Es würde also Mesothorium 1 und Mesothorium 2 zu unterscheiden sein, wenn es sich um die einzelnen Produkte handelt, während
man im allgemeinen den Namen Mesothor beibehalten könnte für das
Gemisch der beiden Substanzen.*« (Otto Hahn)[5]

Hahn und Lise Meitner (1878-1968) im Labor (»Holzwerkstatt«) des Chemischen Instituts, um 1908. »*Ein großer neuer Eingriff in mein Leben
war das Erscheinen von Lise Meitner im Herbst 1907, die in Wien gearbeitet hatte. Sie kam nach Berlin, um bei Planck zu hören und außerdem
etwas experimentell zu arbeiten. Bei der Möglichkeit, bei Erich Ladenburg oder mir zu arbeiten, wählte sie mich, weil sie schon zwei kleine
radioaktive Arbeiten gemacht hatte. – Da Emil Fischer 1907 noch keine
Frauen im Institut arbeiten ließ, mußte zunächst geklärt werden, ob Lise
Meitner bei mir arbeiten dürfe. Fischer entschied: in der ›Holzwerkstatt‹
kann sie arbeiten, oben (im Stocklabor) nicht; auch solle sie nicht in die
Säle der Studenten gehen. Dieses Übereinkommen wurde dann auch
jahrelang eingehalten.*« (›Erlebnisse‹)

Über die Absorption der β-Strahlen einiger Radioelemente.

Von Otto Hahn und Lise Meitner.

In einer Mitteilung über die Strahlung der Thoriumprodukte[1] wurde die Angabe gemacht, daß nicht, wie man vorher annahm, nur der aktive Beschlag des Thors β-Strahlen aussendet, sondern daß auch das Mesothorium typische β-Strahlen emittiert. In jüngster Zeit wurde außerdem gezeigt, daß das Mesothor keine einheitliche Substanz vorstellt, sondern aus zwei Produkten besteht, von denen das erste — das Mesothorium 1 — sich mit seiner langsamen Zerfallsperiode in das zweite — das Mesothorium 2 — umwandelt, dessen eigener Zerfall in das Radiothor mit einer Periode von 6,20 Stunden erfolgt.[2] Der Einfachheit halber wurde für das erste Produkt der Name Thorium 1, für das folgende der Name Thorium 2 vorgeschlagen.

Der ursprüngliche Zweck der vorliegenden Arbeit war der, die β-Strahlen des Mesothors mit denen des aktiven Beschlages zu vergleichen, um dadurch einen Schluß auf ihr Durchdringungsvermögen und ihre Geschwindigkeit ziehen zu können.

Aktinium C, ein neues kurzlebiges Produkt des Aktiniums.

Von Otto Hahn und Lise Meitner.

Die vorliegende Arbeit hatte ihren Ausgangspunkt in einer Beobachtung, die wir bei der Untersuchung der β-Strahlen des Aktiniums gemacht haben. Wir fanden nämlich, daß die Abklingung des aktiven Niederschlages anfangs langsamer vor sich geht, als man aus den bekannten Zerfallsperioden für Aktinium A und Aktinium B erwarten müßte. Da es sich um die Absorption der β-Strahlen handelte, waren die Abklingungsmessungen in einem β-Strahlenelektroskop ausgeführt worden. Unseres Wissens sind die Zerfallskonstanten für Aktinium A und Aktinium B immer nur aus den Änderungen der α-Aktivität ermittelt worden.

Wir nahmen daher eine Reihe von Versuchen mit induzierten Blechen von verschiedener Expositionsdauer vor. Die Bleche wurden gleichzeitig in einem α- und in einem β-Elektroskop auf die zeitliche Änderung ihrer Aktivität geprüft.

Hierbei zeigte sich nun besonders bei kurzer Exposition, daß die Änderung der β-Aktivität einen wesentlich anderen Verlauf aufwies, als

Titelblatt der ersten gemeinsamen Arbeit mit Lise Meitner, 1908. »Nachdem Lise Meitner sich zum Arbeiten mit mir entschlossen hatte, überlegten wir uns ein gemeinsames Arbeitsgebiet. Wir beschlossen, vergleichende Versuche über die Absorption der β-Strahlen der Radioelemente durchzuführen. Diese erste gemeinsame Arbeit von uns umfaßte in dem sehr großen Format der Physikalischen Zeitschrift mehr als 12 Druckseiten. Offenbar waren wir damals sehr fleißig. [. . .] Sie war die Voraussetzung für das Auffinden neuer β-Strahler, sie gab uns ein sehr bequemes Mittel zur ersten analytischen Festlegung radioaktiver Präparate, und sie war sozusagen das Geburtsdatum für die von Lise Meitner und ihren Schülern später mit so viel Erfolg durchgeführten wichtigen Arbeiten über β- und γ-Strahlen.« (›Radiothor‹)

Titelblatt der zweiten gemeinsamen Arbeit mit Lise Meitner, 1908. »Die auf diese erste Arbeit folgenden weiteren Arbeiten schienen unsere Ansichten über das Absorptionsgesetz der β-Strahlen zunächst zu bestätigen. Beim Nichtvorliegen der erwarteten exponentiellen Abnahme suchten wir weitere, noch unbekannte Produkte und fanden z. B. beim Actinium das bisher übersehene Actinium C''.« (›Radiothor‹) »Du hast wirklich eine bemerkenswert gute Nase für unbeachtete Produkte. Meine Glückwünsche zu Deinen neuesten Hinzufügungen. [. . .] Es ist interessant festzustellen, daß auf diese Weise die Übereinstimmung bezüglich der Veränderung des Actiniums mit Thorium noch vollständiger wird.« (Rutherford an Hahn, 14. 7. 1908)

Mit Lise Meitner im Labor, um 1908. »Von Gemeinsamkeiten zwischen uns, außerhalb des Instituts, konnte keine Rede sein. Lise Meitner hatte noch ganz die Erziehung einer höheren Tochter genossen, war sehr zurückhaltend und fast scheu. Während ich mit meinem Kollegen Franz Fischer täglich zu Mittag aß und wir an Samstagen und später auch Mittwochs noch ins Kaffeehaus gingen, habe ich mit Lise Meitner viele Jahre lang außerberuflich nie zusammen gegessen. Abgesehen von physikalischen Kolloquien begegneten wir einander nur in der Holzwerkstatt. Dort haben wir meist bis kurz vor 8 Uhr gearbeitet, so daß mal der eine, mal der andere in die Nachbarschaft laufen mußte, um schnell noch Aufschnitt oder Käse zu kaufen, denn um 8 Uhr schlossen die Läden. Niemals wurde das Eingekaufte gemeinsam verzehrt. Lise Meitner ging nach Hause, und ich ging nach Hause. Dabei waren wir doch herzlich miteinander befreundet.« (›Mein Leben‹)

Rutherford und Hahn. »*Eine angenehme Unterbrechung der wissen-schaftlichen Arbeiten ergab sich Ende 1908. Mein verehrter Lehrer Ru-therford erhielt im Dezember dieses Jahres für seine Arbeit über den Zerfall der radioaktiven Elemente den Nobelpreis für Chemie. Bei der Rückreise aus Stockholm kam er mit seiner Frau für einige Tage nach Berlin. Er erzählte mir, daß er sich über die hohe Auszeichnung sehr gefreut habe, schmunzelte aber etwas darüber, daß man ihm den Preis für Chemie gegeben habe. Seine Arbeiten waren zwar von größter Be-deutung für die Chemie, aber Rutherford fühlte sich immer als Physiker, und irgendwelche chemischen Experimente hat er niemals gemacht.*« (›Mein Leben‹) »Meine Frau und ich sind Dir sehr dankbar, daß Du Dich in Berlin so sehr um uns gekümmert hast. Du hast Dir viel Mühe ge-macht, um uns die Zeit zu verschönern, was Dir auch bestimmt gelun-gen ist.« (Rutherford an Hahn, 22. 12. 1908)

Über eine neue Erscheinung bei der Aktivierung mit Aktinium.

Von Otto Hahn.

Der aktive Niederschlag des Aktiniums besteht, wie vor kurzem nachgewiesen wurde[1]),
aus drei schnell zerfallenden Produkten: Aktinium *A, B* und *C.* Von verschiedenen Seiten
war indessen beim aktiven Niederschlag schon
vor längerer Zeit eine sehr geringe, langsam
zerfallende Restaktivität beobachtet worden,
deren Natur noch nicht aufgeklärt war.

So berichten M e y e r und v. S c h w e i d l e r
in zwei Mitteilungen[2, 3]) über ein Produkt des
Aktiniums, das sie beim Aktivieren mit starken
Aktiniumpräparaten zu sehr geringen Beträgen
erhalten hatten. Wurden die zu induzierenden
Folien mehrere Monate lang der Emanation
des Aktiniums ausgesetzt, so blieb eine geringe
Restaktivität, nachdem der schnell zerfallende
aktive Niederschlag verschwunden war. Der
Betrag dieser Restaktivität schwankte innerhalb
weiter Grenzen. Als ungefähres Mittel ergab
sich die Stärke der Restaktivität zu etwa

Erstveröffentlichung des Radioaktiven Rückstoßes in der ›Physikalischen Zeitschrift‹, 10. Jg., Nr. 3, 1909. *»Ende 1908 konnte ich ein Problem aufklären, auf das im Wiener Radiuminstitut Meyer und v. Schweidler gestoßen waren. Die sehr geringe Aktivität des Actiniums beruhte auf dem ›Radioaktiven Rückstoß‹.«* (›Mein Leben‹) *»Der Zerfall eines radioaktiven Atoms geschieht bekanntlich explosionsartig, die α-Strahlen erreichen eine Geschwindigkeit bis zu 1/10, die Elektronen nahezu volle Lichtgeschwindigkeit. Zerplatzt nun ein derartiges radioaktives Atom, so wird das übrigbleibende Restatom durch das Ausschleudern der Elektronen oder mehr noch der α-Strahlen einen Rückstoß bekommen, ähnlich wie eine Kanone, wenn das Geschoß den Lauf verläßt. Die Geschwindigkeit des Restatoms bestimmt sich daher nach dem Schwerpunktsatz.«* (Otto Hahn)[6] ». . . eine grundsätzlich-bedeutungsvolle physikalische Entdeckung mit weittragenden Folgen für die weitere Klärung der radioaktiven Umwandlung. Der radioaktive Rückstoß brachte nicht nur den Beweis, daß für den damals prinzipiell noch nicht verstehbaren radioaktiven Zerfallsvorgang (man wußte noch nichts von einem Atomkern!), welchen Hahn nun so anschaulich ein ›Zerplatzen eines Atoms‹ nennt, die mechanischen Grundsätze von Energie und Impuls gelten. Das mechanische Prinzip des radioaktiven Rückstoßes spielte in der späteren Kernphysik noch oft eine Rolle. Auf eines sei hier schon hingewiesen, um den Zusammenhang der früheren und der späteren Forschungen von Hahn zu kennzeichnen. Der physikalische Beweis des Hahn-Straßmannschen ›Zerplatzens‹ des Urans und des Thoriums durch Neutroneneinfang wurde durch Otto Robert Frisch und Lise Meitner 1939 mit einem Rückstoßversuch erbracht.« (Walther Gerlach)[3]

THE RELATION BETWEEN URANIUM
AND RADIUM.

IV.

BY

FREDERICK SODDY, M.A.

Frederick Soddy (1877-1956) in seinem Laboratorium, Glasgow 1905.
»Für die Einordnung der neuen anderen Elemente fand Frederick Soddy
– in endgültiger Formulierung erst 1913 – eine neuartige Lösung: es gibt
Atomarten, welche chemisch vollständig gleichartig sind und sich nur
durch ihr Atomgewicht unterscheiden. Niemand hatte mehr solcher
Gruppen nicht unterscheidbarer Elemente gefunden und mehr vergebli-
che Trennungsversuche gemacht als Otto Hahn; aber mehr auszusagen, als die chemischen Elemente ergaben, die Nicht-Trennbarkeit und
die Nicht Unterscheidbarkeit, konnte er sich nicht entschließen – das
verbot ihm sein wissenschaftliches Verantwortungsbewußtsein, seine
Wahrheitsliebe. ›*Den Mut von Soddy hatte ich nicht* (nach einer Formulierung von Hahn), *ihre chemische Gleichheit zu behaupten.*‹« (Walther Gerlach)[3]
Widmung von Soddy zu ›The relation between Uranium and Radium‹,
London 1909.

Magnetische Linienspektren von β-Strahlen.

Von Otto v. Baeyer und Otto Hahn.

Die vorliegende Arbeit wurde unternommen, um die Entscheidung darüber zu treffen, ob die β-Strahlen von radioaktiven Substanzen, die unter Vermeidung störender Nebeneinflüsse nach einem Exponentialgesetz absorbiert werden, durch eine einzige Geschwindigkeit charakterisiert, also homogen sind. Diese Ansicht ist seit einer Reihe von Jahren besonders von O. Hahn und L. Meitner auf Grund von Absorptionsmessungen vertreten und soweit dies möglich war, in ihren Konsequenzen bestätigt worden[1]. Neuerdings wurde von anderer Seite dagegen behauptet[2], daß einheitliche β-Strahlen nicht nach einem exponentialen, sondern nach einem linearen Gesetz absorbiert werden, und daß man es in den Fällen, wo die Absorption nach einem Exponentialgesetz erfolgt, mit einer komplexen Strahlung zu tun habe. Während also nach der Auffassung von Hahn und Meitner beispielsweise Aktinium C oder $Th\,D$ oder $Ra\,E$

Titelblatt der ersten gemeinsamen Arbeit mit Otto von Baeyer in der ›Physikalischen Zeitschrift‹, 11. Jg., Nr. 11, 1910. »*Da wir im Fischerschen Institut für rein physikalische Versuche nicht eingerichtet waren, ging ich zu Otto v. Baeyer, der mittlerweile bei Rubens Assistent war, und schlug ihm vor, dünne Schichten β-strahlender Körper im Magnetfeld abzulenken und auf photographischer Platte nachzuweisen. Wir fingen an mit dem aktiven Niederschlag des Thors. Das Ergebnis der ersten Versuche waren, entsprechend meiner Erwartung, zwei deutlich getrennte β-Linien. Dies waren also die ersten ›Linienspektren‹ von β-Strahlern.*« (›Erlebnisse‹)

In Starnberg, September 1910. Von links: Hahn, Boltwood, Rutherford, Otto von Baeyer. »*Bei einem Aufenthalt in Starnberg begegnete ich auch Rutherford und Boltwood, die sehr gute Freunde waren und gelegentlich aus England und Amerika herüberkamen. Leider litt Boltwood in späteren Jahren unter Minderwertigkeitskomplexen und nahm sich das Leben. Dabei war er nicht nur ein ausgezeichneter Radiochemiker, sondern auch ein besonders liebenswerter Mensch.*« (›Mein Leben‹)
»Danach fuhr ich auf den Kontinent und verbrachte in Gesellschaft von Boltwood fast 14 Tage in München. Wir trafen dort einige meiner alten Studenten, einschließlich Hahn, der jetzt in Berlin arbeitet. Er leistet zur Zeit in Deutschland die beste Arbeit. Wir besuchten Professor Baeyer in seinem Landhaus am Starnbergersee, ungefähr 20 Meilen von München entfernt. [. . .] Wir verbrachten dort einen sehr angenehmen Tag und fuhren in einem Motorboot auf den See hinaus.« (Rutherford an seine Mutter, 14. 10. 1910)

Dr. O. Knöfler & Co.
Chemische Fabrik.

Plötzensee bei Berlin, Oktober 1911.

Ersatz für Radium!

Seit einiger Zeit wird von uns das von Professor Hahn entdeckte neue radioaktive Element

Mesothorium

technisch hergestellt. Wir bringen damit ein Produkt auf den Markt, das berufen ist, in vielen Fällen das Radium zu ersetzen und vor diesem noch den Vorzug des beträchtlich niedrigeren Preises besitzt. Über seine Eigenschaften orientiert eine Abhandlung von Professor Hahn „Über die Eigenschaften des technisch hergestellten Mesothoriums und seine Dosierung", Chemiker-Zeitung 1911, Jahrgang 35, Seite 845.46, aus der wir die wesentlichsten Punkte in folgendem mitteilen:

Aktivitätsänderungen im Laufe der Zeit: Die Strahlungsintensität (Aktivität) frisch hergestellter Mesothor-präparate nimmt wegen der Nachbildung des Radiothors einige Jahre lang zu. Nach etwa drei Jahren wird die maximale Stärke erreicht. Danach tritt eine langsame Abnahme der Aktivität ein. Sie ist nach 10 Jahren noch etwas grösser als zur Zeit der Herstellung und nach 20 Jahren ungefähr halb so gross. 25 % der ursprünglichen Aktivität bleiben auch nach beliebig langer Zeit übrig, nachdem alles Mesothor und Radiothor zerfallen ist, da nämlich unsere technischen Mesothorpräparate etwa 25 % ihrer Aktivität dem aus dem Uran des Ausgangsmaterials stammenden Radiumgehalt verdanken. Um Irrtümer zu vermeiden, betonen wir aber, dass 75 % der Aktivität von den medizinisch sehr wirksamen (s. w. u.) Strahlen des Mesothors herrühren.

Konzentration der Präparate: Das Mesothor wird von uns in einer solchen Konzentration hergestellt, dass seine Aktivität für Gewicht gleich der einer gleichen Menge reinen Radiumbromids ist. Auf Wunsch können wir aber auch Produkte zur Verfügung stellen, die viermal stärker aktiv sind als die gleiche Menge Radiumbromid.

Strahlenarten und Emanationsvermögen: Die β und γ Strahlen des Mesothors sind etwas leichter ab-sorbierbar als die gleichen Strahlen des Radiums und deshalb wahrscheinlich auf gleichen Schicht-dicken stärker wirksam. Frisch hergestellte Mesothorpräparate senden ausser den β und γ Strahlen wegen ihres Radiumgehaltes auch α Strahlen aus und entwickeln Radiumemanation. Bei der Bildung des aus dem Mesothor entstehenden Radiothors werden ausserdem auch die diesem Element zu-kommenden α Strahlen ausgesandt. Da die α Aktivität des Radiothors sehr beträchtlich ist, darf angenommen werden, dass ältere Mesothorpräparate bei gleicher durchdringender Strahlung eine stärkere α Strahlung als die entsprechenden Radiumsalze besitzen. In den älteren Präparaten kommt zur Radiumemanation noch die Thoremanation hinzu, die auch von den festen Salzen mit grosser Leichtigkeit abgegeben wird.

Medizinische Anwendung: Von den oben beschriebenen Mesothorpräparaten haben wir in jüngster Zeit 250 mg an die Königl. Preuss. Akademie der Wissenschaften und 50 mg an das Königl. Preuss. Kultusministerium geliefert, die von diesen an wissenschaftliche Institute und an Gelehrte verliehen worden sind. Wir erwähnen darunter folgende:

> Exz. Czerny, Samariterheim, Heidelberg,
> Geh. R. Oscar Hertwig, Anat.-Biolog. Institut der Königl. Universität, Berlin,
> Geh. R. Wilhelm His, Erste medizinische Klinik der Königl. Universität, Berlin,
> Prof. Georg Klemperer, Innere Abteilung des städt. Krankenhauses Moabit und Institut
> für Krebsforschung an der Königl. Charité, Berlin,

Mitteilung der Chemischen Fabrik Knöfler & Co., Berlin, über die Herstellung von Mesothorium, 1911. »Das Radium war im Jahr 1907, also zur Zeit der Mesothorentdeckung, schon recht teuer und in Krankenhäusern für Bestrahlungen sehr begehrt.« (›Radiothor‹) »Eine ungefähre Überschlagsrechnung brachte mir das Ergebnis, daß die Firma Knöfler & Co. bei ihrem damaligen Stand der Thorfabrikation in der Lage sein müßte, pro Jahr einige oder sogar mehrere Gramm Aktivität Mesothor zu gewinnen. Dabei bedeutete 1 g Mesothor an Strahlenäquivalenz so-

Geh. R. Edmund Lesser, Universitäts-Klinik für Haut- und Geschlechtskrankheiten, Charité, Berlin,

Geh. R. Richard Greeff und Stabsarzt Dr. Flemming, Klinik für Augenkrankheiten an der Königl. Charité, Berlin,

Prof. Johannes Nietner, Generalsekretär des Deutschen Zentralkomitees zur Bekämpfung der Tuberkulose, Berlin,

Prof. Anton Sticker, Klinisches Institut für Chirurgie der Königl. Universität (Geh. R. Bier), Berlin,

Geh. R. Max Wolff, Poliklinik für Lungenleidende der Königl. Universität, Berlin,

Geh. R. Albert Neisser, Klinik für Hautkrankheiten der Königl. Universität, Breslau.

Natürlich ist das gesammelte Beobachtungsmaterial wegen der Kürze der Zeit noch verhältnismässig gering, doch lässt sich mit Sicherheit schon jetzt sagen, dass die Strahlenwirkung des Mesothors der des Radiums mindestens gleichkommt und sie vielleicht sogar übertrifft.

Von Publikationen liegen bis jetzt vor:

Dr. P. Wichmann, Institut für Lupus-Fürsorge, Hamburg,
„Erfahrungen mit Radium und Mesothorium in der Lupusbehandlung",
Verhandlungen der III. Sitzung des Lupusausschusses des Deutschen Zentralkomitees zur Bekämpfung der Tuberkulose, Berlin 1911.

Stabsarzt Dr. Flemming, Klinik für Augenkrankheiten an der Königl. Universität, Berlin,
„Zur Einwirkung ,strahlender Energie' auf die experimentelle Tuberkulose des Auges",
Deutsche Medizinische Wochenschrift, Jahrgang 1911, No. 35.

Dr Gust. Baumm, Königl. Universitäts-Klinik für Hautkrankheiten (Geh. R. Albert Neisser), Breslau,
„Vorläufige Mitteilung über die therapeutische Verwendbarkeit des Mesothoriums",
Berliner Klinische Wochenschrift, Jahrgang 1911, Seite 1594.

Geh. R. Oscar Hertwig, Anat.-Biolog. Institut der Königl. Universität, Berlin,
„Mesothorversuche an tierischen Keimzellen; ein experimenteller Beweis für die Idioplasmanatur der Kernsubstanzen",
Sitzungsbericht der Königl. Preuss. Akademie der Wissenschaften No. XXXIX. Seite 844/873.

Dosierung: Bei der Dosierung werden die Mesothorpräparate mit reinem Radiumbromid verglichen. Die Messungen werden nach den Angaben der oben zitierten Arbeit von Prof. Hahn ausgeführt. Der gefundene Wert der γ Strahlen wird der Preisbestimmung zugrunde gelegt.

Preis: Mesothorium wird bei Abnahme von mindestens 2 mg zu **M. 150,— pro mg Aktivität** verkauft. Wie oben erwähnt, können Mesothorpräparate noch erheblich stärker als reines Radiumbromid hergestellt werden. Der Preis für die vierfach konzentrierten Präparate ist um Mk. 25,— pro mg Aktivität höher. **Radiothor** von der Stärke reinen Radiumbromids kostet **pro mg M. 100,—;** Preise für schwächere Präparate nach Übereinkunft.

Mesothorium wird auf Wunsch auch leihweise abgegeben und zwar gegen Berechnung einer **monatlichen** Gebühr von **M. 50,—** für **10 mg.**

Dr. O. Knöfler & Co.

Wir machen darauf aufmerksam, dass unsere Mesothorpräparate unter ständiger Kontrolle des Entdeckers Prof. Dr. Hahn hergestellt werden.

viel wie 1 g Radium. Die Firma ging auf meinen Vorschlag ein, die technische Herstellung des Mesothors neben der Gewinnung des Thoriums aufzunehmen.« (›Radiothor‹)

»Die Präparate kamen durch die Firma Knöfler in den Handel als Ersatz für das in der Medizin in zunehmendem Maße verwandte Radium. Das Mesothor kostete halb soviel bei gleicher Strahlenintensität.« (›Radiothor‹)

Plakat. »Im Jahre 1912 wurde in München sogar ein öffentliches ›Meso-thor-Konzert‹ veranstaltet. Die Eintrittspreise waren sehr hoch, so daß der Zweck des Konzerts, einen erheblichen Geldbetrag zur Anschaffung von Mesothor für ein Krankenhaus zu erhalten, in Erfüllung ging.« (›Mein Leben‹)

Bericht über die Versammlung der internationalen Radiumstandardkommission in Paris vom 25. bis 28. März 1912.

Von

O. Hahn, St. Meyer und E. v. Schweidler.

In den Tagen vom 25. bis 28. März 1912 war die internationale Radiumstandardkommission (gewählt September 1910 auf dem Kongreß in Brüssel) in Paris versammelt. Von den 10 Mitgliedern waren 7 erschienen (Mme. Curie, A. Debierne, O. Hahn, St. Meyer, E. Rutherford, E. v. Schweidler, F. Soddy)[1]). Die Zusammenkünfte fanden im Institut von M. Curie und in deren Wohnung, sowie im Laboratorium von Prof. Lippmann statt, in welchem dieser in entgegenkommender Weise einen „nichtradioaktiven" Raum zu Meßzwecken zur Verfügung gestellt hatte.

Entsprechend den im September 1910 gefaßten Beschlüssen hatte Frau Curie im August 1911 ein Radiumstandardpräparat aus reinstem wasserfreien Chlorid hergestellt. Es enthält 21,99 mg $RaCl_2$, eingeschmolzen in einem Glasröhrchen von der Wandstärke 0,27 mm, von 1,45 mm Weite und der Länge von 32 mm.

Gleichzeitig waren im Institut für Radiumforschung der Kaiserl. Akademie der Wissenschaften in Wien durch O. Hoenigschmid 3 Standardpräparate hergestellt worden, die in zugeschmolzenen Glasröhrchen von der Wandstärke 0,27 mm, der Weite von 3,2 mm und Längen von ca. 30 mm, 10,11. bzw. 31,17 und 40,43 mg reinstes wasserfreies $RaCl_2$ enthalten[2]).

Alle diese Präparate stammten aus St. Joachimsthaler Pechblende, und waren daher praktisch frei von Mesothorium[3]). Das Radioblei war in allen Fällen zuletzt im Juni und Juli 1911 entfernt worden.

Bericht über die Tagung der Internationalen Radiumstandard-Kommission in Paris, März 1912, in der ›Physikalischen Zeitschrift‹, 13. Jg., Nr. 11, 1912. »Ich bin schon neugierig, was Sie von Paris erzählen werden. Daß Sie so vielerlei zu tun haben, darf Sie nicht ärgern, umsonst ist man nicht berühmt.« (Lise Meitner an Hahn, 9. 4. 1912)

Marie Curie (1867-1934), mit ihren Töchtern Eve (links) und Irène.
»*Nachdem ich schon bei der Gründung der Kommission im Jahre 1910
mit Madame Curie kurz bekannt geworden war, konnte ich die Bekanntschaft in Paris erneuern. Sie lud mich in ihre Wohnung ein, wo uns
ihre beiden jungen Töchter Klavierstücke ihres polnischen Landsmanns
Chopin vorspielten. Genau erinnere ich mich auch an einen gemeinsamen Besuch des damals größten und vornehmsten Kinos von Paris, des
›Gaumont Palace‹.*« (›Mein Leben‹) »*Einmal waren wir – vielleicht von
Rutherford – in das ›Cafe de Paris‹ zum Essen geladen. Sehr vornehme
Aufmachung, ungeheuer teuer, aber die Sitze unbequem und ungemüt-
lich.*« (›Erlebnisse‹)

Adolf von Harnack (1851-1930). »Es war Adolf von Harnack, der in einer überzeugenden und berühmt gewordenen Denkschrift auf Pläne zurückgriff, die Wilhelm von Humboldt schon hundert Jahre früher, bei der Gründung der Berliner Universität, angeregt hatte, und der diesen und den Plänen des Ministeriums die endgültige, durchschlagende Form gab. Forschungsinstitute mit selbständigen, vom Unterrichtsbetrieb befreiten Gelehrten an der Spitze, ausgestattet mit allen modernen Hilfsmitteln, sollten entstehen und, da der Staat durch seinen Finanzminister sich nicht imstande erklärte, die Mittel hierfür aufzubringen, so sollte das Bürgertum helfen und zugleich in einer großen, aus Männern des Wirtschaftslebens sowohl wie der Wissenschaft gebildeten Gesellschaft unter dem Protektorat des Kaisers die Verantwortung für die Verwendung dieser Mittel übernehmen.« (›Erlebnisse‹)

Gründungssitzung der Kaiser-Wilhelm-Gesellschaft zur Förderung der Wissenschaften am 11. Januar 1911. (1. Unterstaatssekretär v. Eisenhart-Rothe, 2. Adolf von Harnack, 3. Fürst Henckel Donnersmarck, 4. Kultusminister v. Trott zu Solz, 5. (verdeckt) Geheimrat Schmidt-Ott, 6. Emil Fischer) *»Die Aufforderung des Kaisers und die Begründung Harnacks hatten einen in dieser Größe nicht erwarteten Erfolg. Fünfzehn Millionen Mark waren in wenigen Tagen als Grundstock für das Vermögen der Gesellschaft von den Gründern zusammengebracht. Wie kam es, daß gerade der Theologe Harnack der Leiter einer Forschungsgruppe wurde, die sich zunächst im allerwesentlichsten mit rein naturwissenschaftlichen und medizinischen Fragen befassen sollte? Welche Eigenschaften befähigten ihn, dieses Werk organisatorisch aufzubauen und in seiner ganzen Vielfältigkeit zu etwas Einheitlichem zusammenzuschließen? Es war Harnacks Fähigkeit, auch naturwissenschaftliche Probleme zu verstehen und zu fühlen, an welchen Punkten eine Wissenschaft zu weiterer Entwicklung fähig ist. Und es war nicht zuletzt Harnacks Gabe, mit dem Kaiser, mit den hohen Behördenstellen und mit den Führern der Wirtschaft und der Finanz auszukommen, ohne sich dabei etwas zu vergeben. So stand die Gesellschaft von Anfang an unter einem besonders günstigen Stern.«* (›Erlebnisse‹)

›Generalanzeiger der Stadt Frankfurt am Main‹ vom 12. 1. 1911.

Die Gründung der Kaiser Wilhelm-Gesellschaft.

Der Vortrag von Professor Emil Fischer.*)

Der Prunksaal des Kultusministeriums war von den Stiftern und hervorragenden Persönlichkeiten der Wissenschaft gestern nachmittag gut besucht, als Prof. Dr. Emil Fischer seinen Vortrag hielt. Der Kaiser insbesondere folgte den Ausführungen, die bei aller Wissenschaftlichkeit auch für den Laien sehr anregend waren, mit großer Aufmerksamkeit.

Das Interesse wurde schon zu Beginn des Vortrages dadurch stark geweckt, daß Professor Fischer auf die bedeutenden Erfolge der deutschen Chemie hinwies. Von den Nobelpreisen seien 60 Prozent auf dem Gebiete der Chemie nach Deutschland gefallen; auf dem medizinischen 35 Prozent und auf dem Gebiet der Physik 25 Prozent. Dann würde aber der Erfolg Deutschlands dadurch noch charakterisiert, daß die deutschen chemischen Präparate den Weltmarkt beherrschen, und daß z. B. von dem Bedarf an Steinkohlenteer für die ganze Welt Deutschland allein 70 Prozent herstellt. Der Vortrag beschränkte sich nicht lediglich darauf, eine Darstellung der Erfolge der deutschen Chemie zu geben, sondern erstreckte sich auch auf die Entwicklung der Chemie und unsere Anschauungen über die bio-logischen Gesetze. Weiter betonte der Redner, daß die Wissenschaft in Deutschland für einen guten Nachwuchs sorge und einen großen Teil der in- und ausländischen Industrie mit Chemikern und Kaufleuten versorge, daß darunter aber die freie Forschung Not leide. Deshalb sei der Gedanke Kaiser Wilhelms, die Kaiser-Wilhelm-Gesellschaft zu gründen, mit Freuden zu begrüßen. Die Industrie habe ja von jeher Opfer gebracht, um der Wissenschaft zu helfen, damit diese auf der Bahn des Fortschrittes weiterarbeiten konnte. Aber nicht nur Opfer müßten gebracht werden, sondern es müßte auch eine Organisation da sein, die ein ungehemmtes Studium er-möglicht. Und das soll jetzt durch die Kaiser-Wilhelm-Gesellschaft geschehen. Das Ausland war uns seither um vieles voraus, durch diese Gründung aber wird der Vorsprung wieder eingeholt.

Die deutsche Entdeckung der Röntgenstrahlen habe zu der Entdeckung des Radiums geführt. Die Radiumgewinnung bei uns ist aber sehr gering, da es uns an Rohstoffen zur Herstellung fehlt. Diesem Uebelstand sei aber in letzter Zeit dadurch abgeholfen, daß einem deutschen Gelehrten, Otto Hahn, die Herstellung von

„Mesothorium"

gelungen sei, das noch weit stärker radioaktiv sei, als Radium selbst. Die Gewinnung werde aus den Rückständen der Thoriumfabriken erzielt. Deutschland sei hierbei so stark beteiligt, daß aus deutschen Stoffen 15 Gramm Radium gewonnen werden können, während die ganze Radiummenge der Welt zur Zeit nur den geringen Umfang von 10 Gramm ergebe.

Berlin
1912-1944:
Kaiser-Wilhelm-Institut
für Chemie

Das Kaiser-Wilhelm-Institut für Chemie, Berlin-Dahlem, Thielallee. »Das als erstes geplante Institut war das Kaiser-Wilhelm-Institut für Chemie in Berlin-Dahlem. Emil Fischer trug mir eine bescheidene, aber selbständige Abteilung für Radioaktivität in dem zu bauenden Institut an.« (›Radiothor‹) »Einzige Pflichten: wissenschaftliche Arbeit. Als Direktor war Beckmann gewählt, als 2. Direktor Willstätter, ich als Mitglied mit kleinerer Abteilung für 5 Jahre. Lise Meitner könne als Gast des Instituts mitkommen. Ich war in meinen Forderungen sehr bescheiden. Meine Bezahlung war zunächst 5000 Mark pro Jahr, Etat war 2000 Mark. 1914 wurde Lise Meitner von Prag angefragt, ob sie dort eine Dozentenstelle mit Aussicht auf Professur haben wollte. Sie wurde daraufhin dann ebenfalls als wissenschaftliches Mitglied angestellt.« (›Erlebnisse‹) »Ich freue mich, daß Du im Kaiser-Wilhelm-Institut arbeiten wirst und hoffe bald zu hören, daß Du in diesem Institut zum Ordinarius ernannt worden bist, was vermutlich noch nicht geklärt ist.« (Rutherford an Hahn, 17. 10. 1912)

Edith Junghans (1887-1968), Selbstporträt (Bleistift) 1909. »*Im Frühjahr 1911 wurde ich vom Verein Deutscher Chemiker zu seiner Pfingsttagung nach Stettin eingeladen und hatte den Hauptvortrag mit Demonstration zu halten: ›Eigenschaften des Mesothoriums und Radiothoriums‹. Zum Abschluß des Kongresses, am 11. Juni 1911, fand eine große Dampferfahrt von Stettin zur Ostsee statt. Hier lernte ich ein Fräulein Edith Junghans kennen. Sie war auf Wunsch ihrer Eltern von Berlin, wo sie die Königliche Kunstschule besuchte, mit zu dem Ausflug gekommen, denn ihr Vater war Stadtverordnetenvorsteher in Stettin und mußte bei dem Ausflug neben anderen leitenden Herren die Honneurs der Stadt mitmachen. [. . .] Ich setzte mich zu ihr und wich bis zur Rückkehr des Dampfers nach Stettin nicht von ihrer Seite.*« (›Mein Leben‹)

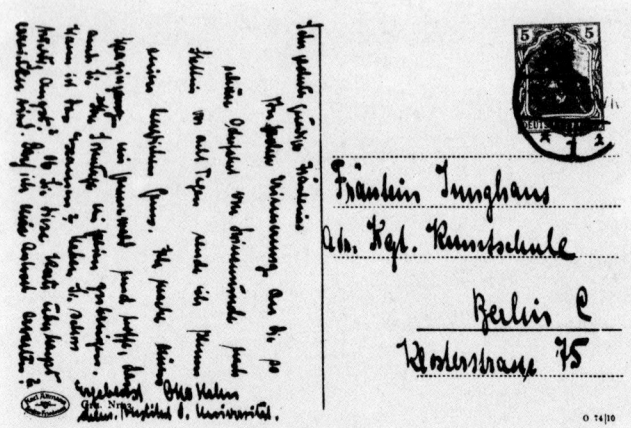

Die erste Postkarte vom 18. Juni 1911. »*Nach dem Abschied hatte ich nicht einmal die Adresse von Fräulein Junghans. Aber ich schrieb ihr nach ein paar Tagen eine Karte per Adresse ›Königliche Kunstschule Berlin‹.*« (›Mein Leben‹) Transkription: »*Sehr geehrtes gnädiges Fräulein. In froher Erinnerung an die so schöne Oderfahrt von Swinemünde nach Stettin vor acht Tagen sende ich Ihnen einen herzlichen Gruß. Ich mache einen Spaziergang im Grunewald und hoffe, daß auch Sie Ihre Sonntage im Freien zubringen. Wann ist das Examen? Haben Sie schon tüchtig Angst? Ob Sie diese Karte überhaupt erreichen wird. Darf ich eine Antwort erwarten? Ergebenst Otto Hahn, chem. Institut d. Universität.*« – »*Die Karte erreichte ihre Empfängerin und wurde beantwortet.*« (›Mein Leben‹)

»*Ein weiteres Treffen ergab sich im Sommer, als Fräulein Junghans mit ihrer Schule eine vierwöchige Reise nach Rom machte. Bis zum nächsten Jahr blieb es beim gelegentlichen Briefwechsel.*« (›Mein Leben‹)

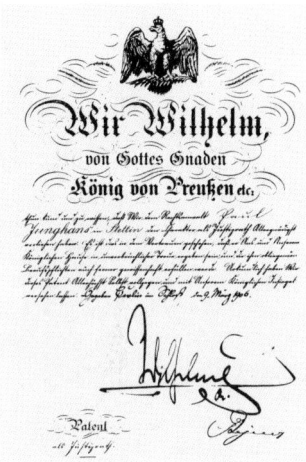

Paul Junghans (1859-1915), Hahns Schwiegervater. *»Zur Pfingstzeit 1912 verabredeten wir uns im Ostseebad Misdroy, wo die Eltern von Fräulein Junghans die Festtage verbringen wollten. Wir trafen uns ›zur gegenseitigen Überraschung‹ – das hatten wir vorher miteinander aus- gemacht – an der Uferpromenade. Dort wurde ich nun offiziell den Eltern vorgestellt.«* (›Mein Leben‹) *»Ihr Herr Vater ist ein so vornehmer und gütiger Mensch und Ihre Frau Mutter von besonderer Liebenswür- digkeit.«* (An Edith Junghans, 15. 7. 1912)
Patent als Justizrat.

Edith Junghans, 1912. »*Am 5. Oktober zeigte ich Fräulein Junghans in Berlin-Dahlem das gerade fertiggestellte Kaiser-Wilhelm-Institut für Chemie, und auf dem anschließenden Spaziergang in den nahe gelegenen Grunewald verlobten wir uns.*« (›Mein Leben‹)

Der Glambeck-See bei Stettin, Federzeichnung von Edith Junghans, 12. September 1912, das Verlobungsgeschenk an Otto. »Oft mit Otto wild darin gebadet.« (Notizbuch Edith Hahn, 1913)

»Eben heimgekehrt lese ich, weniger erstaunt als erfreut, Deinen Brief mit der Ankündigung Deiner Verlobung. Meinen herzlichsten Glückwunsch Dir und unserer künftigen Schwägerin! Nach allem, was ich durch Dich mündlich und schriftlich über sie erfahren habe, hast Du eine gute Wahl getroffen. Vor allem freut mich, daß sie nicht zu denen gehört, die häkelnd, strickend oder klimpernd zu Hause sitzen und auf den Mann warten, sondern daß sie einen Beruf gewählt hat, doch wohl mehr, um ihrem Leben einen Inhalt zu geben, als um ein paar Taler zu verdienen. Als Zeichenlehrerin ist sie ja in gewissem Grade meine Kollegin, und ich freue mich dieses Berührungspunktes. – Mit Händedruck und Gruß Dir und Deiner Braut, Carl.« (Karl Hahn an Hahn, 13. 10. 1912)

Ankunft des Kaisers vor der Eröffnung des Instituts. Rechts Adolf von Harnack und Emil Fischer. »*Am 23. Oktober 1912 fand die feierliche Eröffnung des Kaiser-Wilhelm-Instituts für Chemie in Anwesenheit des Kaisers statt.*« (›Radiothor‹)

»*Dem Kaiser sollte etwas gezeigt werden, und ich wurde gebeten, ihm einige schöne radioaktive Präparate zu demonstrieren. Dies geschah mit einem Mesothorpräparat von etwa einem drittel Gramm Radiumäquivalent, sehr nett auf einem Samtpolster in einer kleinen Schachtel montiert (kein Blei!), und einem emanierenden Radiothorpräparat, dessen Emanation sehr hübsch über einen Leuchtschirm hin- und herwehte.*« (›Radiothor‹) »*Lise Meitner stand zunächst bescheiden im Hintergrund, aber sie konnte nicht verhindern, daß auch sie ›Seiner Majestät‹ vorgestellt wurde, der dann leutselig ein paar passende Worte sagte.*« (›Radiothor‹)

Meine Verlobung mit Fräulein Edith Junghans,
Tochter des Herrn Justizrats Paul Junghans und
seiner Frau Emma, geb. Johanning zu Stettin
beehre ich mich anzuzeigen.

Professor Dr. Otto Hahn.

Berlin, November 1912.
Platz vor dem neuen Tor 1.ª

Verlobungsanzeige. »*Die offizielle Verlobung fand in Stettin am 7. November 1912 statt. Auch hier bewies ich wieder einmal meine Vergeßlichkeit bei wichtigen Gelegenheiten. Ich war zu der Verlobungsfeier mittags um 12 Uhr von Berlin abgefahren und um zwei Uhr in Stettin von meiner Verlobten mit einem Kuß begrüßt worden. Den Nachmittag verbrachten wir gemeinsam mit den Schwiegereltern. Am Abend, etwa gegen sieben Uhr, sagte mein Schwiegervater:* ›*Lieber Otto, du mußt jetzt deinen Smoking anziehen, unsere Gäste sind auf ½ 8 Uhr bestellt.*‹ *Ich ging also in mein – der Wohnung der Schwiegereltern gegenüberliegendes – Hotel, um mich umzuziehen. Aber: mein Koffer war nicht da. Mit einer Droschke war ich in kurzer Zeit wieder am Bahnhof, löste eine Bahnsteigkarte und fand meinen Koffer genau an der Stelle, wo ich ihn bei der stürmischen Begrüßung meiner Braut abgestellt hatte. Der Koffer hatte also fünf Stunden einsam und verlassen auf dem Bahnsteig auf mich gewartet.*« (›Mein Leben‹)

Edith und Otto Hahn als Hochzeitspaar. *»Meine Anstellung am Kaiser-Wilhelm-Institut war zunächst auf einige Jahre begrenzt. Nachdem aber im Institut eine Abteilung für Radioaktivität gegründet worden war, war es unwahrscheinlich, daß ich meine Stellung nach ein paar Jahren wieder verlieren würde. So konnte ich also ans Heiraten denken. Meine Hochzeit fand am 22. März 1913 in Stettin statt.«* (›Mein Leben‹)

›**Krug mit Buch**‹, Aquarell von Edith Junghans, 1910, das Hochzeitsgeschenk für Otto. »Edith Junghans war eine begabte Malerin. Sie fing bereits mit 10 Jahren an zu zeichnen; bemerkenswert ist, daß viele ihrer Bilder schon vor dem Besuch der Königlichen Kunstschule zu Berlin, an der sie 1911 ihr Examen als Zeichenlehrerin ablegte, quasi unakademisch entstanden. Das eigentliche malerische Feld und die persönliche Stärke der Künstlerin sind ihre Stilleben, die – anknüpfend an den Realismus der Franzosen des 19. Jahrhunderts – fast schon eine ›Neue Sachlichkeit‹ der 20er Jahre repräsentieren. Ihre Werke haben eine sehr persönliche Ausdruckssprache, Transparenz und leuchtende Farbgebung schaffen eine besondere Bildatmosphäre. [. . .]
1912, im Alter von 25 Jahren, hörte Edith Junghans aus unerklärlichen Gründen mit dem Zeichnen und Aquarellieren auf. [. . .] Zur Hochzeit, 1913, schenkte Edith Junghans ihrem Mann das 1910 entstandene Aquarell ›Krug mit Buch‹. Dieses Bild, das ›Genuß und Weisheit‹ symbolisiert, hat Otto Hahn auf allen Stationen seines Lebens begleitet.« (Brigitte Keller, db-aktuell, Nr. 1, 1988)

San Vigilio, im Vordergrund das Hotel. »*Nach einem kurzen Aufenthalt in Berlin machten wir unsere Hochzeitsreise zunächst nach Bozen.*« (›Mein Leben‹) »Wir waren am Nachmittag noch nach Meran gefahren, es war wunderschön und andauernd das herrliche Wetter. Eben haben wir uns mit Hilpert und Baeyer zu einem Spaziergang verabredet und um 4 Uhr geht's nach Riva, morgen S. Vigilio. Es geht uns mächtig gut und wir sind schrecklich vergnügt. 1000 Grüße zum Sonntag, Edith.«
(An Emma Junghans, 28. 3. 1913)

»*Von Bozen fuhren wir weiter zum Gardasee und machten Station in San Vigilio auf der stilleren Ostseite des Sees. San Vigilio mit seiner wundervollen Zypressenallee und das einfache und hübsche Hotel gefielen uns so gut, daß wir beschlossen, hier zu bleiben und nicht, wie geplant, bis Brioni zu fahren. Wenn der letzte Passagierdampfer den Ort abends verlassen hatte, waren wir mit einigen Malern fast allein.*« (›Mein Leben‹)

A.D. MCMXIII M. MARTIO ET APRILI
VIR ERVDITISSIMVS GERMANVS NATIONE
OTTO   HAHN
QVI PRIMVS ATOMORVM VIM INVENIT CVM
EDITH   JVNGHANS
VXORE PINGENDI ARTIS PERITISSIMA
IN HOC HOSPITIO APVD BENACI ORAS
BEATISSIMOS DIES NVPTIALES EGIT

Gedenktafel von Prof. Massimo Ragnolini, Garda; gestaltet von Andrea Bongiorno, Rom. Enthüllt 1983.

Spaziergang. »*Meine Frau, die eine große Schwimmerin war, bemühte sich, mich auch für das Wasser zu begeistern. Es war aber so kalt, daß ich fluchtartig wieder festen Boden suchte. So machten wir statt dessen Spaziergänge auf die schönen Anhöhen um San Vigilio herum und auf den alles überragenden Monte Baldo. Gelegentliche Dampferfahrten führten uns zu den vom Fremdenverkehr schon mehr erschlossenen Orten im Westen und Süden.*« (›Mein Leben‹)

Mit Lise Meitner im Kaiser-Wilhelm-Institut für Chemie, Sommer 1913.
»Wir trinken gerade sehr guten Kaffee und essen großartige Schlagsahne. Ich habe mich gefreut von Ihrem Mann zu hören, daß Sie eine so schöne Zeit verbracht haben.« (Lise Meitner an Edith Hahn, 15. 5. 1913)

»In Berlin gingen unsere teils radiochemischen, teils radiophysikalischen Arbeiten weiter. Mit Lise Meitner führte ich unsere bisherigen Arbeiten über Mesothor und seine Umwandlungen, Actinium und seine Umwandlungen und vor allem über die magnetischen Linienspektren der Betastrahlen fort. Dazu kamen noch die Produkte Uran X und Uran Y mit ihren verschiedenen Strahlengruppen.« (›Mein Leben‹)

Hahns Arbeitszimmer in der Privatwohnung Ladenbergstraße 5, Berlin-Dahlem, von 1913 bis 1929.

Mit Lise Meitner im Chemischen Labor des Kaiser-Wilhelm-Instituts. Fotografie vom 19. November 1913. »*In einem radioaktiv noch völlig unverseuchten Institut konnte ich auch solche Untersuchungen in Angriff nehmen, bei denen extrem schwach radioaktive Substanzen ausgemessen werden konnten. Ich wandte mich den damals noch wenig erforschten, sehr schwach aktiven Elementen Kalium und Rubidium zu. Die ausführliche und sehr gewissenhafte Untersuchung über die Betastrahlen dieser Elemente führte zu einer neuen Methode geologischer Altersbestimmung, die ich als ›Strontiummethode‹ beschrieben habe. Aus der Menge des im Laufe von Jahrmillionen aus Rubidium entstehenden Strontiums läßt sich die Dauer der Elementumwandlung bestimmen.*« (›Mein Leben‹) »Die Methode ist frei von den Fehlerquellen der Kalium-Argon- und der Uran- (bzw. Thorium) Helium-Methode, weil in ihr keine gasförmigen Elemente benützt werden. So ist Hahns Methode z. B. für die Altersbestimmung der Mondgesteine entscheidend.« (Walther Gerlach)[3]

Carl Duisberg (1861-1935). »*In den Farbenfabriken Bayer in Leverkusen wurde anläßlich der Einweihung eines großen Hörsaals im März 1914 ein großes Fest veranstaltet. Der Leiter des Werkes, Geheimrat Duisberg, hatte mich um einen Experimentalvortrag über die radioaktiven Substanzen gebeten, um in die Monotonie der üblichen Geselligkeiten etwas Abwechslung zu bringen. Meinen Vortrag würzte ich mit einigen bescheidenen Experimenten. Die Strahlen meiner radioaktiven Präparate demonstrierte ich dadurch, daß ich mit einem kleinen, mit starkem Mesothor gefüllten Glasröhrchen auf eine photographische Platte den Namen ›Carl Duisberg‹ schrieb. Die Platte wurde sofort entwickelt und fixiert, und ich konnte dem Publikum die Radiographie mit dem Namen im Projektionsschirm noch während des Vortrags zeigen.*« (›Mein Leben‹)*

»Am Abend gab es ein Essen mit auserlesenen Genüssen. Auf jedem der kleinen Tische stand eine schöne Orchidee, aus Holland per Flugzeug herangeschafft. Der Wein wurde an vielen Tischen in Thermosgefäßen mit flüssiger Luft gekühlt. Dieses Fest in Leverkusen im Frühjahr 1914 war fast ein Symbol für die Stärke und den Reichtum eines im tiefsten Frieden lebenden Deutschen Reiches. Es konnte aber schon nicht mehr die drohenden Wolken verdecken die sich in Mitteleuropa zusammenbrauten.« (›Mein Leben‹)*

Gratis!　**3. Extra-Blatt.**　**Gratis!**

Vossische Zeitung

Königlich privilegirte Berlinische Zeitung von Staats- und gelehrten Sachen.

Hauptgeschäftsstelle: Breite Str. 8 9, Berlin C.

Der österreichische Thronfolger und seine Gattin ermordet.

Einer grauenvollen Bluttat sind der Erzherzog-Thronfolger Franz Ferdinand von Oesterreich-Ungarn, und seine Gattin, die Herzogin von Hohenberg, zum Opfer gefallen. Durch Schüsse serbischer Fanatiker wurden sie ermordet, nachdem sie einem Bombenattentat, durch das einige Offiziere aus ihrem Gefolge und einige Personen aus dem Publikum verwundet wurden, entgangen waren. Ueber das furchtbare Ereignis wird uns telegraphiert:

Sarajewo, 28. Juni. (Telegramm unseres Korrespondenten.) Als der Erzherzog-Thronfolger Franz Ferdinand und seine Gattin, die Herzogin von Hohenberg, sich heute Vormittag zum Empfange in das hiesige Rathaus begaben, wurde gegen das erzherzogliche Automobil eine Bombe geschleudert, die jedoch explodierte, als das Automobil des Thronfolgers die Stelle bereits passiert hatte. In dem darauffolgenden Wagen wurde der Major Graf Boos-Waldeck von der Militärkanzlei des Thronfolgers und Oberstleutnant Merizzi, der Personaladjutant des Landeshauptmanns von Bosnien, erheblich verwundet. Sechs Personen aus dem Publikum wurden schwer verletzt. Die Bombe war von einem Typographen namens Cabrinowitsch geschleudert worden. Der Täter wurde sofort verhaftet. Nach dem festlichen Empfang im Rathause setzte das Thronfolgerpaar die Rundfahrt durch die Straßen der Stadt fort. Unweit des Regierungsgebäudes schoß ein Gymnasiast der achten Klasse (Primaner) namens Prinzip aus Grabow aus einem Browning mehrere Schüsse gegen das Thronfolgerpaar ab. Der Erzherzog wurde im Gesicht, die Herzogin im Unterleib getroffen. Beide verschieden, kurz nachdem sie in dem Regierungskonak gebracht worden waren, an den erlittenen Wunden. Auch der zweite Attentäter wurde verhaftet, die erbitterte Menge hat die beiden Attentäter nahezu gelyncht.

Extrablatt der ›Vossischen Zeitung‹. »Am 28. Juni 1914, einem Sonntag, als ich gegen Abend von einem Spaziergang mit meiner jungen Frau und meinem Schwiegervater nach Hause zurückkehrte, erfuhren wir durch Extrablätter, daß der Erzherzog Franz Ferdinand von Österreich und seine Gemahlin in Serbien ermordet worden waren. Meine Frau und ich waren erschrocken und empört; mein Schwiegervater wurde sehr nachdenklich und sagte nach einiger Zeit: ›Das ist der Krieg.‹« (›Mein Leben‹)

Kriegsfreiwillige. »*Am 31. Juli wurde der ›Zustand drohender Kriegsge-fahr‹ verkündet, am 1. August Rußland der Krieg erklärt und die allge-meine Mobilmachung angeordnet. Die Würfel waren gefallen, und es gab kaum jemanden, der nicht an ein siegreiches Ende des gerechten Krieges glaubte. Des Kaisers Appell ›Ich kenne keine Parteien mehr, ich kenne nur noch Deutsche‹ tat seine Wirkung. Auch die Sozialdemokra-ten, einst als ›vaterlandslose Gesellen‹ gebrandmarkt, machten mit.*« (›Mein Leben‹) »Die Welle der Begeisterung für Kaiser und Reich, die Überzeugung vom gerechten Krieg, der Glaube an einen baldigen Frie-den erfaßten wie so sehr viele auch Otto Hahn.« (Walther Gerlach)[3]

Hahn mit Kameraden vor dem Abtransport nach Belgien, Herbst 1914.
»Hahn kam bald an die belgische Front. Die Uniform – erst recht im
Krieg – verändert den Menschen in mannigfacher Art: bei Hahn brach
die Sorglosigkeit der Studentenjahre wieder durch, zumal er die erste
Zeit – wenn auch nicht ohne gefährliche Situationen – ohne unmittelba-
ren Kampfeinsatz durchkam. Mit der ihn begleitenden Zupfgeige sang
er die oft wenig gewählten Lieder der Soldaten, mit seinen zahllosen
Witzchen und Geschichtchen ebenso wie mit seiner bedingungslosen
Hilfsbereitschaft war er bald bei jung und alt beliebt und geachtet, sein
auch der Kritik, dem Spott dienender Humor verließ ihn selbst nicht im
Verkehr mit Vorgesetzten und seine ihn nie verlassende Menschlichkeit
ließ ihn manche Torheit, manches unrechte Tun seiner Untergebenen
verhindern.« (Walther Gerlach)[3]

Hahn (Mitte) und James Franck (links). *»Mitte Januar wurde ich zu Geheimrat Haber befohlen, der im Auftrag des Kriegsministeriums in Brüssel weilte. Haber teilte mir mit, daß er den Auftrag habe, eine Spezialtruppe für den Gaskampf aufzustellen. Auf meinen Einwand, daß diese Art der Kriegsführung gegen die Haager Konvention verstoße, meinte er, die Franzosen hätten – wenn auch in unzureichender Form, nämlich mit gasgefüllter Gewehrmunition – den Anfang hierzu gemacht. Auch seien unzählige Menschenleben zu retten, wenn der Krieg auf diese Weise schneller beendet werden könne. Außer mir wurde auch eine Reihe meiner früheren Kollegen, darunter James Franck, Gustav Hertz, Wilhelm Westphal und Erwin Madelung, für diese Aufgabe abkommandiert.«* (›Mein Leben‹)
»Wir bildeten nun das neue Pionierregiment 36 und erhielten in Berlin die erste Spezialausbildung im Umgang mit Gaskampfstoffen und dem dazugehörenden Gerät.« (›Mein Leben‹) »Das seine persönliche wie die staatsbürgerliche Erziehung bestimmende Pflicht- und Pflichterfüllungsprinzip und dazu die so ›humane‹ Begründung, Gas verkürze den Krieg, erhalte also Menschenleben – der unselige Satz, daß der Zweck das Mittel heiligt, hatte seine Wirkung getan. 30 Jahre später, als mit den gleichen Argumenten der Abwurf der Atombomben in Japan gerechtfertigt werden sollte, mußte er schwerer als sonst irgend jemand darunter leiden.« (Walther Gerlach)[3]

Hahn beim Überprüfen von Gaswurfflaschen. »*Nach dieser Ausbildung kam ich nach Flandern zurück und wurde dem Infanterieregiment 126 als Gaspionier zugeteilt, wo ich zunächst als sogenannter Frontbeobachter Stellungen zu beurteilen hatte, von denen aus Gas abgeblasen werden sollte. Zu meinen Aufgaben gehörte auch die Aufklärung der Vorgesetzten über die Eigenschaften des neuen Kampfmittels.*« (›Mein Leben‹) »*Allmählich erfolgte eine Änderung in der Kampfführung mit Gas: das wind- und wetterabhängige Abblasen wurde durch Verschießen von Gasgranaten ersetzt. Zu diesem Zweck waren sowohl spezielle Geschosse als auch verbesserte Kampfstoffe entwickelt worden, die ich seit April 1916 mit zu prüfen hatte.*« (›Mein Leben‹)*

»Die Landschaft war durch den jahrelangen Beschuß völlig verwüstet, zusammenhängende Fronten waren teilweise kaum noch auszumachen. Immer wieder gab es Feuerwechsel zwischen verschiedenen Truppenteilen, die oft nur durch einen zufällig losgegangenen Schuß ausgelöst wurden und manches leerstehende Haus in Flammen aufgehen ließen. Mich bedrückte es sehr, durch ein brennendes Dorf ziehen zu müssen, das schon seit einigen Tagen hinter der Front lag. Besonders erschütternd war der Brand der schönen mittelalterlichen Stadt Löwen, wieder durch die Nervosität der Truppe ausgelöst, nachdem abermals vor belgischen Heckenschützen gewarnt worden war.« (›Mein Leben‹)*

Hauptstraße in Langemarck. Hahn inmitten der zerstörten Stadt. *»Hier, wo ein Jahr zuvor schwere Kämpfe stattgefunden hatten, herrschte jetzt Ruhe. Langemarck, Paschendaele, Poelcapelle und Gheluvelt waren zwar in deutscher Hand, bestanden aber nur noch aus Trümmern, Granatlochern und Grabkreuzen.«* (›Mein Leben‹) *»Ich war damals tief beschämt und innerlich sehr erregt, denn schließlich hatte ich doch selbst diese Tragödie mit ausgelöst.«* (›Mein Leben‹)

Hahn als Mitglied des Großen Hauptquartiers. Rötelzeichnung von Herbert Boden-Heim, 1917. »*Im Dezember 1916 wurde ich auf Vorschlag des Kommandeurs der Gastruppen, Oberst Peterson, in das ›Große Hauptquartier Seiner Majestät‹ versetzt.*« (›Mein Leben‹)

Die Muttersubstanz des Actiniums, ein neues radioaktives Element von langer Lebensdauer.

Von Otto Hahn und Lise Meitner.

Das Actinium ist unter allen radioaktiven Elementen dasjenige, dessen Eigenschaften bisher am wenigsten sichergestellt sind. Selbst seine Einreihung in das radioaktive Zerfallsschema kann noch nicht eindeutig vorgenommen werden. Daß das Actinium in einem genetischen Zusammenhang zum Uran steht, wurde im Jahre 1908 von Boltwood wahrscheinlich gemacht[1]). Er zeigte, daß sich Actinium in allen Uranmineralien in einem Betrage vorfindet, der sich — innerhalb der durch die Meßschwierigkeiten gegebenen Fehlergrenzen — als proportional dem Urangehalt erwies. Da die Gesamtaktivität des Actiniums im Gleichgewicht mit seinen Zerfallsprodukten nach den Boltwoodschen Befunden nur 28 Proz. der Aktivität des Urans in einem Mineral beträgt, so schloß Rutherford[2]), daß das Actinium eine Seitenlinie in der Uranreihe vorstelle und berechnete aus der mittleren Reichweite der α-Strahlen der Actiniumprodukte, daß nur 8 Proz. der Substanz, bei welcher die Abzweigung stattfindet, in Actinium umgewandelt werden.

Erstveröffentlichung der Entdeckung des Protactiniums in der ›Physikalischen Zeitschrift‹, 19. Jg., Nr. 10, 1918. *»1917 war ich wieder einmal im Institut und hatte viel Zeit.«* (›Erlebnisse‹) *»Ich benutzte die Gelegenheit, um mich mit meinem eigenen Fachgebiet zu beschäftigen. Seit langem wurde in der Radiumforschung bei der dritten radioaktiven Zerfallsreihe, der Actiniumreihe, die Muttersubstanz des Actiniums gesucht. Ich nahm mit Lise Meitner, die sonst als Röntgenschwester im Feld Dienst tat, diese Frage auf, und wir hatten Glück.«* (›Mein Leben‹) *»Es ist uns gelungen, das gesuchte aktive Element aufzufinden und den Beweis zu erbringen, daß es die Muttersubstanz des Actiniums ist. Wir schlugen dafür den Namen Protactinium vor. Unsere im März 1918 eingereichte, sehr ausführliche Arbeit bringt die Zusammenfassung der Ergebnisse.«* (›Radiothor‹) *»Lise Meitner trug dann im Frühjahr 1918 auf der Bunsentagung in Berlin darüber vor.«* (›Erlebnisse‹)

Am Schreibtisch in Verviers, Anfang 1918. Über der Kommode das Aquarell ›Krug mit Buch‹ (vgl. S. 99), das Hochzeitsgeschenk seiner Frau. »*Zu Anfang des Jahres 1918 verschlechterte sich die Kriegslage immer mehr. Wir setzten aber unsere Anstrengungen fort und bereiteten so manchen Gasangriff vor, der dann auch mehr oder weniger großen Erfolg hatte. In Flandern wurde zum Beispiel der berühmte Kemmelberg wieder genommen, und im Mai wurden die neuen Gaswerfer am Chemin des Dames massiv eingesetzt. Die Fronten gerieten aber immer nur kurzfristig in Bewegung, und aus der Offensive wurde regelmäßig eine Defensive.*« (›Mein Leben‹)

Dahlem, Ende 1918. Im Vordergrund links das Kaiser-Wilhelm-Institut für Chemie, rechts das Kaiser-Wilhelm-Institut für Physikalische Chemie und Elektrochemie, dazwischen Kriegsbaracken. »Das damals noch sehr wenig bebaute Dahlem mit dem freien Blick nach dem Grunewald war landschaftlich ausgesprochen reizvoll. Besonders schön war das Gelände zwischen dem K.W.I. für Chemie und dem gleichzeitig eröffneten Haberschen Institut für Physikalische Chemie und Elektrochemie, nachdem Willstätter es für seine Farbstoffuntersuchungen mit Tulpen, Chrysanthemen, Dahlien und anderen bunt blühenden Blumen bepflanzt hatte.« (Lise Meitner)[7]

Professor Dr. Max Planck

Geheimer Regierungsrat

Mitglied der k. preuss. Akademie der Wissenschaften

mit herzlichem Dank für den freundlichen Glückwunsch
und besten Grüssen von Haus zu Haus!

Berlin-Grunewald 27.4.18. *Wangenheimstr. 21*

Otto Hahn, um 1919. Max Planck (1858-1947), um 1920.
Visitenkarte mit Grüßen an Otto und Edith Hahn.

Mit Max von Laue (1879-1960) im Kaiser-Wilhelm-Institut, 1920.
»Laue war kein weltfremder Gelehrter, wie man bei seiner großen wissenschaftlichen Produktivität vielleicht hätte erwarten können. Wir lernten uns kennen im berühmten physikalischen Kolloquium in Berlin bei Professor Rubens. Er hatte sich 1906, ich 1907, habilitiert, er war theoretischer Physiker, ich experimenteller Chemiker. Der Unterschied der Interessen war zu groß. Näher kamen wir uns dann aber nach dem Ersten Weltkriege durch unsere Liebe zu den Bergen. Die Anreisen zu unseren Touren machten wir in dem von ihm sehr geliebten Steyrwagen. Laue war frühzeitig ein begeisterter Autofahrer. Er fuhr schnell und unerschrocken, und böse Zungen sagten einmal bei einer Fahrt ins Dachsteingebiet, seine Mitfahrer hätten bei dieser Autofahrt zum Fuße des Dachsteins mehr Angst gehabt als bei der Besteigung selbst. Das war aber boshafte Insinuation, denn Laue fuhr sicher und es ist nie etwas passiert. Am Abend, beim Glase Wein, war er dann unermüdlich im Erzählen von Anekdoten über bekannte Kollegen und Freunde, und sein nicht gerade leises, herzliches Lachen steckte die Hörer an.« (Otto Hahn)[8]

Niels Bohr (1885-1962) in Berlin, 1920. (Von links: Otto Stern, Wilhelm Lenz, James Franck, Rudolf Ladenburg, Paul Knipping, Niels Bohr, E. Wagner, Otto von Baeyer, Hahn, Lise Meitner, Georg von Hevesy, Wilhelm Westphal, Hans Geiger, Gustav Hertz, Peter Pringsheim) »Ein glückliches Naturell, die Weltaufgeschlossenheit, seine Freude am Verkehr mit Gleichgesinnten oder Gleichstrebenden, die Offenheit seiner Rede, seine herzliche Freundlichkeit und sein Humor ließen andere den Verkehr mit ihm suchen, schufen ihm einen großen Freundeskreis.« (Walther Gerlach)[3]

Im Institut von Fritz Haber, 1920. (Von links: Hertha Sponer, Albert Einstein, Hugo Grotrian, Ingrid Franck, Wilhelm Westphal, James Franck, Otto von Baeyer, Lise Meitner, Peter Pringsheim, Fritz Haber, Gustav Hertz, Hahn) »Ein gern gesehener Gast in unserem Dahlemer Haus war Atomforscher Otto Hahn. Fritz Haber entzückten die netten Couplets, die Hahn, sich selbst am Klavier begleitend, von ›Chevaux légers‹ von Ludwig Thoma und ›So geht's in Hamburg zu, oh, du mon dieu, mon dieu‹ und andere zum besten gab. Wenn Otto Hahn nicht ein so bedeutender Wissenschaftler geworden wäre, hätte es bei ihm auch zu einem sehr guten Couplet-Sänger gereicht. « (Charlotte Haber-Nathan)[9]

Über ein neues radioaktives Zerfallsprodukt im Uran.

Seit der Auffindung des Protactiniums, der Muttersubstanz des Actiniums, sind in den drei großen Reihen radioaktiver Stoffe keine Lücken mehr vorhanden, und es kann als ausgeschlossen gelten. daß man noch neue aktive Stoffe finden wird, die sich in direkter Folge in eine der obigen Reihen einfügen lassen. Dabei sei daran erinnert, daß man der Actiniumreihe keine selbständige Existenz zuschreibt, sondern sie als eine sog. Seitenlinie der Uran-Radium-Reihe auffaßt, während die Thoriumreihe unabhängig vom Uran besteht.

Beim genaueren Zusehen scheint sich nun aber herauszustellen, daß unsere Kenntnisse über die Anzahl der radioaktiven Stoffe doch noch keine ganz vollständigen sind. Es ist dem Unterzeichneten vor kurzem gelungen, in gewöhnlichen Uransalzen eine neue radioaktive Substanz kurzer Lebensdauer abzuscheiden und in ihren chemischen und radioaktiven Eigenschaften festzulegen. Es handelt sich um ein Isotop des Protactiniums, also einer Substanz mit tantalähnlichen Eigenschaften; der Körper emittiert β-Strahlen nicht sehr großer Durchdringbarkeit und hat eine Halbwertzeit von etwa 6,8 Stunden, wobei diese Zahl noch keinen Anspruch auf sehr große Genauigkeit macht.

Die Intensität, in der der neue β-strahlende Körper im Uran vorkommt, ist allerdings recht gering, sie beträgt schätzungsweise 0,2 Prozent der Intensität des β-strahlenden Uran X. Bei dieser geringen Intensität mußte man natürlich den Verdacht hegen, daß es sich um eine Infektion mit einer kleinen Menge einer schon bekannten Substanz handelt, und zwar um Mesothor 2.

1 Tag zerfällt, scheidet als Muttersubstanz daher aus. Falls UX_1 die Muttersubstanz ist, dann muß die Ausbeute an Z aus UX_1-Präparaten mit der Halbwertzeit des UX_1, also rund 24 Tagen, abnehmen. Ob dies tatsächlich der Fall ist, konnte noch nicht genau festgestellt werden. Versuche darüber sind im Gange. Falls sich diese genetische Beziehung bestätigt, so muß man für das UX_1 einen dualen Zerfall annehmen, wie ihn das folgende Schema veranschaulicht:

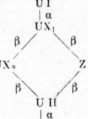

Sollte es sich dagegen herausstellen, daß UX_1 nicht die Muttersubstanz von Z ist, so hätte man ein mit UX_1 isotopes Produkt anzunehmen, für dessen Ursprung dann nur ein neues Uranisotop UIII in Frage käme. Dieses wäre dann vermutlich die Ausgangssubstanz für eine neue Reihe radioaktiver Zerfallsprodukte, deren einzelne Glieder sich unter die entsprechenden isotopen Glieder der Uran-Radium-Reihe mischten, und die man bei ihrer geringen Intensität bisher sehr wohl hätte übersehen können. Auf die mancherlei sich hieraus ergebenden Folgerungen sei hier vorerst nicht eingegangen, weil ja das Experiment in nicht zu langer Zeit entscheiden wird, welche der

Erstveröffentlichung des Urans Z, erstes Beispiel einer Kern-Isomerie, in den ›Naturwissenschaften‹, 9. Jg., Heft 5, 1921. »War die Entdeckung der Isotopie Hahn entgangen, weil er den Schritt vom experimentell nachweisbaren ›chemisch nicht-unterscheidbar‹ zu dem extrapolierten ›chemisch-gleich‹ nicht wagte, so gelang ihm 1921 eine für die Kernphysik erst viel später sehr bedeutungsvoll werdende, damals unverständliche Entdeckung: die Kern-Isomerie. Moleküle, welche die gleiche atomare Zusammensetzung haben, sich aber dennoch wegen verschiedener Strukturen in ihren Eigenschaften unterscheiden, nennt man isomere Moleküle, gebildet aus den griechischen Wörtern isos = gleich und meros = Teil. Wieder beruht die Hahnsche Entdeckung auf dem zähen Suchen nach der Ursache einer geringfügigen Abweichung vom ›Normalen‹.« (Walther Gerlach)[3]

»Mit dem Uran Z war der erste Fall einer Kern-Isomerie gefunden worden. Wie Flammersfeld sagt, erfolgte die Entdeckung offensichtlich 15 Jahre zu früh. Das ist eine bei der heutigen Entwicklung der Forschung ganz ungewöhnliche Erscheinung. Allerdings handelt es sich beim UZ auch um einen recht komplizierten Fall, der schwierig aufzufinden war. Aber das ist eine Bestätigung der Regel, die man auch aus der Geschichte der Physik ablesen kann: gewöhnlich wird eine Entdeckung nicht auf dem einfachsten, sondern auf einem komplizierten Wege gemacht; die einfachen Fälle zeigen sich erst später.« (›Radiothor‹) Erst 1936 gelang es Carl Friedrich von Weizsäcker, die von Hahn entdeckte Isomerie theoretisch zu erklären.

Radiumkongreß in Freiberg, Mai 1921. Links hinter Lise Meitner: Geiger, rechts von ihr: Marckwald. Sechster von rechts: Stefan Meyer, sitzend: Hahn. »Lise Meitner und Otto Hahn waren beide immer eifrige Besucher von Naturforscherversammlungen, Bunsengesellschaftskongressen und Zusammenkünften aller Art und dabei überall hoch aktiv und anregend. Die Versammlung in Freiberg i.S. galt vorwiegend bergmännischen und balneologischen Interessen. Auf ihr wurde die Einführung der Einheit ›1 Eman‹ beschlossen. Für natürliche radioaktive Wässer ist die Einheit ›1 Curie‹ viel zu groß; man benützte ›Mikrocuries‹ und ›Millimikrocuries‹, was sprachlich unschön und schleppend war. Die führenden Geister bei diesen und anderen Diskussionen, speziell über die geeigneten Meßmethoden, Standardlösungen usw., waren Hahn und Meitner.« (Stefan Meyer)[10]

Familien = Anzeigen.

Professor Otto Hahn u. Frau
Edith geb. Junghans
zeigen die Geburt eines gesunden Jungen an.
Berlin-Dahlem, Palmsonntag, den 9. April 1922.

Sohn Hanno, Sommer 1922. »Geheiratet habe ich im März 1913; nach etwa 1914 oder ½ Jahr wollten wir gerne ein Kind bekommen. Dies bekamen wir allerdings erst 1922. Mein Test auf lebenden Samen war aber schon vorher absolut positiv. So weiß ich nicht, ob es an mir lag, daß unser Sohn erst nach dem Kriege kam. Vielleicht waren es aber doch die Strahlen, wie ich dies vor allem bei Dr. W. Metzener glaube. Mein Studienkamerad Metzener war bei Knöfler engagiert, um Mesothor anzureichern. Er arbeitete 1910 herum mit sehr starken Präparaten; er war verheiratet resp. heiratete, als er diese Arbeiten anfing. Er bekam seine drei Kinder erst jahrelang später, nachdem er von Knöfler fort war.« (›Erlebnisse‹)
Geburtsanzeige im ›Berliner Lokal-Anzeiger‹ vom 11. April 1922.

XXVII. Hauptversammlung
der Deutschen Bunsen-Gesellschaft für angewandte physikalische Chemie, e. V.
am 21., 22. und 23. September 1922 in Leipzig.

Vorträge.

Herr Otto Hahn, Berlin-Dahlem:

EINE NEUE METHODE ZUM STUDIUM DER OBERFLÄCHE
UND OBERFLÄCHENÄNDERUNG FEINVERTEILTER NIEDERSCHLAGE.

Nach Versuchen in Gemeinschaft mit Herrn O. Müller.

Bei vielen chemischen Kontaktprozessen spielt die Oberflächenausbildung der wirksamen Substanzen eine ausschlaggebende Rolle. Im allgemeinen handelt es sich dabei um feinverteilte, amorphe oder mikrokristallinische Substanzen, die so lange wirksam sind, als sie ihre große Oberfläche behalten. Erleiden sie durch irgendwelche Ursachen eine wesentliche Oberflächenverkleinerung, so spricht man vom Altern der Substanzen, ihre Wirksamkeit läßt nach oder hört ganz auf. Einfache und mit einfachen Hilfsmitteln ausführbare Methoden zur direkten Verfolgung derartiger Oberflächenveränderungen sind bisher nicht bekannt.

Die vorliegende Arbeit, die vor etwas mehr als 2 Jahren begonnen wurde, bedient sich nun einer Methode, mittels der man die Oberfläche feinverteilter Stoffe und deren Änderung auf eine einfache, leicht reproduzierbare Weise in relativem Maße bestimmen kann. Eine absolute Methode zur Oberflächenbestimmung adsorbierender Pulver hat in der Zwischenzeit F. Paneth in Gemeinschaft mit W. Vorwerk ausgearbeitet und darüber auf der letztjährigen Bunsengesellschaft berichtet[1].

Die Paneth sche Methode zeichnet sich durch Eleganz der Ausführung und relative Einfachheit aus, ist aber auf solche Stoffe resp. Verbindungen solcher Elemente beschränkt, von denen es radioaktive Isotope gibt; ihr Anwendungsgebiet ist also kein allgemeines.

Die Methode, die wir verwenden, beruht darauf, daß man den zu untersuchenden Stoffen vor ihrer Fällung eine kleine Menge einer emanierenden radioaktiven Substanz, Radiothor oder Radium oder Thorium X. beimischt und dann das Emanierungsvermögen der Substanz untersucht.

Voraussetzung für die Brauchbarkeit der Methode ist die Annahme, daß die radioaktiven

wie in Betracht kommende Valenzbetätigung aufweisen[1]. Für den Prozentsatz, zu dem die Emanation aus den zu untersuchenden Körpern bei gewöhnlicher Temperatur austritt, kommt dann nur die größere oder geringere Oberflächenausbildung bei sonst gleicher Masse in Frage. Bleibt die Oberfläche gleich groß und ist auch das Emanierungsvermögen gleich groß. Wird die Oberfläche kleiner, schließen sich die Poren oder werden die Kristallteilchen größer, so sinkt die Emanationsabgabe, weil die Emanation dann nicht mehr so ungehindert nach außen entweichen kann wie vorher.

Der Betrag der entwickelten Emanation läßt sich auf einfache Weise feststellen, und man hat dadurch ein bequemes und recht allgemein anwendbares Mittel zur Prüfung der relativen Oberfläche an der Hand.

Für die eigentlichen radioaktiven Messungen kann man sich verschiedener Methoden bedienen. Im allgemeinen war die gegebene radioaktive Substanz eine sehr kleine Menge einer verdünnten Radiothorlösung — Aktivität $\frac{1}{1000}$ mg oder weniger. Als besonders einfach hat sich folgender Weg erwiesen. Etwa 10 bis 15 mg der zu untersuchenden radioaktiv emanierenden Substanz werden auf einem kleinen Uhrgläschen gleichmäßig in dünner Schicht verteilt und das Uhrglas dann in eine verschraubbare flache Metallkapsel gebracht, die oben mit dünner lochfreier Aluminiumfolie bedeckt ist. Die Substanz bleibt 2 bis 3 Tage in der Kapsel. Nach dieser Zeit wird die Kapsel — Substanz in einem geeigneten Elektroskop gemessen, dann die Kapsel geöffnet, das Uhrglas herausgenommen und die leere Kapsel wieder gemessen. Die Emanation, die aus der Substanz herausdiffundiert ist, hat ihren aktiven Niederschlag an die inneren Wandungen der Kapsel abgesetzt. Die Oberfläche des

Erstveröffentlichung der Emaniermethode in der ›Zeitschrift für Elektrochemie und angewandte physikalische Chemie‹, 29. Jg., Nr. 5, 1923. »Ich selbst begann eine neue Art radiochemischer Experimente, die zu einer neuen Methode zum Studium von Oberflächenänderungen und der Oberflächenausbildung feinverteilter Niederschläge führte. Eine im September 1922 bei der Deutschen Bunsen-Gesellschaft vorgetragene erste Mitteilung über die als ›Emaniermethode‹ bezeichnete Untersuchungsart wurde im Laufe der Zeit durch eine ganze Reihe von eigenen Arbeiten und Untersuchungen meiner Mitarbeiter erweitert. Sie findet noch heute ihre Anwendung.« (›Mein Leben‹)

Untersuchung oberflächenreicher Substanzen nach radioaktiven Methoden und ihre Anwendung auf chemische und radioaktive Probleme.

Von Otto Hahn, Berlin-Dahlem.

Im folgenden soll zusammenfassend über eine Anzahl von Arbeiten berichtet werden, die im Laufe der letzten vier Jahre in unserem Institut vorgenommen worden sind und die zeigen, daß man mit einfachen radioaktiven Methoden an Aufgaben der allgemeinen Chemie herantreten und zu ihrer Lösung beitragen kann, die in gleich einfacher Weise mit anderen Mitteln nicht durchführbar sind.

Es soll hier nicht die Rede sein von der bekannten, als „radioaktive Indicatorenmethode" bezeichneten Arbeitsweise, die vor allem von v. Hevesy und von Paneth in die Chemie eingeführt wurde und die nach verschiedenen Richtungen hin ihre Fruchtbarkeit erwiesen hat. Diese Methode beruht bekanntlich darauf, daß man radioaktive Atomarten, von denen es inaktive isotope Elemente gibt, dazu benutzt, das Verhalten dieser inaktiven Elemente in solch kleinen Konzentrationen zu studieren, in denen ihr Nachweis und ihre quantitative Bestimmung nach den üblichen Methoden der analytischen Chemie nicht mehr möglich ist[1]).

Bei den im folgenden skizzierten Untersuchungen wird immer eine Emanation, also ein radioaktives Edelgas, als Mittel zum Studium herangezogen.

Es handelt sich hier vor allem um Prüfung der Oberflächenausbildung und Oberflächenänderung feinverteilter Stoffe, die sowohl für rein chemische und kolloidchemische als auch für technische Fragen ein gewisses Interesse haben. Das Prinzip der Methode beruht darauf, daß man den Niederschlägen, die man untersuchen will, vor ihrer Ausfällung eine kleine Menge einer reine Emanation abgebenden Substanz beimischt und diese dann mit ausfällt.

Als solche Substanz dient für alle mit Ammoniak oder Alkali fällbaren Hydroxyde das Radiothor, für Fällungen der Erdalkalimetalle das Radium oder das Thorium X. Das Radioelement ist durch die Fällung in der zu untersuchenden Substanz homogen verteilt und bildet dauernd seine Emanation. Es ist nun eine Frage der inneren Oberflächenausbildung des Körpers, ob diese Emanation nach außen abgegeben wird oder in der Substanz stecken bleibt. Abgegeben kann sie werden, wenn die innere Oberfläche der Substanz groß ist, wenn Capillaren, Poren und Kanäle nach außen führen. Stecken bleibt die Emanation, wenn sie z. B. im Innern von Krystallen entsteht, denn ihre Diffusionsgeschwindigkeit in festen Körpern ist vernachlässigbar klein. Ändert sich nun etwas an der Struktur oder der Oberfläche des Körpers — etwa durch Krystallwachstum, Schrumpfung, Austrocknung —, so ändert sich der Prozentsatz der freiwillig nach außen gelangenden Emanation, und diese Änderung der Emanationsabgabe läßt sich, ohne mit der Substanz irgend etwas vorzunehmen, durch einfache Radioaktivitätsmessungen verfolgen.

Der Betrag dieser Emanationsabgabe nach außen wird als Emanationsvermögen bezeichnet; dieses ist also definiert durch das Verhältnis der bei Zimmertemperatur aus der Substanz herausdiffundierenden Emanationsmenge zu der Gesamtmenge der von dem Radioelement gebildeten. Hierbei ist allerdings die wichtige Voraussetzung gemacht, daß die Emanation überall da aus den Hohlräumen und Poren ihres Trägers entweicht, wo es nach dessen Struktur überhaupt möglich ist. Mit anderen Worten: die Emanation darf von der Substanz nicht adsorbiert werden. Wird sie dies, dann ist die Adsorption um so größer, je größer die innere Oberfläche des Trägers ist. Man erhielte also in solchen Fällen wegen der größeren Adsorption bei größerer Oberfläche ein kleineres Emanationsvermögen, also genau das Gegenteil von dem, was eintritt, wenn eine Adsorption nicht statthat.

In einer besonderen Reihe von Versuchen wurden deshalb oberflächenreiche Substanzen auf ihr Adsorptionsvermögen für Emanation unter den verschiedensten Bedingungen geprüft; und es soll hier gleich vorweggenommen werden, daß eine Adsorption an den bisher untersuchten Metallhydroxyden und Oxyden unter den für die Oberflächenuntersuchungen eingehaltenen Bedingungen nicht statthat, daß also die Voraussetzung für die Richtigkeit der Methode also erfüllt ist.

Im ersten Teil dieser Mitteilung soll nun an ein paar Beispielen die Arbeitsweise und Brauchbarkeit der Emanierungsmethode dargelegt werden; im zweiten Teile folgen einige Angaben über Adsorptionsversuche mittels Emanation. Der dritte Teil bringt schließlich einige Angaben über

---

Titelblatt der Veröffentlichung in den ›Naturwissenschaften‹, 12. Jg., Nr. 50, 1924. »*Es folgen in den kommenden Jahren nun eine Reihe von Arbeiten über ›Angewandte Radiochemie‹. Untersuchung oberflächenreicher Niederschläge durch das sog. ›Emaniervermögen‹, das sich bis zur Spaltung des Urans und bei dieser als ganz wichtige Arbeitsmethode herausgestellt hat.*« (›Erlebnisse‹) »Nach der Entdeckung des Protactiniums und der Klärung der Uran-Z-Frage [. . .] schuf sich Hahn ein neues Arbeitsgebiet. Mit den Veröffentlichungen ›Über eine neue Methode zum Studium der Oberfläche und Oberflächenänderung fein verteilter Niederschläge‹ und ›Untersuchung oberflächenreicher Substanzen nach radioaktiven Methoden und ihre Anwendung auf chemische und radioaktive Probleme‹ begründete er die neue ›Angewandte Radiochemie‹ zur Erforschung allgemeiner chemischer und physikalischer Fragen.« (Walther Gerlach)[3]

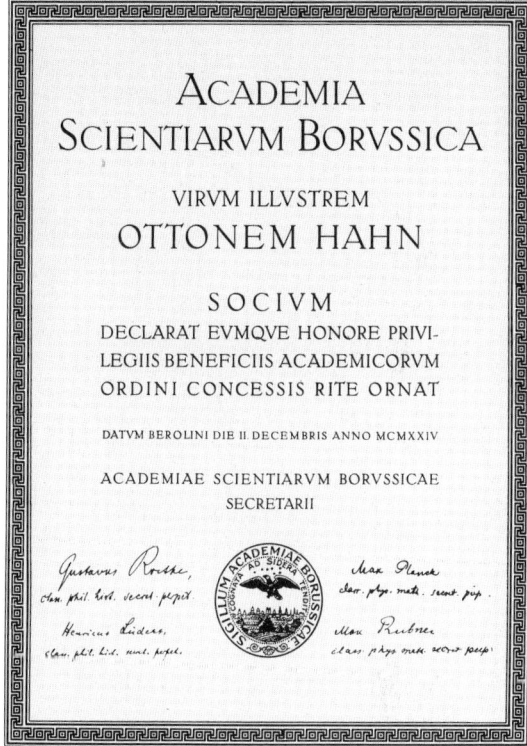

Urkunde der Preußischen Akademie. Am 2. Dezember 1924 wurde Hahn auf Vorschlag von Haber, Schlenk, Laue, Einstein und Planck zum Ordentlichen Mitglied der Akademie gewählt. »Die Unterzeichneten beantragen die Wahl des Professors Dr. Otto Hahn zum Mitglriede der Akademie der Wissenschaften. Hahn hat seine Stellung in der Wissenschaft den Arbeiten zu verdanken, die er seit 1905 auf dem Gebiete der Radioaktivität veröffentlicht hat.« (Aus dem Wahlvorschlag vom 26. Juni 1924)[11]

Im Laufe seines Lebens wird Hahn Mitglied oder Ehrenmitglied von 45 Akademien und wissenschaftlichen Gesellschaften und erhält u. a. 37 Orden und Medaillen.

Die neuen Mitglieder der Preußischen Akademie am 2. Juli 1925. (Sitzend, von links: der Chemiker Carl Hofmann, der Musikhistoriker Hermann Abert. Stehend: Eduard Spranger, Hahn)

»Wenn mir heute die große Ehre erwiesen wird, in diesen Kreis bedeutender und hochangesehener Gelehrter aufgenommen zu werden, und wenn ich mir die Gründe dafür klarzumachen suche, so beschleicht mich ein Gefühl der Beschämung, denn ich verdanke diese Auszeichnung genaugenommen einer Reihe von glücklichen Zufällen.« (Otto Hahn)[12]

Leibniz-Sitzung am 2. Juli 1925 (vordere Reihe, Mitte: Planck, beständiger Sekretar der Akademie. Links neben ihm: Hahn).

»Dank Ihrem Eingreifen in die Erforschung des durch die Entdeckung der Radioaktivität erschlossenen Neulands sind die Gesetzmäßigkeiten der mannigfachen hier auftretenden Phänomene nach vielen Richtungen aufgeklärt worden. Sie haben nicht nur eine größere Anzahl radioaktiver Elemente neu entdeckt, sondern Sie wußten auch, was stets von dem Walten echt wissenschaftlichen Geistes zeugt, die Entdeckung erst wahrhaft wertvoll zu machen durch die weitergehenden Schlüsse, die Sie daran knüpften und die sich, wie meistens, sowohl nach der theoretischen Seite hin auswirkten, wie beim Ionium und beim Protactinium, welche die endgültige Einordnung der Elemente nach ihren genealogischen Ketten ermöglichten, als auch nach der praktischen Seite, wie namentlich beim Radiothor und beim Mesothor, welche schon jetzt auch für die Industrie eine wichtige Bedeutung gewonnen haben. So dürfen wir auch für die Zukunft sicherlich noch manche neue Entdeckung und manche neue Aufklärung als Frucht Ihrer Arbeit erwarten.« (Max Planck)[13]

Über die neuen Fällungs- und Adsorptionssätze und einige ihrer Ergebnisse.

Von OTTO HAHN, Berlin-Dahlem.

Experimentelles Material in Gemeinschaft mit OTTO ERBACHER und NORA FEICHTINGER.

(Aus dem Kaiser Wilhelm-Institut für Chemie.)

In einer vor kurzem erschienenen Mitteilung[1] über: „Gesetzmäßigkeiten bei der Fällung und Adsorption kleiner Substanzmengen und ihre Beziehung zur radioaktiven Fällungsregel" wurden zwei Sätze aufgestellt, von denen sich der eine auf die Fällung, der andere auf die Adsorption kleiner Substanzmengen mit Niederschlägen anderer chemischer Zusammensetzung bezieht. Der Fällungssatz wurde folgendermaßen formuliert: *Ein Element wird aus beliebig großer Verdünnung mit einem krystallisierenden Niederschlag mitgefällt, wenn es in das Krystallgitter des Niederschlags eingebaut wird, also Mischkrystalle mit den Ionen des krystallisierenden Niederschlags bildet. Tut es dies nicht, dann bleibt es im Filtrat, auch wenn seine Verbindung mit dem entgegengesetzt geladenen Bestandteil des Gitters in dem betreffenden Lösungsmittel beliebig schwer löslich ist.*

Der Adsorptionssatz lautet: *Ein Element wird aus beliebig großer Verdünnung an einem Niederschlag (Adsorbens) dann adsorbiert, wenn dem Niederschlage eine der Ladung des zu adsorbierenden Elementes entgegengesetzte Oberflächenladung erteilt worden ist und die adsorbierte Verbindung in dem vorliegenden Lösungsmittel schwer löslich ist.*

Wir sind der Meinung, daß diese beiden Sätze an die Stelle der bisher als gültig angenommenen Fällungs- und Adsorptionsregeln von FAJANS und PANETH[2] treten sollen, weil die letzteren, trotz ihrer zur Zeit ihrer Aufstellung zweifellosen Frucht-

barkeit, sich durch neuere Untersuchungen in mancherlei Punkten als nicht zutreffend erwiesen haben. Nach der FAJANSschen Fällungsregel fällt ein Element aus einer äußerst verdünnten Lösung mit dem Niederschlage eines anderen Elementes dann aus, wenn dieses unter Bedingungen gefällt wird, unter denen jenes ausfallen würde, wenn es in wägbaren Quantitäten zugegen wäre. Ganz analog werden nach der PANETHschen Adsorptionsregel von einem Ionengitter diejenigen Ionen relativ gut adsorbiert, deren Verbindung mit dem entgegengesetzt geladenen Bestandteil des Gitters in dem betreffenden Lösungsmittel schwer löslich ist. Nach diesen Regeln spielt die Schwerlöslichkeit der mitzuschlagenden Verbindung die Hauptrolle; die Fällung resp. Adsorption ist um so vollständiger, je weniger löslich die Verbindung des zu fällenden Elements mit dem entgegengesetzt geladenen Bestandteil des Niederschlags ist. Die weiter unten angeführten Beispiele von Fällungs- und Adsorptionsversuchen stehen fast alle mit diesen Regeln im Widerspruch.

Sowohl die früheren Versuche von FAJANS und PANETH als die neueren des Verfassers wurden mit radioaktiven Atomarten angestellt, weil hier der Nachweis und die quantitative Bestimmung kleinster Substanzmengen nach radiochemischen Methoden leicht durchführbar ist.

I. Der Fällungssatz.

Nach der bisherigen Fällungsregel sollten die Lösungen der radioaktiven Isotope des Bleis

[1] O. HAHN, Ber. d. dtsch. chem. Ges. **59**, 2014. 1926.
[2] Literaturnachweise siehe in der unter [1] erwähnten Arbeit der Verf.

Zweitveröffentlichung der ›Hahnschen Fällungs- und Adsorptionssätze‹ in den ›Naturwissenschaften‹, 14. Jg., Heft 50/51, 1926. »*Ein anderes Kapitel angewandter Radiochemie betraf die Fällung und Adsorption unwägbarer Substanzmengen mit ausfallenden oder schon vorliegenden Niederschlägen. Meine eigenen Untersuchungen brachten mich zu der Aufstellung des ›Fällungssatzes‹ sowie des ›Adsorptionssatzes‹, wodurch sich die Unstimmigkeiten in der Fajans- und Panethschen Regel nach meiner Ansicht beseitigen ließen. Sie brachten auch die Erkenntnis, daß Mischkristallbildung mit den Ionen des ausfallenden kristallisierenden Niederschlags eine wesentliche Rolle bei der Mitfällung spielt.*« (›Mein Leben‹) »Seine Forschungen waren weiterhin gekennzeichnet durch das minuziöse Arbeiten mit unwägbaren Substanzmengen, eine Arbeitstechnik, die Hahn zu vollendeter Meisterschaft mitentwickelt hat. Davon künden die noch heute zum Standardwissen der experimentellen Radiochemie gehörenden ›Hahnschen Fällungs- und Adsorptionsregeln‹.« (Klaus Hoffmann)[2]

WAS LEHRT UNS DIE
RADIOAKTIVITÄT ÜBER DIE
GESCHICHTE DER ERDE?

VON

PROFESSOR DR. O. HAHN
II. DIREKTOR DES KAISER-WILHELM-INSTITUTS
FÜR CHEMIE IN BERLIN-DAHLEM

MIT 3 ABBILDUNGEN

BERLIN
VERLAG VON JULIUS SPRINGER
1926

Titelblatt der ersten Einzelschrift Hahns, 1926. Hahn bestätigt darin u. a.
Wegeners Theorie der Kontinentalverschiebung. »Die Gefahr, daß sich
unberufene Hände dieses reizvollen Themas bemächtigten, war sehr
groß. Nun hat es durch den berufensten Sachverständigen eine Bearbei-
tung erfahren. Das ebenso sachlich wie klar geschriebene kleine Buch
wendet sich an den allgemein interessierten Laien, wie das Vorwort
sagt; doch wird auch das Bedürfnis des speziell vorgebildeten Fach-
mannes durch Erläuterungen und Zusätze nebst reicher Literaturangabe
durchaus befriedigt. Das Buch behandelt drei große Probleme der Geologie resp. der Geophysik, die alle drei durch die Forschung auf dem
Gebiet der Radioaktivität eine neue Beantwortung erfahren: 1. das Alter
der festen Erdkruste, 2. den Wärmehaushalt der Erde, 3. die periodischen Oberflächenveränderungen der festen Erdkruste (Gebirgsauffal-
tungen). Auf jeden Fall mag dieses klar geschriebene kleine Buch jedem
empfohlen sein, der sich über die geo-physikalische Bedeutung der
radioaktiven Prozesse orientieren will.« (A. Born)[14]

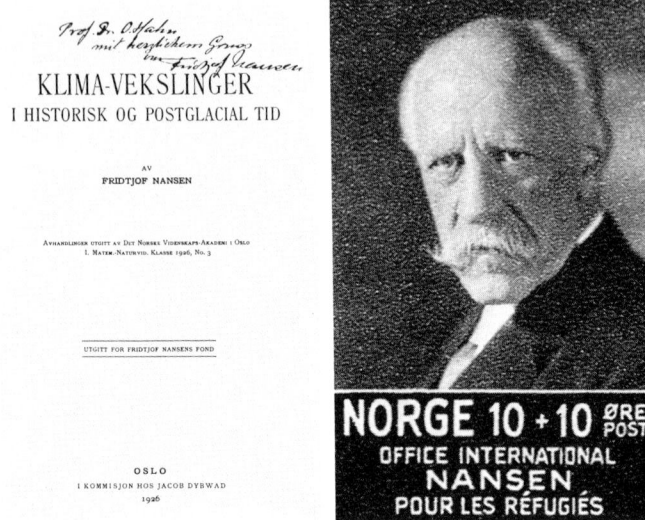

Widmung zu Nansens bekannter Arbeit ›Klima-Veränderungen in geschichtlicher Zeit und Nacheiszeit‹, Oslo 1926.

Fridtjof Nansen (1861-1930). Aufgrund gemeinsamer geologischer Interessen entwickelte sich zwischen Hahn und Nansen eine umfangreiche, sehr freundschaftliche Korrespondenz bis zu dessen Tode im Jahre 1930.

In Marburg anläßlich der 400-Jahrfeier der Philipps-Universität am 31. Juli 1927, mit ehemaligen Kommilitonen des Naturwissenschaftlich-Medizinischen Vereins. *». . . setzte auch ich die blaue Mütze auf und feierte mit den noch übrigen Freunden wie 30 Jahre vorher. Ich war plötzlich und eigentlich ganz ohne Zutun Alter Herr einer schlagenden Verbindung, ohne je Schläger gefochten zu haben. Der nicht couleurtragende Verein hatte sich in die couleurtragende Verbindung ›Nibelungia‹ verwandelt. Nach dem 30. Januar 1933 nahm auch die ›Nibelungia‹, wie alle Studentenverbindungen, den ›Arierparagraphen‹ in ihre Satzung auf, der alle nichtarischen Mitglieder, ob sie nun Aktive oder Alte Herren waren, aus ihren Listen strich. Nach dem Schwur zur ›ewigen Treue‹ wenige Jahre zuvor hielt ich meine Mitgliedschaft daraufhin nicht mehr für tragbar. Ich erklärte meinen Austritt aus dem Bund und habe mich auch nach 1945 nicht entschließen können, wieder einzutreten.«* (›Mein Leben‹)

Urlaub in Saas-Fee, August 1927, mit Edith auf dem Allalinhorn (4080 m).
Links der Bergführer Robert Imseng. »Wie schön, daß Sie in Saas-Fee
die selben Hochtouren gemacht haben, wie ich. Das Allalinhorn habe
ich zweimal gemacht, beidesmal von der Britannia-Hütte aus, da das,
mit der Wanddurchkletterung und dem Grat, die viel interessantere Auf-
stiegsroute ist. Ich weiß nichts Schöneres in der Welt als dieses mor-
gendliche Aufbrechen um zwei oder drei Uhr früh von der Hütte, und
die Lichter der ersten Dämmerung und des Sonnenaufgangs zwischen
3000 und 4000 Metern. Jetzt sehe ich diese Frühlichter oft aus einiger
Entfernung, aber auch das ist herrlich. Der alte Robert Imseng, unver-
kennbar auf dem Bild, das Sie mir geschickt haben, lebt noch, er ist
eines der ältesten und würdigsten Mitglieder der Gemeinde. Ich werde
ihn am Ostersonntag nach der Messe besuchen, ihm das Bild zeigen
und Ihre Grüße bestellen.« (Carl Zuckmayer an Hahn, 4. 4. 1966)

Auf dem Gipfel des Mönchs (4105 m). Hahn (links) mit dem Bruder Heiner (Mitte) und dessen Sohn Heinz, Juli 1930.

»Ich war nicht nur Musikliebhaber, sondern auch ein guter Bergsteiger. Meine erste Bekanntschaft mit den Bergen verdanke ich meinem Bruder Heiner, mit dem ich im Jahre 1907 zum ersten Mal eine Hochtour unternahm. Wir bestiegen im Ötztal die Wildspitze und einige andere Berge.« (›Mein Leben‹) *»Seit 1907 haben wir bis zu den beginnenden Bombennächten in Berlin 1943 jedes Jahr irgendeine Bergtour gemacht, teils in der Schweiz, teils in Österreich, gelegentlich auch einmal in Oberbayern.«* (An Walther Gerlach, September 1964)

»Ich erinnere mich vieler weiterer Touren, die ich ab und zu allein, meist mit meinem Bruder Heiner, aber nur ganz selten mit einem Bergführer gemacht habe. Das schwierigste Unternehmen war wohl die Traversierung der Südlenzspitze über den Nadelgrat von Saas-Fee aus. Man kann diesen Weg nur im Aufstieg, nicht im Abstieg nehmen.« (›Mein Leben‹) »Es war für einen Menschen von so intensiver Arbeitsweise selbstverständlich, daß er den Ausgleich während der Ferienzeiten in einem Bereich suchte, in dem er ebenso intensiv die gesetzten Ziele verfolgen konnte« und »die ihm immer wieder das Erlebnis von Leistung und Erfolg in schwierigen Situationen brachten.« (Ernst Berninger)[15]

Der 50. Geburtstag am 8. März 1929 im Institut. (Sitzend, von rechts: Lise Meitner, Erwin Schrödinger, Edith Hahn, Hahn, Margarete Krüger, Kurt Philipp, Nora Feichtinger.) »In dieser Arbeitsgemeinschaft herrschte ein guter Geist und eine fröhliche Stimmung, ein Widerschein von Hahns Persönlichkeit. Das wirkte sich nicht nur sehr günstig in der Arbeit aus, sondern kam auch immer wieder bei den Weihnachts- oder Geburtstagsfeiern, bei Sommerausflügen und ähnlichen Gelegenheiten zum Ausdruck. Bei einer dieser Feiern wurden unsere beiden Abteilungen als ›Hühnerhof‹ in Versen geschildert, wobei wohl jeder etwas abbekam, aber im Einklang mit dem Motto: ›Nur verulken, nicht verletzen wollen wir nach den Gesetzen, die der Takt den Menschen zieht. Guter Witz die Bosheit flieht‹.« (Lise Meitner)[7]

»Wesentlich für ein solches wissenschaftliches ›Institutsklima‹ waren Hahns menschliche Haltung und seine Anteilnahme an persönlichen Sorgen und Freuden der Institutsmitglieder, die in Institutsfeiern und Ausflügen, besonders an Weihnachten und am ›Chef-Geburtstag‹ so sichtbar in Erscheinung traten. Hahn hat den Beweis erbracht, daß mit der hierarchischen Ordnung eines Instituts eine echte wissenschaftliche und menschliche Demokratie gelebt werden kann, wenn das Streben nach neuer Erkenntnis, Begeisterung für wissenschaftliche Mühen, Anerkennung und Freude am Erfolg *und* gegenseitige Achtung die Leitmotive sind.« (Walther Gerlach)[3]

Berlin-Dahlem, Altensteinstraße 48. Mitte März 1929 zogen Hahn und seine Familie in die von Hermann Dernburg neuerrichtete Villa in Dahlem, etwa zehn Minuten zu Fuß zum Kaiser-Wilhelm-Institut. *»Unser Haus ist sehr schön geworden, fast etwas zu groß, aber sehr gemütlich. Edith hat noch viel Arbeit mit den Umzugsgütern, kommt aber gut durch, unsere ›Frieda‹ hilft ihr dabei.«* (An Heiner Hahn, 18. 4. 1929) **Die sogenannte ›Frankfurter Ecke‹ im Wohnzimmer.**

Denkmal von Eberhard Luttner im Vorgarten des Otto-Hahn-Hauses, enthüllt 1982 von der Stadt Berlin und der Freien Universität.

»Der Satz, . . . in dem das wissenschaftliche Ethos des Entdeckers Otto Hahn sich verbindet mit der Stellungnahme des politisch mitverantwortlichen Bürgers, lautet: ›Alle Nationen müssen zu der Entscheidung kommen, freiwillig auf die Gewalt als letztes Mittel der Politik zu verzichten; sind sie dazu nicht bereit, so werden sie aufhören zu existieren.‹ Die Abteilung für Forschung und Forschungsförderung, die zusammen mit dem Vizepräsident für Forschung in diesem Hause schon seit längerer Zeit arbeitet, hat damit eine Maxime erhalten, die für unser aller Arbeit eine Vorgabe sein soll. Zu dem Platz hin, der nun auch den Namen Otto Hahns tragen soll, sprechen diese Worte aber auch alle Bürger unseres Bezirks und unserer Stadt an, sich dieser Gemeinverantwortung für den Umgang mit wissenschaftlicher Arbeit zusammen mit uns bewußt zu sein.« (Eberhard Lämmert)[16]

Das Gartenhaus um 1930, auf dessen Veranda Hahn mit Vorliebe rauchend und zeitunglesend die wärmeren Frühlings- und Sommerabende verbrachte. Davor Hanno mit ›Muzi‹, einer der beiden zum Hahnschen Haushalt gehörenden Katzen – zu denen sich etwas später noch ein Laubfrosch namens ›Möppi‹ und ›Tommy‹, ein Briard, gesellten.
Mit Tommy im Garten, Frühjahr 1935.

Hahn, Lise Meitner und Rutherford vor dem Kaiser-Wilhelm-Institut, Anfang Mai 1929. Erster Gast im neuen Hause war Ernest Rutherford, der im Mai vor der Deutschen Chemischen Gesellschaft in Berlin Vorträge über ›Atomkerne und ihre Umwandlungen‹ hielt und mehrere Tage bei Hahn wohnte.

Gästebuchseite vom 5. Mai 1929, mit den Unterschriften der Gäste Rutherford, Bodenstein, Marckwald, Wieland, Einstein, Planck, v. Baeyer, Pringsheim, Geiger, Meitner, Paneth, v. Laue, Bothe und Fajans. »Ich kam heute morgen um 10.15 Uhr nach einer sehr angenehmen Reise wieder zu Hause an. Im Zug hatten wir es sehr bequem, und ich schlief friedlich durch bis Harwich. Ich fühle mich sehr fit, habe schon einen guten Arbeitstag hinter mir und beeile mich noch, Dir meine gute Ankunft mitzuteilen. Es war wirklich wunderschön bei Dir zu Hause und in Berlin. Du und Deine Frau hättet Euch wirklich nicht besser um mein leibliches und seelisches Wohl kümmern können. Es war ein großes Vergnügen, Dich und so viele alte Freunde unter solch angenehmen Umständen wiederzutreffen, und es war wirklich sehr nett von Dir, solch originelle Tischkarten vorzubereiten.« (Rutherford an Hahn, 8. 5. 1929)[24]

Bunsentagung über Radioaktivität, Münster, 16. bis 19. Mai 1932. (Von links: James Chadwick, Georg von Hevesy, Lili Geiger, Hans Geiger, Lise Meitner, Ernest Rutherford, Hahn, Stefan Meyer, Karl Przibram)

»In Münster war der Versammlung ›Radioaktivität‹ als Hauptthema zugeordnet. Dieser Kongreß war in erster Linie von ihnen (Hahn und Meitner) organisiert und vorbereitet. Selten gab es Gelegenheiten zu so ausführlichen wertvollen Diskussionen im kleinen Kreise, in Versammlungslokalen, bei Tische und bei intimen Ausflügen. Hahn leitete die ganze Versammlung nicht nur in vorbildlicher Weise, er selbst und L. Meitner brachten auch in der Hauptsitzung zwei einleitende zusammenfassende Vorträge, L. Meitner: ›Die Bedeutung der Beta- und Gamma-Strahlen in der Atomforschung‹, O. Hahn: ›Radioaktivität und chemische Elementarprozesse‹.« (Stefan Meyer)[10]

»Gegen das Spätjahr hin diskutierten wir des öfteren, daß Otto Hahn eigentlich Nobelpreis-verdächtig sei, nachdem schon bis Anfang der dreißiger Jahre ein Lebenswerk mit großen Erfolgen vorlag. Anerkennung war ihm natürlich nicht versagt geblieben. 1924 in die Preußische Akademie der Wissenschaften berufen zu sein, war gewiß eine sehr große Ehre und Würdigung von Hahns Arbeiten.« (Hans Käding)[17]

KAISER WILHELM-INSTITUT FÜR CHEMIE
Professor Dr. OTTO HAHN

O & BREITENBACH 2351 UND 2352

BERLIN-DAHLEM, DEN 10.Oktober 1932.
THIEL-ALLEE 63

Mme. M. C U R I E ,

P A R I S

1,Rue Pierre Curie.

Sehr verehrte Frau Professor Curie,

In Beantwortung Ihrer gefälligen Anfrage, Herrn Dr.Marcus Francis betreffend, möchte ich Ihnen folgendes sagen. Herr Francis hatte, bevor er zu mir kam, schon in seiner Heimat England und in Frankfurt (Main), über Adsorptionsvorgänge gearbeitet. Sicher besitzt er auf diesem Gebiete eine sehr gründliche Erfahrung und ist hier in der Lage, durchaus selbständig zu arbeiten. Das Arbeiten mit Radon hat er hier gelernt. Die zu seiner Untersuchung benutzte Adsorptions- und Messapparatur hat er selbständig entwickelt und gewissenhaft benutzt.

Inwieweit Herr Francis mit rein chemischen Untersuchungsmethoden vertraut ist und welches seine Kenntnisse in der allgemeinen Radiochemie sind, kann ich nicht beurteilen. Hier befasste er sich nur mit dem Radon, das aus einem emanierenden Trockenpräparat entnommen wurde; chemische Arbeiten machte er nicht. Da Herr Francis sicher ein intelligenter junger Wissenschaftler ist, halte ich es aber für durchaus möglich, dass er sich auch in andere Probleme der Radioaktivität in kurzer Zeit einarbeiten könnte.

Mit verbindlichen Grüssen und besten Empfehlungen

Ihr   Otto Hahn

Gutachten von Hahn an Marie Curie, *»Herrn Dr. Marcus Francis betreffend«,* vom 10. Oktober 1932.

Die Cornell-Universität in Ithaca, New York, Februar 1933. *»Das Jahr 1933 brachte für Deutschland die Machtergreifung Adolf Hitlers, für mich zunächst ein neues interessantes Kapitel in meiner wissenschaftlichen Laufbahn. Ich war als ›Non Resident Lecturer‹ für Chemie von der Cornell University in Ithaca, New York, eingeladen worden, dort Vorträge über mein Arbeitsgebiet zu halten.«* (›Mein Leben‹)
»Gegen Ende Februar 1933 fuhr ich per Schiff nach New York. Ich hatte das Glück, auf der Überfahrt den Präsidenten des Carnegie Institute of Technology, Dr. Baker, kennenzulernen. Baker, der sehr gut Deutsch sprach, interessierte sich für meine Einführungsvorlesung und bat mich, sie ihm vorzutragen. Er machte mich auf Fehler in der englischen Übersetzung und Aussprache aufmerksam, und nach dem zweiten Probevortrag war er mit mir zufrieden. Ich habe mich mit Baker so angefreundet, daß er seine nächste Europa-Reise nach meinen Terminen richtete und wir wieder dasselbe Schiff benutzen konnten.« (›Mein Leben‹) *»You must number me as among your most sincere admirers and wellwishers.«* (Baker an Hahn, 31. 3. 1933)

Vol. LIII—No. 114

Founded 1880; Incorporated 190
Fifty-third year

PROF. OTTO HAHN OPENS CHEMICAL LECTURE SERIES

German Describes Method of Determining 'Imponderable'

ATOMS MEASURABLE

Research Produces Means Of Identifying Minute Particles

NON-RESIDENT LECTURER

PROF. OTTO HAHN

A world made up of particles too tiny to be seen by the microscope or weighed by the finest precision instruments was described last night by Professor Otto Hahn, Director of the Kaiser Wilhelm-Institute of Chemistry of Berlin, in his introductory address in Baker Laboratory as George F. Baker non-resident lecturer in chemistry for the second term. One of the world's authorities on radioactive elements and discoverer of several such substances Dr. Hahn spoke on the subject, "From the Ponderable to the Imponderable," after being introduced by President Livingston Farrand.

Pointing out that by reason of the advances in scientific precision it was possible to "work with smaller and smaller quantities of material" Dr. Hahn developed the thesis that ability to analyze the ponderables threw considerable light on the complex world of imponderables which science was disclosing.

Gave Illustrations

He gave several striking illustrations of the size of some of the imponderables with which scientists are concerned. Thus, describing the size of molecules, he asked his listeners to visualize an ordinary electric light bulb filled with a vacuum. He stated that if a fine opening were made in the bulb to permit one million molecules of air to enter the bulb in one second, "then 100 million years must elapse before the bulb will fill with air to atmospheric pressure."

Dr. Hahn is concerned with measurements even smaller than molecules. A number of striking spectro-

(Please Turn to Page Two)

›The Cornell Daily Sun‹ vom 8. März 1933, Hahns 54. Geburtstag. »Bei meiner Antrittsvorlesung vor großem Auditorium gab es dank der guten Vorbereitung keine Schwierigkeiten, und ich hielt auch meine weiteren Vorträge ohne große Hemmungen. Die Vorträge und ein Kolloquium pro Woche fanden montags bis donnerstags statt.« (›Mein Leben‹)

Professor Franck legt sein Amt nieder

Freiwilliger Schritt des Göttinger Nobelpreisträgers

Eigene Meldung der Vossischen Zeitung

GÖTTINGEN, 18. APRIL

Der Ordinarius für experimentelle Physik an der Göttinger Universität, Professor Dr. James Franck, Nobelpreisträger des Jahres 1925, hat den Preußischen Kultusminister um sofortige Entbindung von seinen Amtspflichten gebeten. Professor Franck, der Jude ist, wäre nicht unter die gesetzlichen Abbaubestimmungen gefallen, da er im Weltkrieg als Kriegsfreiwilliger von Dezember 1914 bis Februar 1918 an der Front mitgemacht hat. Die letzten Monate konnte er infolge einer schweren Lähmung seinen Dienst tun. Bereits im Juni 1915 wurde er zum Leutnant der Landwehr befördert. Er besitzt das Eiserne Kreuz erster und zweiter Klasse und zahlreiche Kriegsauszeichnungen.

Professor Franck hat seinen Schritt mit folgendem Schreiben an den Rektor der Universität Göttingen begründet:

»Ich habe meine vorgesetzte Behörde gebeten, mich von meinem Amt zu entbinden. Ich werde versuchen, in Deutschland weiter wissenschaftlich zu arbeiten. Wir Deutschen jüdischer Abstammung werden als Fremde und Feinde des Vaterlandes behandelt. Man fordert, daß unsere Kinder in dem Bewußtsein aufwachsen, sich nie als Deutsche bewähren zu dürfen. Wer im Kriege war, soll die Erlaubnis erhalten, weiter dem Staat zu dienen. Ich lehne es ab, aus dieser Vergünstigung Gebrauch zu machen, wenn ich auch Verständnis für den Standpunkt derer habe, die es heute für ihre Pflicht halten, auf ihrem Posten auszuharren.«

Professor Franck ist ein Gelehrter von internationalem Ruf. Er hat sich 1911 in Berlin für Physik habilitiert, 1919 wurde er Mitglied und Abteilungsvorsteher am Kaiser-Wilhelm-Institut für Physikalische Chemie in Berlin-Dahlem. Seit 1920 ist er Ordinarius an der Göttinger Universität und Direktor des Zweiten Physikalischen Instituts. Für seine Untersuchungen über den Bau der Atome und der Moleküle erhielt er 1925 zusammen mit Professor Gustav Hertz den Nobelpreis für Physik. Eine weitere Anerkennung wurde ihm dadurch zuteil, daß die Rockefeller-Stif-

tung ihm Mittel für den Ausbau seines Instituts zur Verfügung stellte. Diese Mittel erhielt die Göttinger Universität nur im Hinblick auf die Persönlichkeit Francks.

Wie Professor Franck einem Vertreter der »Göttinger Zeitung« erklärt, hat er mit der Absicht, einer eventuellen Berufung des Auslandes zu folgen, so lange ihm als Experimentalphysiker die Möglichkeit wissenschaftlicher Betätigung bleibt und solange ihn nicht schwerwiegende wirtschaftliche Gründe dazu zwingen.

*

Der Brief des Professors Franck könnte, wenn er auf allen Seiten ohne Eifer und Voreingenommenheit so gelesen wird, wie er gemeint ist, zur Selbstbesinnung helfen. Franck wäre aller Voraussicht nach von den zu erwartenden Maßnahmen nicht betroffen worden. Er lehnt es ab, daraus für sich Nutzen zu ziehen. Er will keine Vorzugsbehandlung. Das Opfer, das er bringt, könnte zeigen, wohin der Weg führt, den man jetzt beschreiten will.

*

James Franck, einer der acht jüdischen Nobelpreisträger Deutschlands, erhielt seine Auszeichnung für die experimentelle Bestätigung der optischen Spektraltheorie Niels Bohrs, wonach Atome keine Energiemengen aufzunehmen vermögen, die unterhalb einer gewissen unteren Grenze liegen. Zuerst konnten die beiden Forscher den Nachweis erbringen, daß Elektronen, die durch eine Spannung beschleunigt sind, beim Zusammenstoß mit Quecksilberatomen bei 4,9 Volt plötzlich ihre Geschwindigkeit verlieren. Man mußte vermuten, daß bei dieser Spannung die quantenhafte Lichtanregung des Quecksilberatoms einsetzt. Im Jahre 1914 konnten sie dann in der Tat zeigen, beim Überschreiten der Schwelle von 4,9 Volt im Quecksilberdampf eine einfarbige Lichtemission, eine »Spektrallinie«, erzeugt wird, genau wie die Theorie es verlangt. Durch dieses Experiment, das ein ganz neues Forschungsgebiet eröffnete, wurde die experimentelle Sicherung der Quantentheorie und der Atommechanik erbracht.

›Vossische Zeitung‹, 18. 4. 1933. »Ich zergrüble und zermartere mich, was man wohl tun könnte. Und wenn ich Euch nicht so gern hätte, könnte ich Euch beneiden, (und es ist wirklich nicht nur eine Phrase) daß Ihr Juden seid und so ganz das Recht auf Eurer Seite habt, und wir haben die Schmach und die unauslöschliche nie wiedergutzumachende Schande für alle alle Zeiten. Und es hat bestimmt einen großen Eindruck gemacht. Es freut Euch vielleicht zu hören, daß ich wohl 20× von ganz verschiedenen Seiten gefragt worden bin: Haben Sie das von dem Prof. Franck gelesen? [. . .] Ich habe in unserer Ullsteinfiliale Mittwoch den ganzen Rest der Voss gekauft und an alle Leute geschickt, die ich noch nicht für ganz verloren halte, weil ich denke, Dein Brief müßte sie zur Besinnung bringen und ich hoffe, die ganze Welt wird darauf reagieren.« (Edith Hahn an James Franck und seine Frau, 22. 4. 1933)[25]
»Ich hatte in den USA nicht alles geglaubt, was in Deutschland geschehen war.« (›Erlebnisse‹)

Hans Luther (1879-1962), Reichskanzler a.D., Deutscher Botschafter in den USA. »*Von Ladenburgs erfuhr ich die ersten Nachrichten über das neue Regime, und was ich über Juden und Kommunisten hörte, war sehr beunruhigend. Nachdem die Nachrichten in der amerikanischen Presse immer unerfreulicher wurden, entschloß ich mich im Mai 1933 zu einem Privatbesuch bei dem deutschen Botschafter in Washington. Ich bat Herrn Luther um eine persönliche Unterredung, in der ich ihm über die mich sehr beunruhigenden Dinge im Zusammenhang mit der Behandlung der Juden in Deutschland und die Reaktionen in den USA, von denen ich gehört und gelesen hatte, berichten wollte. Vermutlich wußte der Botschafter dies alles viel besser als ich, aber ich hoffte in meinem Optimismus, wenigstens etwas zur Mäßigung in der Behandlung Andersdenkender beitragen zu können.*« – »*Ich wurde vom Botschafter zunächst sehr zurückhaltend empfangen. Er nahm meine Hinweise zwar interessiert auf, versuchte aber, das Vorgehen gegen die Juden als zum Teil von ihnen selbst verschuldet zu erklären. [. . .] Ich glaube kaum, daß mein Besuch irgendeinen Erfolg hatte, aber ich fühlte mich doch etwas erleichtert, meine Meinung gesagt zu haben.*« (›Mein Leben‹)

Das Kaiser-Wilhelm-Institut für Physikalische Chemie und Elektrochemie.
*»Meine Vorlesungen in Ithaca gingen im Juni zu Ende, und ich hatte eine
vorgesehene Reise über einige amerikanische Universitäten bis nach
Kalifornien angetreten.«* (›Radiothor‹) *»Gerade zu Beginn dieser Fahrt
erreichten mich alarmierende Nachrichten aus Berlin, vor allem über
Schwierigkeiten im Haberschen Kaiser-Wilhelm-Institut für Physikalische Chemie. Die leitenden Herren des Instituts hatten ihre Stellung
verloren oder waren in Gefahr, sie zu verlieren, und es wurde mir nahe-
gelegt, nach Deutschland zurückzukehren, um als ein von den Hitlerge-
setzen ›Nichtbetroffener‹ dort zu versuchen, so gut als möglich zu helfen. Ich brach also meine Reise ab und fuhr nach Berlin zurück.«* (›Mein
Leben‹) *»Als ich in Berlin war, dachte ich daran, eine größere Anzahl
arischer, angesehener Professoren zu einem gemeinsamen Schritt beim
Kultusministerium zusammenzubekommen, die gegen die Behandlung
anerkannter Nichtarier Stellung nehmen sollten. Aber Planck (und andere) rieten ab: ›Wenn Sie heute 50 solcher Leute zusammenbekom-
men, dann treten morgen 150 dagegen auf, die die Stellung der ersteren
haben wollen oder sonstwie sich beim Minister beliebt machen wollen.‹ Ich versuchte also nichts.«* (›Erlebnisse‹)

Fritz Haber (1868-1934). »*Ich wurde nun vom Präsidenten der Kaiser-Wilhelm-Gesellschaft, Geheimrat Planck, und von Haber gebeten, neben meiner Stellung am Institut für Chemie provisorisch die Leitung des Instituts für Physikalische Chemie zu übernehmen.*« (›Mein Leben‹) »*Als gebrochener Mann ging Haber nach Cambridge, wo er sehr freundlich aufgenommen wurde. Aber er war schon lange schwerkrank; den tiefen Schock konnte er nicht überwinden. Haber starb am 29. Januar 1934 in Basel. Einer Einladung von Professor Weizmann nach Palästina konnte er nicht mehr Folge leisten.*« (Otto Hahn)[18]

Berlin **S** 2, den **3.** November   193 3
Schloß, Portal III
Telephon: Amt **S** 1 Percolina 5931

Hochverehrter Herr Kollege !
          Nachdem die Übergabe der Leitung des Instituts
für physikalische Chemie und Elektrochemie an den vom
Kultusministerium eingesetzten kommissarischen Verwal-
ter vollzogen ist, empfinde ich das Bedürfnis, Ihnen
meinen aufrichtigen Dank auszusprechen für die Übernahme
und für die Durchführung der Verwaltung des Instituts in
der Übergangszeit. Mein Dank ist umso lebhafter, als mir
sehr wohl bewusst ist, mit welchen Schwierigkeiten Sie
bei der Ausübung dieses Amtes zu tun hatten, und welches
Opfer an Zeit und Arbeitskraft Sie dabei gebracht haben .

                    Mit kollegialem Gruss
                         Ihr aufrichtig ergebener

                              Planck

Herrn Professor Dr. O.Hahn
Direktor des Kaiser Wilhelm-Instituts
     für Chemie.

Brief von Max Planck vom 3. November 1933. *»Ich bemühte mich, besondere Härten der Machthaber abzuschwächen; eine Änderung der Lage
konnte ich nicht erreichen. Nach einigen Wochen erhielt ich dann die
Mitteilung, daß ein neuer Direktor des Instituts eingesetzt und meine
Tätigkeit abgelaufen sei.«* (›Radiothor‹) *»Es war Professor Jander, ein
aktives Mitglied der NSDAP. Ich hatte es abgelehnt, in die Partei einzutreten.«* (›Mein Leben‹)

Der Preußische Minister
für Wissenschaft, Kunst und Berlin W 8 den 6. September 1933.
Volksbildung   - Postfach -

-U I Nr 8252

        Auf Grund von § 3 des Gesetzes zur Wiederherstellung
des Berufsbeamtentums vom 7. April 1933 entziehe ich Ihnen
hiermit die Lehrbefugnis an der Universität   Berlin.

                Berlin den 6. September 1933.
                        (Siegel)
                Der Preußische Minister für Wissenschaft,
                    Kunst und Volksbildung
                        In Vertretung

                    gez. S t u c k a r t .

    An   Frau Professor Dr.Lise Meitner in Dahlem,Thielallee 67
          Gegen Postzustellungsurkunde.
    U I 8252.   - - - - - - - - - -

            Abschrift zur Kenntnis und weiteren Veranlassung.

                        In Vertretung
                    gez. S t u c k a r t .

        An
Herrn Verwaltungsdirektor

    bei der Universität

        in

        Berlin.   Beglaubigt.

Der Entzug der Lehrbefugnis für Lise Meitner. »Als seiner langjährigen Mitarbeiterin Lise Meitner im Sommer 1933 aus rassischen Gründen die Lehrbefugnis an der Berliner Universität entzogen werden sollte, bemühte sich Hahn angelegentlich darum, die beabsichtigte Maßnahme abzuwenden. In seinem Schreiben vom 27. August 1933 an das Unterrichtsministerium hob er hervor, daß Lise Meitner in der Radiumforschung internationalen Ruf genieße und sich an Bedeutung mit Marie Curie messen könne. Aber dieser Schritt Hahns war ebenso zum Scheitern bestimmt wie ein ähnlicher Versuch, den Planck als Präsident der Kaiser-Wilhelm-Gesellschaft unternahm.« (Friedrich Herneck)[19]

Preussische Akademie
der Wissenschaften

Eingegangen
8. DEZ. 1933
Erledigt

Fragebogen.

Sind Sie jüdischer Mischling? Ja *Nein* *Nichtzutreffen-*
                                              des zu durch-
Sind Sie jüdisch versippt? Ja *Nein* *streichen.*

(Als jüdischer Mischling gilt, wer einen oder mehrere
volljüdische Grosselternteile besitzt. Als jüdisch ver-
sippt gilt derjenige, dessen Ehefrau Jüdin oder jüdi-
scher Mischling ist.)

Unterschrift:

Professor Dr. Otto Hahn
Kaiser Wilhelm-Institut für Chemie
Berlin-Dahlem

**Fragebogen der Preußischen Akademie der Wissenschaften, Dezember
1933.** »Aber die Feuerprobe hatte unsere Freundschaft erst 1933 und
danach zu bestehen. Über Hitler und den Nationalsozialismus dachten
wir . . . dasselbe. Und wir setzten, was wir dachten, soweit möglich
auch in Taten um. Wie oft hast Du, wie oft habe ich jüdischen Bekannten und anderen Verfolgten seelisch geholfen, indem wir sie allen Verboten zum Trotz besuchten und in unsere Häuser einluden. Auch praktischer Unterstützung wissen wir uns zu erinnern, indem wir, meist
unabhängig voneinander, ihnen die Auswanderung erleichterten. In der
Preußischen Akademie konnten wir mehrmals den Braunen einen
Strich durch die Rechnung machen, z. B. bei Wahlen. Dies hatte, gegenüber dem Umfang des grauenvollen Geschehens, wenig zu bedeuten; für Weiteres reichte unser Einfluß nicht aus. Dein Meisterstück
war es jedenfalls, als der Lise Meitner, für die wir alle gebangt hatten,
die Flucht nach Holland gelang.« (Max von Laue an Otto Hahn,
8. 3. 1959)[20]
»Otto Hahn wurde wegen seines ›jüdisch‹ klingenden Familiennamens
häufig für ›nichtarisch‹ gehalten. Tatsächlich hatte er, was ein ängstlich
gehütetes Geheimnis war, mütterlicherseits jüdische Vorfahren. Doch
da sich die deutsche Wissenschaft den Verlust auch noch dieses Forschers von hohem internationalen Ruf nicht leisten konnte, vertuschte
man die Angelegenheit.« (Bernt Engelmann)[21]

KAISER WILHELM-INSTITUT FÜR CHEMIE
Direktor: Professor Dr. OTTO HAHN

§4, BREITENBACH 2391 UND 2392

phil. S. 516   123

BERLIN-DAHLEM, den 31. Januar 1934.
THIEL-ALLEE 69

An die Philosophische Fakultät der
       Friedrich Wilhelms-Universität

             Berlin .

      Der Philosophischen Fakultät der Universität
Berlin erlaube ich mir hierdurch meinen Austritt aus dem
Lehrkörper, dem ich als n.b.a.o.Professor angehöre, zum
1.März 1934 (Ablauf des Wintersemesters) mitzuteilen.

      Meine Stellung als Direktor des Kaiser Wilhelm-
Instituts für Chemie in Dahlem und meine Tätigkeit in
der Kaiser Wilhelm-Gesellschaft zur Förderung der Wissenschaften und in der Preussischen Akademie der Wissenschaften nimmt mich so stark in Anspruch, dass es mir
richtig erscheint, meine Arbeit auf diese Aufgaben zu
beschränken.

      Im übrigen bleibt mir ja durch meine Mitglied-
schaft in der Preussischen Akademie der Wissenschaften
die Möglichkeit, Vorlesungen an der Universität zu halten

                          Otto Hahn.

Austrittserklärung vom 31. Januar 1934. »*Nun kamen durch die Partei-
stellen noch Aufforderungen zu Sitzungen, Versammlungen etc. hinzu,
die sicher nicht erfreulich waren für ein Nichtmitglied der Partei. Da ich
als Mitglied der Akademie das Recht hatte, Vorlesungen zu halten, hielt
mich nichts an der Fakultät, und ich erklärte meinen Austritt.*« (›Erlebnisse‹) »*In Wahrheit aber war sein Schritt ein Ausdruck der Solidarität mit seiner von den Faschisten gemaßregelten Kollegin.*« (Friedrich
Herneck)[19]

Moskau, Sommer 1934, Kreml und Moskva (Fotografie von Hahn).
»Auch während dieser aufregenden Zeiten gingen die Arbeiten in unserem Institut ungestört weiter. Wir hatten weiterhin Gelegenheit,
Auslandsreisen zu unternehmen. So fand im September 1934 in der
Sowjetunion ein großer internationaler Mendelejew-Kongreß statt, der
in Moskau begann und in Leningrad endete.« (›Mein Leben‹) »Vor zwei
Stunden sind wir wohlbehalten hier angekommen. Sehr gut untergekommen in dieser sehr fremd anmutenden Umgebung. Motto: anstrengend aber sehr interessant.« (An Edith Hahn, 6. 9. 1934)
»Für uns ›westliche Kapitalisten‹ war das, was wir in Rußland damals
sahen, recht lehrreich. Allgemein herrschte noch große Knappheit an
allen Dingen des täglichen Lebens, aber aus den Gesprächen konnte
man doch entnehmen, daß sich das Land im Aufbau befand. Einen tiefen Eindruck machte der Rote Platz mit dem Kreml, von dessen Kirchenanlagen außen und im Innern nichts zerstört war.« (›Mein Leben‹)

Leningrad. »*Zarendenkmal am Moskauer Bahnhof mit Schmähversen.*«
(Fotografie von Hahn) »*Die übertriebene antireligiöse Propaganda in
den Kirchen befremdete uns sehr; statt Heiligenbilder sah man verächt-
lichmachende, teils obszöne Darstellungen gegen die Geistlichkeit.*«
(›Mein Leben‹)

»*Gestern war wieder ein langer Tag. Am späten Vormittag Besichtigung
des Radiuminstituts, dann ab 3 Uhr Beginn des Kongresses. Er ist in dem
Palais, das Katharina II. ihrem Günstling Potemkin geschenkt hat. Nach
der Gründung der Duma (Reichstag) kam diese in das Palais; heute riesi-
ger Versammlungsraum, wie unser Reichstag (etwa 1500 Plätze).
Abends war Festbanquet von 10 bis 1 Uhr, ½ 3 Uhr zu Bett. Das Theater
vorgestern (Boris Godunow) dauerte auch bis ½ 1 Uhr, danach noch
was gegessen. Alles wird immer sehr spät. Die Lage von Leningrad ist
einzigartig schön.*« (An Edith Hahn, 11. 9. 1934)

Fritz Haber, Radierung von Emil Orlik. »*Im Laufe des Jahres 1934 mehrten sich die Stimmen, für den großen Erfinder der Ammoniaksynthese und Nobelpreisträger zum einjährigen Todestag eine Gedächtnisfeier zu veranstalten. Der Präsident der Kaiser-Wilhelm-Gesellschaft, Geheimrat Planck, nahm die Vorbereitungen für eine solche Feier persönlich in die Hand.*« (Otto Hahn)[18]

Die Kaiser-Wilhelm-Gesellschaft
zur Förderung der Wissenschaften
beehrt sich
in Gemeinschaft mit der
Deutschen Chemischen Gesellschaft
und der Deutschen Physikalischen Gesellschaft
zu einer
Gedächtnisfeier für
Fritz Haber
am Dienstag, den 29. Januar 1935, 12 Uhr mittags,
im Harnack-Haus, Berlin-Dahlem, Ihnestraße 16—20,
einzuladen.

1. Andante con moto (Thema mit Variationen)
aus dem Quartett Nr. 14 von Franz Schubert

2. Einleitende Worte
Geheimrat Prof. Dr. Max Planck, Präsident der Kaiser-Wilhelm-Gesellschaft zur Förderung der Wissenschaften

3. Gedächtnisreden
Prof. Dr. Otto Hahn, Direktor des Kaiser-Wilhelm-Instituts für Chemie
Oberst a. D. Dr.-Ing. e. h. Joseph Koeth
Prof. Dr. Karl-Friedrich Bonhoeffer, Auswärtiges wissenschaftliches Mit-
glied des Kaiser-Wilhelm-Instituts für physikalische Chemie und Elektro-
chemie

Einladung. »Am Anfang sah alles ganz friedlich aus. Die Einladungen mit dem Programm gingen etwa zwischen dem 10. und 13. Januar (1935) heraus. Aber schon am 15. Januar erging ein Erlaß im Auftrage des Preußischen Kultusministers, zunächst an den Rektor der Technischen Hochschule Berlin. In ihm wurde die geplante Feier als Herausforderung des nationalsozialistischen Staates bezeichnet. Die Schlußsätze hießen: ›Diese Auffassung wird noch dadurch erhärtet, daß sich die Veranstalter nicht gescheut haben, den zu der Feier Eingeladenen das Erscheinen in Uniform nahezulegen. Ich sehe mich deswegen veranlaßt, allen meinem Dienstbereich unterstellten Beamten und Angestellten hiermit die Teilnahme an der Feier zu untersagen.‹« (›Radiothor‹) »Die Feier fand im Harnack-Hause statt. Aber es war allen Professoren der Universität verboten, daran teilzunehmen.« (›Erlebnisse‹)

REICHSGEMEINSCHAFT
DER TECHNISCH WISSENSCHAFTLICHEN ARBEIT

DRAHTANSCHRIFT: REICHSGEMEINSCHAFT   FERNRUF: A1 JÄGER 0000

BERLIN NW7 INGENIEURHAUS

An den

Verein deutscher Eisenhüttenleute,

D u s s e l d o r f

Postfach 658

25 JAN 1935

IHRE ZEICHEN	IHRE NACHRICHT VOM	UNSER ZEICHEN	TAG
		Dr.Fr./Wa.	24.1.1935

BETRIFFT Gedachtnisfeier für Fritz Haber

    Herr Präsident Dr.-Ing. T o d t hat bezüglich der für den
29.Januar d.Js. von der Kaiser-Wilhelm-Gesellschaft, der Deutschen
Physikalischen Gesellschaft und der Deutschen Chemischen Gesellschaf
anberaumten Gedächtnisfeier für Fritz Haber die in der Anlage ab-
schriftlich beigefügte Anordnung herausgegeben. Danach bitten wir
alle RTA-Vereine, ihren Mitgliedern die Teilnahme an dieser Feier
zu untersagen.

Heil Hitler !

REICHSGEMEINSCHAFT
DER TECHNISCH-WISSENSCHAFTLICHEN ARBEIT
Geschäftsführung

Dr. Freitag

Anlagen

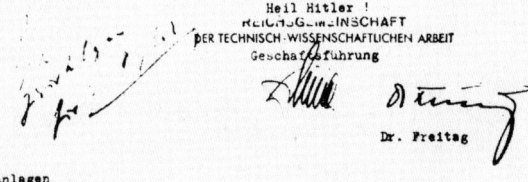

Verein deutscher Chemiker e. V., Berlin W 35, Potsdamer Str. 103a

    Gemäß Verfügung des Präsidenten der RTA., Herrn
Dr. Ing. Todt ist die Teilnahme an der Gedächtnisfeier für
Fritz Haber am 29. Januar 1935 im Harnackhaus allen Mit-
gliedern des Vereins deutscher Chemiker e. V. untersagt.

Berlin, den 25. Januar 1935

Verein Deutscher Chemiker e. V.

Verbote vom 24. und 25. 1. 1935. »*Die Feier fand statt, der ganze Saal war voll. Hauptsächlich durch Direktoren und Angestellte der verschiedenen I.G. Werke, denen Bosch telegraphiert und geschrieben hatte. Außerdem Frauen von Kollegen, Familie Haber, d.h. seine Geschwister und Bekannten, Bosch, Weinberg, Willstätter. Außerdem trotz Verbots Wettstein von der K.W.G. und Prof. Heubner von der Universität.*« (›Erlebnisse‹) »*Auf den hinteren Bänken saßen einige Mitglieder meines Instituts: Lise Meitner, Fritz Straßmann, Max Delbrück.*« (›Radiothor‹) »*Der größte Teil der Teilnehmer waren aber Frauen; Frauen von Berliner Professoren, von Mitgliedern der Kaiser-Wilhelm-Gesellschaft, von persönlichen Freunden Fritz Habers. Sie kamen als die Vertreter der Männer, denen ein brutales Verbot die Möglichkeit genommen hatte, einem bedeutenden Menschen und Forscher ein letztes Lebewohl zu sagen.*« (Otto Hahn)[18] »*Der Verlauf der Feier war würdig und eindrucksvoll. Die einleitenden Worte sprach Planck, der darauf hinwies, daß Deutschland im Weltkrieg in den ersten drei Monaten wirtschaftlich und militärisch zusammengebrochen wäre, hätte Haber nicht seine große Stickstofferfindung gemacht. Auch Oberst Koeth betonte in seiner Ansprache die große Bedeutung Habers während des Weltkrieges. Die beiden Hauptvorträge von mir selbst und von Bonhoeffer betrafen dann die menschlichen Seiten Habers und die Bedeutung seines berühmten Instituts sowie sein wissenschaftliches Lebenswerk. Da Bonhoeffer nicht anwesend sein konnte – es war ihm ja verboten worden zu kommen – habe ich das Manuskript in seinem Namen vorgelesen.*« (Otto Hahn)[18] »*Dieser offen zur Schau getragene Widerstand gegen das Regime war Anfang 1935 noch möglich.*« (›Mein Leben‹) »*Letzte Anweisung des Ministeriums: über die Veranstaltung wird nichts berichtet, die Vorträge sind nicht zu veröffentlichen.*« (Otto Hahn)[18] »*Man sieht an dem Beispiel, in welch schwierige Situation selbst eine Wissenschaft, die gar nichts mit Weltanschauung zu tun hat, geraten kann, wenn politische Ideologien ihre Grenzen überschreiten.*« (Otto Hahn)[18]

Mit Lise Meitner vor dem Institut, 1935. »*In manchen Kreisen hat mir die Haber-Feier persönlich im Ansehen genützt. Das Institut war dagegen nach außen hin, den amtlichen Stellen gegenüber, wohl deutlich geschwächt. Hinzu kam, daß man auch sonst merkte, daß ich vieles nicht für richtig hielt. Die Anwesenheit der durch ihr Österreichertum zwar geschützten Lise Meitner machte die Situation nicht besser. Lise Meitner hatte ihre Stellung im Institut beibehalten und wurde dort gar nicht gestört. Nach außen hin konnte sie nicht mehr hervortreten, ins Kolloquium zu Laue nicht mehr gehen.*« (›Erlebnisse‹)

»Die Verwaltungsarbeit in der damaligen Zeit war nicht umfangreich. Einer der Assistenten wurde zum Verwaltungsassistenten bestimmt und erledigte den größten Teil der anfallenden Arbeit nebenher, so daß der Direktor sich nur mit wenigen wichtigen Dingen selbst befassen mußte. Hahns Neigung kam das sehr entgegen. Im weißen Mantel selber im Laboratorium zu arbeiten, behagte ihm mehr. Und das tat er sehr häufig, soweit es eben ging, bis zum Ende der Dahlemer Zeit.« (Hans Käding)[17]

Fritz Straßmann (1902 1980), Hahns Assistent seit 1935. »*Nach der Rückkehr aus der Sowjetunion erwarteten uns im Institut neue Aufgaben, denn inzwischen hatte Enrico Fermi die Bedeutung der neuentdeckten Neutronen bei der Auslösung von Kernreaktionen erkannt und fast das ganze Periodische System in seine Untersuchungen einbezogen.*« (›Mein Leben‹) »*Damit begannen unsere Arbeiten über die Bestrahlung des Urans (und auch Thoriums) mit Neutronen. Sie umfassen einen Zeitraum von vier Jahren und sind in etwa 20 Originalarbeiten niedergelegt. Von 1935 bis 1938 wurden praktisch alle Arbeiten in Gemeinschaft mit F. Straßmann durchgeführt.*« (›Radiothor‹) »Vielen Dank für Deine kurzen Zeilen und für die Übersendung der Kopien Deiner neuesten Artikel über die Neutronenumwandlung des Urans. Die Untersuchung dieses Punktes muß ganz genau in Dein Gebiet gefallen sein, und ich bin sicher, daß es Dir sehr viel Spaß gemacht hat, die Beschaffenheit der Umwandlungsprodukte klären zu können. Es ist alles sehr interessant und geht jetzt so schnell, daß es schwierig ist, alle erzielten Ergebnisse im Gedächtnis zu behalten.« (Rutherford an Hahn, 25. 4. 1935)[24]

THE GEORGE FISHER BAKER
NON-RESIDENT LECTURESHIP IN CHEMISTRY
AT CORNELL UNIVERSITY

Applied Radiochemistry

BY

OTTO HAHN

*Director of the Kaiser Wilhelm Institute
for Chemistry in Berlin-Dahlem*

ITHACA, NEW YORK
CORNELL UNIVERSITY PRESS
LONDON: HUMPHREY MILFORD
OXFORD UNIVERSITY PRESS
1936

Titelblatt von Hahns Lehrbuch ›Applied Radiochemistry‹, das 1936 in englischer und russischer Sprache erschien und die in Ithaca gehaltenen Vorlesungen enthält. »Zu einer deutschen Übersetzung kam es nicht; es hat überhaupt lange gedauert, bis man hier die Bedeutung dieser Forschungsrichtung einsah.« (Walther Gerlach)[3] »Als junger Student im höheren Semester Mitte der Dreißiger Jahre, sowie in Verbindung mit unserer Arbeit mit Plutonium einige Jahre später, benützte ich sein Buch ›Applied Radiochemistry‹ als meine Bibel. Es handelte von den Gesetzen der Mitfällung winziger Mengen radioaktiven Materials bei der Abscheidung unlöslicher Substanzen in wässrigen Lösungen. Ich erinnere mich, daß ich jedes Wort dieser Gesetze der Mitfällung viele Male immer wieder gelesen habe und versuchte, jede kleinstmögliche Anleitung für unsere Arbeit daraus herzuleiten, und in meinem Eifer habe ich vielleicht noch mehr hineingelesen als der Meister selbst beabsichtigt hatte. Ich bezweifle, daß ich je in einem anderen Buch die einzelnen Abschnitte sorgfältiger und häufiger gelesen habe als in Hahns ›Angewandter Radiochemie‹. Ich las den gesamten Band wiederholte Male und erinnere mich, daß ich über den Umfang des Buches besonders enttäuscht war. Es war nämlich zu kurz.« (Glenn T. Seaborg)[22]

Über die Umwandlungsreihen des Urans, die durch Neutronenbestrahlung erzeugt werden.

Von L. Meitner, O. Hahn und F. Strassmann.

Mit 3 Abbildungen. (Eingegangen am 14. Mai 1937.)

In einer Reihe vorangehender Arbeiten[1] ist gezeigt worden, daß die Bestrahlung von Uran mit Neutronen zu drei neuen Umwandlungsreihen führt, deren einzelne Glieder zum größten Teile Elemente jenseits Uran sind. Wir haben im Laufe der weiteren Untersuchung neue Ergebnisse erhalten, über die hier berichtet werden soll, so weit sie mehr physikalische Fragen berühren. Die Darstellung der chemischen Eigenschaften der einzelnen Substanzen und die genauere Beschreibung der Abtrennungsmethoden wird gleichzeitig in den Berichten der Deutschen Chemischen Gesellschaft gegeben[2].

---

240. O. Hahn, L. Meitner und F. Strassmann: Über die Trans-Urane und ihr chemisches Verhalten.

[Aus d. Kaiser-Wilhelm-Institut für Chemie, Berlin-Dahlem.]
(Eingegangen am 15. Mai 1937.)

Inhaltsübersicht.

Einleitung: Schemata der Prozesse und Bemerkungen zur Methodik der Messungen.
I) Unterscheidung aller Trans-Urane (Ordnungszahlen 93—96) vom Uran und den benachbarten tiefer stehenden Elementen.
II) Chemischer Nachweis der künstlichen Uran-Isotope.
III) Unterscheidung des Eka-Rheniums (Z = 93) von den Homologen der Platinmetalle (Z = 94, 95, 96).

Erstveröffentlichung der Arbeiten über die (scheinbaren) Transurane, von denen sich die meisten später als etwas anderes erwiesen. *»In zwei ausführlichen Arbeiten aus dem Jahre 1937 haben wir in den Berichten der Deutschen Chemischen Gesellschaft und in der Zeitschrift für Physik unsere Ergebnisse zusammengestellt. In der einen wurden mehr die chemischen Ergebnisse, in der anderen die physikalischen Konsequenzen zusammengestellt.«* (›Radiothor‹) *»Wenn wir kurz die Arbeiten über unsere ›Trans-Urane‹ zusammenfassen wollen, dann können wir sagen, daß viele und gewissenhaft durchgeführte Untersuchungen durch von der Physik geforderte Voraussetzungen zu falschen Ergebnissen geführt haben. Aber niemanden trifft ein Vorwurf. Es dauerte bis Ende 1938, bis die richtige Erklärung der Prozesse gefunden wurde.«* (›Radiothor‹) Anhand der beiden abgebildeten Transuran-Arbeiten wird besonders deutlich, »daß in der Reihenfolge der Autoren ganz offensichtlich auch dem Anteil geistiger Urheberschaft entsprochen wurde« und »daß diese Übung im Gegensatz zu den Gepflogenheiten akademischer Hierarchie steht und für die Verhältnisse am Hahnschen Institut typisch war«. (Ernst Berninger)[15]

Rutherford-Briefmarke von 1971. »*Am 19. Oktober 1937 starb 66jährig, plötzlich und unerwartet Lord Rutherford an den Folgen einer Operation, der er sich wenige Tage zuvor unterzogen hatte. Mit ihm ist wohl der größte Meister experimenteller physikalischer Forschung der Gegenwart dahingegangen. Sein Ableben bedeutet nicht nur für England, sondern für die Naturwissenschaftler der ganzen Welt einen nicht zu ersetzenden Verlust. Trotz aller seiner großen Erfolge blieb Rutherford aber immer der schlichte, fröhliche, herzenswarme Mensch, der er von je gewesen war, und alle seine Schüler hängen mit einer geradezu zärtlichen Liebe an ihm. Auch der Schreiber dieser Zeilen faßte es als das größte Glück seines wissenschaftlichen und menschlichen Entwicklungsganges auf, daß es ihm vergönnt war, fast ein Jahr lang, 1905 auf 1906, als junger Anfänger in Montreal unter Rutherford arbeiten und etwas von seinem Wesen verspüren zu dürfen. Was sterblich war an Rutherford, wurde am 25. Oktober 1937 in der Westminster Abbey in London beigesetzt. Das Unsterbliche von ihm lebt in seinem Werke fort.*« (›Lord Rutherford of Nelson‹)[23]

Frédéric Joliot-Curie (1900-1958). »1938 lernte ich Joliot beim Internationalen Chemikerkongreß in Rom kennen. Da wir durch unsere Arbeiten auf dem Gebiet der Radiumforschung seit langem voneinander wußten, uns aber vorher nie getroffen hatten, führte das Treffen zu einem freundschaftlichen persönlichen Kontakt. Joliot ahnte oder wußte vielleicht, daß ich kein Anhänger des nationalsozialistischen Regimes in Deutschland war, schüttete sein Herz aus und sprach sehr offen über den gerade zu Ende gegangenen Kampf in Spanien, der zum Siege Francos geführt hatte. Er war sehr unglücklich darüber und bewunderte die Menschen, die aus anderen Ländern den linksgerichteten Kämpfern zu Hilfe gekommen waren, was nun alles leider vergeblich gewesen sei. Natürlich sprachen wir dann auch über Hitler, über seine Rassengesetzgebung und die Gefahr eines zukünftigen Krieges, der dann nicht nur ein Land verwüsten, sondern ganz Europa zum Kriegsschauplatz machen würde.« (Otto Hahn)[26]

Volksabstimmung und Großdeutscher Reichstag

Stimmzettel

Bist Du mit der am 13. März 1938 vollzogenen

Wiedervereinigung Österreichs mit dem Deutschen Reich

einverstanden und stimmst Du für die Liste unseres Führers

Adolf Hitler?

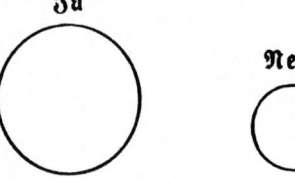

Ja

Nein

»Stimmzettel«. »*Mit all den durch das Regime bedingten, mehr oder weniger geringfügigen Störungen waren die Arbeiten in unserem Institut bis zu diesem Zeitpunkt gut verlaufen. Lise Meitner waren während der ersten Jahre keinerlei Schwierigkeiten gemacht worden, denn sie war Österreicherin und als solche geschützt.*« (›Mein Leben‹) »*Eine Veränderung zum Schlimmeren trat aber nach der Einverleibung Österreichs in Deutschland Anfang März 1938 ein.*« (›Erlebnisse‹) »*Jetzt wurde auch Lise Meitners Lage kritisch. Unser Präsident Bosch, der Nachfolger Plancks, war Lise Meitner in Freundschaft zugetan, und nach einer längeren Aussprache mit ihr . . .*« (›Mein Leben‹) »*. . . schrieb er ans Auswärtige Amt einen Brief, in dem er um die Erlaubnis für Lise eintrat, daß man ihr die Ausreise aus Deutschland bewilligen möchte.*« (›Erlebnisse‹)

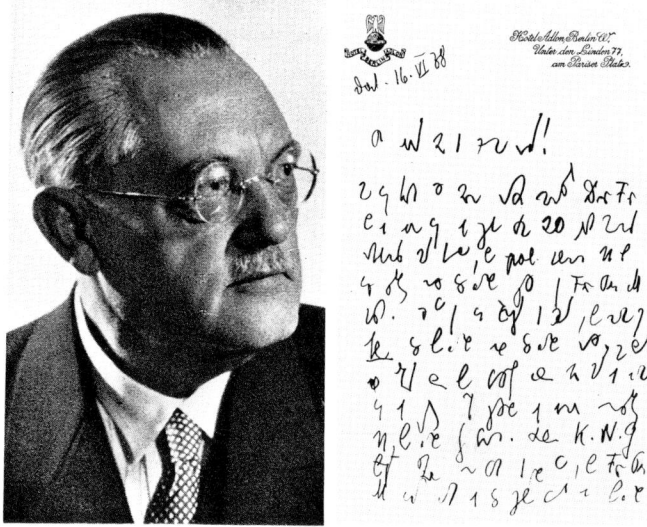

Carl Bosch (1874-1940), Präsident der Kaiser-Wilhelm-Gesellschaft von 1937 bis 1940.

Stenogramm von Lise Meitner vom 16. Juni 1938. »Um bei eventuellen Maßnahmen nicht mehr in ihrer Privatwohnung angetroffen zu werden, hatte sich Lise Meitner sicherheitshalber in das Hotel Adlon begeben. Die Antwort auf den Brief wurde ihr telefonisch mitgeteilt. Sie hat sich ein flüchtiges Stenogramm angefertigt.« (Ernst Berninger)[15] Übertragung: »Sehr geehrter Herr Geheimrat! (Bosch) Im Auftrag des Herrn Reichsministers Dr. Frick darf ich Ihnen auf Ihr Schreiben vom 20. vorigen Monats ergebenst mitteilen, daß politische Bedenken gegen die Ausstellung eines Auslandspasses für Frau Professor Meitner bestehen. Es wird für unerwünscht gehalten, daß namhafte Juden aus Deutschland in das Ausland reisen, um dort als Vertreter der deutschen Wissenschaft oder gar mit ihrem Namen und ihrer Erfahrung, entsprechend ihrer inneren Einstellung, gegen Deutschland zu wirken. [. . .] Diese Auffassung hat insbesondere der Reichsführer-SS und Chef der Deutschen Polizei im Reichsministerium des Innern vertreten. Mit vorzüglicher Hochachtung.« *»Die Situation wurde immer unerträglicher.«* (›Erlebnisse‹)

Dirk Coster (1889-1950). »*Bosch konnte also nicht helfen, und wir beschlossen, unsere Kollegin so schnell wie möglich illegal über die Grenze zu bringen.*« (›Mein Leben‹) »*Zu dieser selben Zeit wurde Edith psychisch schwer krank und mußte in die ›Kuranstalten Westend‹ gebracht werden zu Prof. Zutt, wo sie monatelang blieb. Es gingen dann Briefe und Telegramme in die Schweiz, nach Holland etc. Die Nervosität wurde immer größer. Im Juli kam dann ein Telegramm von Coster aus Groningen, daß er persönlich nach Berlin komme. Er hatte an einer kleinen Grenzübergangsstelle erreicht, daß die Lise ohne Visum, von Coster begleitet, die Grenze nach Holland überschreiten könne. Coster blieb eine Nacht in Berlin. Es wurde, ohne irgend jemandem etwas zu sagen, am Abend ein Handkoffer gepackt (anwesend nur Rosbaud und ich).*« (›Erlebnisse‹)

Lise Meitner, um 1938. »*Für dringende Notfälle übergab ich ihr einen schönen Brillantring, den ich als Erbstück meiner verstorbenen Mutter zwar nie getragen, aber immer gut aufgehoben hatte.*« (›Mein Leben‹) »*Sie schlief, soviel ich mich erinnere, die Nacht vor ihrer Abreise bei uns in der Altensteinstraße; Coster selbst traf erst auf der Bahn mit ihr zusammen. Dann reisten sie beide ab.*« (›Erlebnisse‹) »*Die Gefahr für Lise Meitner bestand in den mehrfachen Kontrollen in den nach dem Ausland fahrenden Eisenbahnzügen durch die SS.*« (›Mein Leben‹) »*Wir zitterten, ob sie durchkomme oder nicht. Einen Tag später kam das verabredete Telegramm, dem wir entnahmen, daß Lise in Holland war.*« (›Erlebnisse‹) »*Ich werde den 13. Juli 1938 nie vergessen.*« (›Mein Leben‹) »*Niels Bohr veranlaßte dann Professor Siegbahn in Stockholm, ihr eine Arbeitsmöglichkeit in Stockholm anzubieten, und Lise Meitner nahm das Angebot an.*« (›Radiothor‹)

Über die Entstehung von Radiumisotopen aus Uran durch Bestrahlen mit schnellen und verlangsamten Neutronen[1].

Von O. HAHN und F. STRASSMANN, Berlin-Dahlem[2].

In einer Reihe von Arbeiten haben MEITNER, HAHN und STRASSMANN[3] die Vorgänge aufgeklärt, die bei der Bestrahlung des Urans mit Neutronen zu Elementen mit höherer Ordnungszahl als 92, also zu den sog. Transuranen führen. Außer drei künstlichen Uranisotopen werden 6 Transurane nachgewiesen und in ihren chemischen Eigenschaften festgestellt. Sie gehören zu den Elementen 93–96. In jüngster Zeit wurde von denselben Verfassern nach ein 60-Tage-Körper aufgefunden[4], der vermutlich ebenfalls ein Transuran ist, dessen Stellung aber in den zwei isomeren Reihen bisher noch nicht ganz sichergestellt ist.

In mehreren Mitteilungen befassen sich I. CURIE und P. SAVITCH[5] mit einer weiteren Substanz, die sie bei der Bestrahlung des Urans mit Neutronen erhalten haben; sie schreiben ihr eine Halbwertszeit von $3^{1}/_{2}$ Stunden zu, mit chemischen Eigenschaften, die bisher nicht genau festzustellen waren. Der Körper wurde von CURIE und SAVITCH zuerst für ein Thoriumisotop gehalten, später für ein Actiniumisotop, dann aber festgestellt, daß er weder das eine noch das andere sei, sondern vermutlich ein Transuran, aber mit Eigenschaften, die von den von HAHN, MEITNER und STRASSMANN angegebenen Eigenschaften der Transurane in bemerkenswerter Weise verschieden seien. CURIE und SAVITCH diskutieren mehrere Möglichkeiten, die ihnen aber selbst schwer verständlich und unbefriedigend vorkommen:

1. Der 3,5-Stunden-Körper hat die Ordnungszahl 93, und die bisher nachgewiesenen Transurane haben statt der Kernladungen 93–96 die Kernladungen 94–97.

2. Der 3,5-Stunden-Körper hat die Ordnungszahl 94, und die bisher beschriebenen Transurane haben die Ordnungszahlen 93, 95–97.

3. Der 3,5-Stunden-Körper ist isomer zu einem der bekannten Transurane, hat aber eine abweichende Elektronenanordnung, so daß trotz gleicher Kernladung mit einem normalen Transuran die chemischen Eigenschaften einer seltenen Erde auftreten.

Zwischenprodukt zwischen den Elementen 93 und 95 an den Aktivitätskurven der Transurane bemerkbar machen müssen.

Zu 3. Diese Annahme ist äußerst unwahrscheinlich, wie ja CURIE und SAVITCH auch betonen. Die auch in absolut unwägbarer Menge vorliegenden anderen künstlichen Radioelemente haben sich chemisch immer so verhalten, wie man aus ihrer Stellung im periodischen System erwarten sollte.

Bei Gelegenheit neuer Versuche über die chemischen Eigenschaften der Transurane haben wir deshalb versucht, auch den CURIE-SAVITCHschen 3,5-Stunden-Körper nachzuweisen. Die Substanz nach der von den Verff. angegebenen Abscheidungs- und Meßmethode zu erhalten.

Die genauere Prüfung führte zu bemerkenswerten Ergebnissen. Diese sollen an dieser Stelle nur kurz zusammenfassend dargestellt werden und sind in den Zahlenangaben noch als vorläufig anzusprechen.

Bei der Bestrahlung des Urans mit Neutronen entstehen vermutlich drei isomere Radiumisotope, die also durch zwei sukzessive α-Umwandlungen aus Thorium entstanden sein müssen. Daß es sich dabei um Radiumisotope der Transurane handelt und daß sie nicht etwa aus dem unbestrahlten Uran stammen, wurde nach mehreren Methoden einwandfrei bewiesen. Ihre Halbwertszeiten sind ungefähr 25 Min., 110 Min., mehrere Tage.

Aus diesen isomeren Radiumisotopen entstehen durch β-Strahlenemission drei isomere Actiniumisotope, die als solche bewiesen wurden. Ihre Halbwertszeiten sind, vorerst in roher Annäherung, ungefähr mit 40 Min., 4 und 60 Stunden anzugeben. Aus diesen Actiniumisotopen entstehen vermutlich drei Thorisotope, über die aber bisher noch nichts auszusagen ist.

Da die Substanzen wohl alle das Atomgewicht 231 haben, und da es unter den natürlichen Radioelementen bereits ein Thorisotop vom Atomgewicht 231, nämlich

Erstveröffentlichung der ›Radiumisotope aus Uran‹ in den ›Naturwissenschaften‹, Heft 46, 1938. »*Im Herbst 1938 waren wir von den Transuranen über die künstlich aktiven Radiumisotope auf Vorgänge gestoßen, die im Dezember die Aufklärung der Neutronenversuche brachten. Straßmann und ich berichteten über die drei künstlich aktiven Radiumisotope bei der Bestrahlung des Urans, die sich verstärkt zeigten, wenn wir langsame Neutronen verwendeten.*« (›Mein Leben‹)

»*Unsere Annahme kam den Physikern zwar unwahrscheinlich vor, aber die ›isomeren Transuran-Reihen‹ waren ebenfalls sehr unbequem. Bei einem Vortrag, den ich im Herbst 1938 in Kopenhagen hielt, im Bohrschen Institut, war auch Bohr etwas unglücklich über meine Befunde. Ich mußte ihm antworten, daß bei dem von uns als Träger verwendeten Barium außer dem zugegebenen Barium nur Radium in den Kristallen sein könne. Alle anderen Elemente hätten Straßmann und ich ausgeschlossen.*« (›Erlebnisse‹) »*Bohr meinte, daß sich unsere neuen Radiumisotope vielleicht doch noch als merkwürdige Transurane herausstellen könnten.*« (›Mein Leben‹) »*Nie kam aber irgendeiner der Physiker, ebenso wenig wie Straßmann und ich selbst, auf die Idee, wir könnten statt des Radium Barium haben.*« (›Erlebnisse‹)

Otto Robert Frisch (1904-1979), um 1938. »*Als ich von dem Vortrag in Kopenhagen, wo ich auch den Neffen von Lise, Otto Robert Frisch, gesprochen hatte, nach Berlin zurückkam, arbeiteten Straßmann und ich weiter an den Radium-Isotopen und ihren Umwandlungen. Aus irgendwelchen Gründen wollten wir unsere Ra-Isotope etwas anreichern, d. h. einen Teil des zugesetzten Bariums abtrennen. Das ging nun offenbar nicht recht. Zunächst beruhigten wir uns damit, daß derartig kleine Mengen die kleinen Unterschiede zwischen Ba und Ra nicht zeigen würden. Aber es wurde mir doch etwas unwahrscheinlich, daß wir keine Unterschiede fanden, auch als wir unsere größere Aufmerksamkeit darauf lenkten.*« (›Erlebnisse‹)

»Keiner konnte wie er die zeitlichen Veränderungen der Aktivität von mehreren im genetischen Zusammenhang stehenden Radionukliden im Kopf analysieren, und keiner konnte es ihm gleichtun im Geschick und in der Sorgfalt chemischer Operationen mit unwägbar geringen, oft nur als Atomzahlen auszudrückenden Substanzmengen.« (Karl-Erik Zimen)[30]

Im Labor. »*Ich fing deshalb im 1. Stock, im ›aktiven Labor‹, an, wieder einmal Radium zu fraktionieren . . .*« (›Erlebnisse‹) »*. . . Zwischen-durch arbeite ich, soweit ich dazu komme, und arbeitet Straßmann un-ermüdlich an den Urankörpern, unterstützt von Lieber und Bohne. Es ist jetzt gleich 11 Uhr abends; um 11.30 Uhr will Straßmann wiederkom-men, so daß ich nach Hause kann allmählich. Es ist nämlich etwas bei den ›Radiumisotopen‹, was so merkwürdig ist, daß wir es vorerst nur Dir sagen. Die Halbwertszeiten der drei Isotope sind recht genau sicherge-stellt; sie lassen sich von allen Elementen außer Barium trennen; alle Reaktionen stimmen. Nur eine nicht – wenn nicht höchst seltsame Zu-fälle vorliegen: die Fraktionierung funktioniert nicht . . . Immer mehr kommen wir zu dem schrecklichen Schluß: unsere Ra-Isotope verhal-ten sich nicht wie Ra, sondern wie Ba . . . Ich habe mit Straßmann ver-abredet, daß wir vorerst nur Dir dies sagen wollen. Vielleicht kannst Du irgendeine phantastische Erklärung vorschlagen. Wir wissen dabei selbst, daß es eigentlich nicht in Ba zerplatzen kann. Nun wollen wir noch prüfen, ob sich die aus dem Ra entstehenden Ac-Isotope nicht wie Ac, sondern wie La verhalten. Alles recht heikle Versuche! Aber wir müssen doch klarwerden . . .*« (An Lise Meitner, 19. 12. 1938)

[Handschriftlicher Brief – weitgehend unleserlich]

Auszug des Briefes an Lise Meitner vom 19. Dezember 1938 (zweite Seite), nach seinen Auswirkungen der wohl folgenschwerste Brief des 20. Jahrhunderts. »Lise Meitner hatte ich schon 1938 regelmäßig über unsere Ergebnisse informiert. Dabei hatte ich die eigenen Physiker bei uns im Institut nicht informiert. Sie erfuhren die Dinge erst durch die Publikation. Ich hielt diesen Weg für anständiger und loyaler der Lise Meitner gegenüber, die doch durch ihr Fortgehen aus Dahlem diese schönen Ergebnisse des Instituts nicht mitmachen konnte.« (›Erlebnisse‹) »War sich Otto Hahn tatsächlich über die Tragweite seiner Entdeckung nicht im klaren? Alle Anzeichen sprechen dafür. Von einer Ahnung der Bedeutung des Ergebnisses aber mag Hahn trotzdem blitzartig getroffen worden sein. Bezeichnend ist die bei ihm sonst nicht übliche Formulierung, er und sein Mitarbeiter seien ›zu dem schrecklichen Schluß‹ gekommen, der sich bereits in seinem Brief an Lise Meitner vom 19. Dezember 1938 findet.« (Franz Baumer)[27]

Versuchsprotokoll der Uranspaltung. (Links: Versuchsbeschreibung von Hahn, rechts: Meßreihen von Hahn und Straßmann) »Eure Radiumresultate sind sehr verblüffend. Ein Prozeß, der mit langsamen Neutronen geht und zum Barium führen soll? . . . Mir scheint vorläufig die Annahme eines . . . Zerplatzens sehr schwierig, aber wir haben in der Kernphysik so viele Überraschungen erlebt, daß man auch nicht ohne weiteres sagen kann: es ist unmöglich.« (Lise Meitner an Hahn, 21. 12. 1938)

»Wie schön und aufregend wäre es gewesen, wenn wir unsere Arbeiten wie früher gemeinsam hätten machen können . . . Nun schreiben wir seit gestern unsere Ra-Ba-Beweise zusammen . . . Am Freitag soll die Arbeit zu den ›Naturwissenschaften‹ gebracht werden. Nach unseren Ra-Beweisen schließen wir, daß wir als Chemiker den Schluß ziehen müssen, daß die drei genau studierten Isotope kein Ra sind, sondern vom Standpunkt des Chemikers aus Ba [. . .] Auch das aus den Isotopen entstehende Ac ist kein Ac, sondern offensichtlich La!! Wir können unsere Ergebnisse nicht totschweigen, auch wenn sie physikalisch vielleicht absurd sind.« (An Lise Meitner, 21. 12. 1938) »Eure Ra-Ba-Resultate sind sehr aufregend. Otto R. und ich haben uns schon die Köpfe zerbrochen . . .« (Lise Meitner an Hahn, 29. 12. 1938)

Hahns Notizbuch, 17.-19. Dezember 1938. Eintrag am 17.: »*Indikatorversuch Msth I + unser Ra III. Ra III reichert sich nicht an, Msth I stark!!*« Eintrag am 19.: »*Indikatorversuch: I a-Ac (Msth 2 + unser Ac II.) Unser Ac anders als Msth 2!!*« »Nur die Fülle der Entdeckungen im Bereich der radioaktiven Chemie, die ihm bis dahin geglückt war, nur seine einmalige Kenntnis der Methoden und Ergebnisse dieser Wissenschaft machten es ihm möglich, im Dezember 1938 angesichts eines unerwarteten Phänomens den richtigen Schluß zu ziehen . . .« (C. F. v. Weizsäcker)[29]

Hahns Notizbuch, 20.-23. Dezember 1938. Eintrag am 21.: »*Strassm. +
ich schreiben unsere aufregende Arbeit.*« Eintrag am 22.: »*Strassmann
+ ich (+ Bohne) schreiben unsere ›Ba-Arbeit‹ fertig. Dr. Rosbaud holt
sie abends für die Naturwissenschaften ab.*« »*Ich sandte einen Durch-
schlag davon an Lise Meitner, die das Weihnachtsfest mit ihrem Neffen
Otto Robert Frisch in Schweden zubrachte.*« (›Mein Leben‹) »Wir haben
Eure Arbeit sehr genau gelesen und überlegt, vielleicht ist es energetisch
doch möglich, daß ein so schwerer Kern zerplatzt . . .« (Lise Meitner an
Hahn, 1. 1. 1939) »Ich bin jetzt ziemlich sicher, daß Ihr wirklich eine
Zertrümmerung zum Ba habt und finde das ein wirklich wunderschönes
Ergebnis, wozu ich Dir und Straßmann sehr herzlich gratuliere . . .«
(Lise Meitner an Hahn, 3. 1. 1939) »Er verstand es, mit den einfachsten
Hilfsmitteln an die schwierigsten Probleme heranzugehen, geleitet von
seiner ungewöhnlichen intuitiven Begabung und seinen ebenso unge-
wöhnlichen vielseitigen chemischen Kenntnissen. Wie oft habe ich
nicht in den langen Jahren unserer Zusammenarbeit gesehen, daß er
Probleme, die der Physiker sich durch mathematische Formeln klar
macht, rein intuitiv und anschaulich erfaßt hat.« (Lise Meitner)[28]

Über den Nachweis und das Verhalten der bei der Bestrahlung des Urans mittels Neutronen entstehenden Erdalkalimetalle[1].

Von O. HAHN und F. STRASSMANN, Berlin-Dahlem.

In einer vor kurzem an dieser Stelle erschienenen vorläufigen Mitteilung[2] wurde angegeben, daß bei der Bestrahlung des Urans mittels Neutronen außer der von MEITNER, HAHN und STRASSMANN im einzelnen beschriebenen Trans-Uranen — im Elementen 93 bis 96 — noch ganze Anzahl anderer Umwandlungsprodukte entstehen, ihre Bildung offensichtlich einem sukzessiven zweimaligen α-Strahlenzerfall des vorübergehend entstandenen Urans 239 verdanken. Durch einen solchen Zerfall muß aus dem Element mit der Kernladung 92 ein solches mit der Kernladung 88 entstehen, also ein Radium. In der genannten Mitteilung wurden in einem als vorläufig bezeichneten Zerfallsschema 3 derartiger isomerer Radiumisotope mit angegeben geschätzten Halbwertszeiten und ihren Umwandlungsprodukten, nämlich drei isomeren Actiniumisotopen, angegeben, die ihrerseits offensichtlich in Thorisotope übergehen.

Zugleich wurde auf die zunächst unerwartete Beobachtung hingewiesen, daß diese unter α-Strahlenabspaltung über ein Thorium sich bildenden Radiumisotope nicht nur mit schnellen, sondern auch mit verlangsamten Neutronen entstehen.

Der Schluß, daß es sich bei den Anfangsgliedern dieser drei neuen isomeren Reihen um Radiumisotope handelt, wurde daraus begründet, daß diese Substanzen sich mit Bariumsalzen abscheiden lassen und als Reaktionen zeigen, die dem Element Barium eigen sind. Alle anderen bekannten Elemente, angefangen von den Trans-Uranen über das Uran, Protactinium, Thorium bis zum Actinium haben andere chemische Eigenschaften als das Barium und lassen sich leicht von ihm trennen. Dasselbe trifft zu für die Elemente unterhalb Radium, also etwa Wismut, Blei, Polonium, Ekacaesium.

Es bleibt also, wenn man das Barium selbst außer Betracht läßt, nur das Radium übrig.

Im folgenden soll kurz die Abscheidung des Isotopengemisches und die Gewinnung der einzelnen

Glieder beschrieben werden. Aus dem Aktivitätsverlauf der einzelnen Isotope ergibt sich ihre Halbwertszeit und lassen sich die daraus entstehenden Folgeprodukte ermitteln. Die Letzteren werden in dieser Mitteilung aber im einzelnen noch nicht beschrieben, weil wegen der sehr komplexen Vorgänge — es handelt sich um mindestens 3, wahrscheinlich 4 Reihen mit je 3 Substanzen — die Halbwertszeiten aller Folgeprodukte bisher noch nicht erschöpfend festgestellt werden konnten.

Als Trägersubstanz für die „Radiumisotope" diente naturgemäß immer das Barium. Am nächstliegenden war die Fällung des Bariums als Bariumsulfat, das neben dem Chromat schwerstlösliche Bariumsalz. Nach früheren Erfahrungen und einigen Vorversuchen wurde aber von der Abscheidung der „Radiumisotope" mit Bariumsulfat abgesehen; denn diese Niederschlage reißen neben geringen Mengen Uran nicht unbeträchtliche Mengen von Actinium- und Thoriumisotopen mit, also auch die mutmaßlichen Umwandlungsprodukte der Radiumisotope, und erlauben daher keine Reindarstellung der Ausgangsglieder. Statt der quantitativen, sehr oberflächenreichen Sulfatfällung wurde daher das in starker Salzsäure sehr schwer lösliche Barium-Chlorid als Fällungsmittel gewählt; eine Methode, die sich bestens bewährt hat.

Bei der energetisch nicht leicht zu verstehenden Bildung von Radiumisotopen aus Uran beim Beschießen mit langsamen Neutronen war eine besonders gründliche Bestimmung des chemischen Charakters der neu entstehenden künstlichen Radioelemente unerläßlich. Durch die Abtrennung einzelner analytischer Gruppen von Elementen aus der Lösung des bestrahlten Urans wurde außer der großen Gruppe der Transurane eine Aktivität stets bei den Erdalkalien (Trägersubstanz Ba), den seltenen Erden (Trägersubstanz La) und bei Elementen der vierten Gruppe des Periodischen Systems (Trägersubstanz Zr) gefunden. Eingehender untersucht wurden zunächst die Bariumfällungen, die offensichtlich die Anfangsglieder der beobachteten isomeren Reihen enthielten. Es soll gezeigt werden, daß Transurane, Uran, Protactinium, Thorium und Actinium

[1] Aus dem Kaiser Wilhelm-Institut für Chemie in Berlin-Dahlem. Eingegangen 22. Dezember 1938.
[2] O. HAHN u. F. STRASSMANN, Naturwiss. 26, 756 (1938).

Erstveröffentlichung der Uranspaltung in den ›Naturwissenschaften‹, 1, 1939. »*Unsere Arbeit erschien am 6. Januar 1939.*« (›Mein Leben‹)

»Daß Hahn sich entschloß, mit seinem Assistenten Fritz Straßmann zusammen, Weihnachten 1938 als Ergebnis der Arbeiten vom Spätsommer/Herbst 1938 die Spaltung des Atomkerns zu veröffentlichen, ›Zerplatzen‹ wurde es genannt, ist bemerkenswert. Aus den sehr schwierigen Versuchen mit einer nur schwachen Neutronenquelle mit Geigerzählern ohne automatisches Zählwerk auf umständlichen chemischen Wegen, basierend auf der jahrzehntelangen radioaktiven Erfahrung, diesen Schluß zu ziehen, zeigt die Genialität des Mannes, der an sich doch so vorsichtig, selbstkritisch und zweifelnd war, bevor etwas veröffentlicht wurde. Hierfür gab es dann den Nobelpreis für Chemie 1944, den wir eigentlich schon früher erwartet hatten.« (Hans Käding)[17]

»Daß ihm als Chemiker die Entdeckung der Spaltung schwerer Atomkerne gelang, war die Erfüllung eines arbeitsamen Lebens und die Krönung unermüdlicher Forschertätigkeit.« (Hans Joachim Born und Fritz Straßmann)[32]

Im Labor. »Welche Bedeutung dem Ergebnis in wissenschaftlicher Hinsicht beigemessen wurde, wird deutlich, wenn man in der ersten Veröffentlichung liest, daß Herr Professor Hahn, der über eine mehr als 30jährige praktische und theoretische Erfahrung auf dem Gebiete der Radioaktivität verfügte und dessen Urteil bei den Fachkollegen des In- und Auslandes unbestritten das größte Gewicht besaß, die neue Erkenntnis nur zögernd ausspricht. Die von ihm angewandten radiochemischen Methoden, die zum Teil von ihm selbst ausgearbeitet im Laufe von 30 Jahren hunderte von Malen erprobt und als zuverlässig befunden worden waren, ließen keinen Zweifel am Ergebnis zu. Sie ermöglichten überhaupt erst die Anwendung und Übertragung makrochemischer Arbeitsmethoden auf einen Konzentrationsbereich, der in das Gebiet der Ultramikroanalyse gehört.« (Fritz Straßmann)[31]

»Die dieser Entdeckung zugrunde liegende wissenschaftliche Leistung scheint mir darum so bewundernswert, weil sie ohne jede theoretische Wegweisung auf rein chemischem Weg erreicht worden ist.« (Lise Meitner)[81]

Labortisch mit der Versuchsanordnung, die zur Entdeckung der Uranspaltung führte. (Seit 1953 in den Sammlungen des Deutschen Museums in München.) *»Nie haben wir gewissenhafter und überlegter gearbeitet als bei diesen Versuchen. Daß wir in unserer Gewissenhaftigkeit so vorsichtig geschrieben haben, war vielleicht falsch. Aber wir mußten doch ganz allein, gegen jede physikalische Autorität, etwas behaupten. Da war es notwendiger, gewissenhaft zu sein, als später, nachdem die Sache einmal vorlag . . .«* (An Lise Meitner, 3. 3. 1939) *»Meitner und Frisch erklärten den Vorgang nach einem von Niels Bohr aufgestellten sogenannten Tröpfchenmodell des Atomkerns. Sie nannten den von mir als Zerplatzen bezeichneten Vorgang ›Spaltung‹ (englisch: fission), ein Ausdruck, der allgemein anerkannt wurde, und teilten unser Ergebnis auch gleich Niels Bohr mit, der gerade nach Amerika zu einem Kernphysikerkongreß fuhr und diese Nachricht dorthin brachte.«* (›Mein Leben‹)

»Obwohl Frau Meitner, wie gesagt, nicht mehr am Kaiser-Wilhelm-Institut war, als sich dieses Ergebnis einstellte, hat sie doch entscheidend zu seinem Zustandekommen beigetragen. Hahn hat stets auf dieses große Verdienst von Professor Meitner hingewiesen.« (Fritz Straßmann)[35]

echt amerikanische Über-
treibung!   *28.I.*

THE NEW YORK TIMES,

Atom Explosion Frees 200,000,000 Volts;
New Physics Phenomenon Credited to Hahn

By The Associated Press.

WASHINGTON, Jan. 28.—American scientists heard today of a new phenomenon in physics—explosion of atoms with a discharge of 200,000,000 volts of energy.

Theoretical physicists attending a meeting sponsored by the Carnegie Institution of Washington and George Washington University said that Dr. Enrico Fermi of the University of Rome told yesterday that this had been accomplished by Dr. O. Hahn of Berlin.

The report so stirred the limited circle of scientists with facilities to carry on such experiments that work n attempts to duplicate Dr. Hahn accomplishment has begun at the Carnegie institution's terrestrial magnetism laboratory and at Columbia University.

Scientists at the meeting said the discovery was comparable in significance to the original discovery of radioactivity thirty years ago.

They said that it was too soon to discuss possible applications of the new 200,000,000-volt force, which is thirty times more powerful than radium, but pointed to the fact that radium is now the most efficient weapon used for the treatment of cancer. Like radium, it may be twenty or twenty-five years before the phenomenon could be put to practical use and it might not be practical at all, they said.

Dr. Fermi related that Dr. Hahn bombarded a synthetic element known as "ekauranium" with neutrons, the slow-moving particles of the atom, and produced barium, the substance used in making X-ray pictures of the stomach and intestines.

The only way that this could occur, according to physicists, would be for the ekauranium atom to split apart to form barium and the rare element masyrium.

In causing such a split a force of 200,000,000 volts would be generated since atoms are held together by electrical forces many hundred times more powerful than the force of gravity which holds the stars, planets, sun, earth and moon in their orbits.

›New York Times‹ vom 28. Januar 1939. Hahn hielt die 200 Millionen Volt zunächst für eine »*echt amerikanische Übertreibung*«. »*Noch vor der Tagung in Amerika bekam ich ein langes Telegramm von Niels Bohr und einer Anzahl von Physikern, in dem sie mir zu der ›wunderbaren Arbeit‹ ihre Glückwünsche aussprachen.*« (›Mein Leben‹)

»*Dramatische Berichte sandte auch Ladenburg über die bei der Publikation und der telegraphischen Benachrichtigung an Bohr gerade stattfindende Tagung der American Physical Society, wo die Leute sofort teilweise selbst oder durch telefonische Anweisung an ihre Institute den physikalischen Nachweis der Spaltung durch die Reichweite der Bruchstücke in wenigen Stunden bestätigen konnten.*« (›Erlebnisse‹)

Hahn im Labor, um 1939. »*Lise Meitner*: Es gelang mit einer ungewöhnlich guten Chemie von Hahn und Straßmann, mit einer phantastisch guten Chemie, die zu dieser Zeit wirklich niemand anderer gekonnt hat. Später haben's die Amerikaner gelernt. Aber damals waren wirklich Hahn und Straßmann die einzigen, die das überhaupt machen konnten, weil sie so gute Chemiker waren. Sie haben wirklich mit der Chemie einen physikalischen Prozeß sozusagen nachgewiesen.

Fritz Straßmann: Frau Professor Meitner hat vorhin erklärt, daß der Erfolg auf die Chemie zurückzuführen ist. Ich muß sie etwas korrigieren. Denn die Chemie hat lediglich zustande gebracht eine Isolierung der einzelnen Substanzen, aber nicht eine genaue Identifizierung. Um das durchzuführen, war die Methode von Herrn Professor Hahn notwendig. Das ist also sein Verdienst.

Otto Hahn: Ich gebe zu, daß die Reinherstellung der Bariumchlorid-Kristalle vielleicht ein ebenso großes Verdienst von Straßmann ist wie mein Daraufbestehen, unser Radium vom Barium zu trennen. Aber ich möchte doch immer wieder betonen, daß die eigentliche Kernspaltung, nämlich die Trennung Barium/Radium, einem Vorschlag von Hahn entspricht.« (Dietrich Hahn)[33]

»Alle hatten ein gutes Verhältnis zueinander, das die gegenseitige Achtung vor der Leistung jedes einzelnen beinhaltete. Dennoch muß festgehalten werden, daß die überlegene Persönlichkeit von *Otto Hahn* und seine systematische und sorgfältige Beurteilung jeder Beobachtung bei äußerster Selbstkritik und sein Ideenreichtum ihn als den geistigen Vater der Atomspaltung ausweisen.« (Ernst Biekert)[34]

DIE NATURWISSENSCHAFTEN

27. Jahrgang   10. Februar 1939   Heft 6

Nachweis der Entstehung aktiver Bariumisotope aus Uran und Thorium durch Neutronenbestrahlung; Nachweis weiterer aktiver Bruchstücke bei der Uranspaltung[1].

Von Otto Hahn und Fritz Strassmann, Berlin-Dahlem

Zusammenfassung.

1. Die Entstehung von Bariumisotopen aus Uran wurde endgültig bewiesen.

2. Auch für das Thorium wurde die Bildung von Bariumisotopen festgestellt.

3. Über die Atomgewichte einiger der entstehenden Bariumisotope wurden Aussagen gemacht.

4. Augenscheinlich sind einige der Bariumisotope aus Thorium identisch mit denen aus Uran.

5. Unserer Meinung nach behalten die ,,Transurane" ihre ihnen bisher zugeschriebene Stellung bei.

6. Als zweite Bruchstückgruppe wurden zunächst Strontium und Yttrium festgestellt.

7. Durch eine geeignete Versuchsanordnung wurde auch das Auftreten eines Edelgases bewiesen, das seinerseits ein Alkalimetall nachbildet. Eine Entscheidung, ob es sich um Xenon-Caesium oder um Krypton-Rubidium handelt, konnte noch nicht getroffen werden. In jedem dieser Fälle würden sich dann die nachgewiesenen Folgeprodukte Barium-Lanthan usw., bzw. Strontium-Yttrium usw. daraus bilden.

Daß die im Vorstehenden beschriebenen, zahlreichen neuen Umwandlungsprodukte sich in verhältnismäßig kurzer Zeit mit — wie wir glauben — erheblicher Sicherheit feststellen ließen, war nur möglich durch die Erfahrung, die wir bei den früheren, in Gemeinschaft mit L. Meitner durchgeführten systematischen Versuchen über die Transurane und die Thorumwandlungsprodukte sammeln konnten.

Zweitveröffentlichung der Uranspaltung in den ›Naturwissenschaften‹, Heft 6, 1939. »*In unserer zweiten Mitteilung brachten wir neben den endgültigen Indikatorenversuchen auch den Nachweis für die Zerspaltung des Thoriums, allerdings nicht mit thermischen, sondern mit schnellen Neutronen, und bewiesen als zweite Bruchstückgruppe beim Uran das Auftreten von Edelgasen.*« (›Radiothor‹) »*Du kannst mir glauben, ich schäme mich manchmal etwas, daß wir so schnell klare Resultate bekommen, und Du sitzt in Stockholm im leeren Institut . . . Wir haben bei der ganzen Arbeiterei die Physik absolut nicht berührt, sondern immer und immer wieder nur chemische Trennungen gemacht. Wir kennen doch unsere Grenzen und wissen natürlich auch, daß in diesem besonderen Falle es zweckmäßig war, nur Chemie zu machen.*« (An Lise Meitner, 7. 2. 1939) »*. . . es muß ja für Dich und Straßmann eine große Freude sein, daß Ihr wirklich die ganze physikalische Welt in Aufregung und Anregung versetzt habt. Das ist wirklich wunderbar!*« (Lise Meitner an Hahn, 24. 2. 1939)

Carl Friedrich von Weizsäcker, um 1939. »Die Entdeckung der Kernspaltung wurde schon im Januar 1939 in Privatgesprächen zwischen uns Physikern des Hahnschen Instituts in Dahlem hinsichtlich einer möglichen Explosion als Folge einer Kettenreaktion oberflächlich diskutiert.« (Siegfried Flügge)[36] »*Ich selbst bekam bei der ersten Besprechung über eine eventuell mögliche Verwendbarkeit der Spaltung einen furchtbaren Schreck, als tatsächlich von einer Bombe geredet wurde. Ich wurde aber sehr bald von Mattauch und anderen Physikern darüber beruhigt. Und so beschloß ich, mit Straßmann ruhig unsere chemischen Versuche weiterzumachen und nach Möglichkeit alles zu publizieren.*« (›Erlebnisse‹) »Inzwischen war auch Otto Hahn . . . zur vollen Erkenntnis dessen gelangt, was sein gelungenes Experiment für Folgen haben könnte. Was er dachte, sprach er im Februar 1939 offen aus gegenüber einem jungen Kollegen, Carl Friedrich von Weizsäcker. ›*Wenn meine Entdeckung dazu führen sollte, daß Hitler eine Atombombe bekommt, begehe ich Selbstmord!*‹« (Bernt Engelmann)[21]

Medaille Réaction en chaîne, 1939. »*Bei der ausführlichen Diskussion über einige Fragen zu den neuen Ergebnissen machten wir die Bemerkung, daß bei der Aufspaltung nach den Kernladungen, also z. B. Barium und Krypton, gleichzeitig eine Anzahl von Neutronen emittiert werden könnte. Wir machten auch mit völlig unzureichenden Mitteln und deshalb ohne Erfolg einen Versuch, solche zusätzlichen Neutronen nachzuweisen. Der experimentelle Beweis kam dann zuerst von Dodé, v. Halban, Joliot und Kowarski und bald von vielen anderen Forschern. Mit dieser Erkenntnis der ›Abdampfung‹ zusätzlicher Neutronen bei der Zerspaltung des Urans wurde die Nutzbarmachung der Energie der Atomkerne in den Bereich des Möglichen gebracht.*« (›Radiothor‹)
»Sobald die Nachricht von der Entdeckung Otto Hahns veröffentlicht worden war, begannen sowjetische Wissenschaftler mit gleicher Intensität an der Deutung und Auswertung dieses Problems zu arbeiten wie ihre Kollegen im Westen. Die Uranspaltung interessierte von Anfang an nicht nur die russischen Forscher, sondern auch die Regierungsstellen. Als der sowjetische Minister für Erziehung, Kaftanow, 1939 nach Berlin kam, legte er besonderen Wert darauf, das Laboratorium Hahns zu sehen und über seine Versuche persönlich informiert zu werden. Dieser Wunsch wurde ihm gewährt.« (Robert Jungk)[37]

Siegfried Flügge, um 1939. »*Unter der Annahme, daß etwa zwei oder drei derartiger zusätzlicher Neutronen emittiert werden, hat S. Flügge vom Kaiser-Wilhelm-Institut für Chemie schon im Juni 1939 eine ausführliche theoretische Arbeit publiziert . . . Flügge kam zu dem Ergebnis, daß bei der Spaltung von 1 m³ U₃O₈ eine Energie frei würde, die hinreicht um 1 km³ Wasser 27 km hochzuheben. Flügge machte sich auch schon Gedanken darüber, wie man die Geschwindigkeit des Ablaufs nach Belieben steuern und herabdrücken könne . . . Hier war also der Gedanke einer gesteuerten Ausnutzung der Atomkernenergie nach dem Stande unserer Kenntnisse im Frühjahr 1939 klar zum Ausdruck gebracht.*« (›Radiothor‹)

Kann der Energieinhalt der Atomkerne technisch nutzbar gemacht werden?

Von S. FLÜGGE, Berlin-Dahlem*.

Zu Beginn dieses Jahres entdeckten HAHN und STRASSMANN[1], daß beim Beschießen von Uran mit schnellen oder langsamen Neutronen Barium, Lanthan und andere Elemente mittleren Atomgewichts entstehen. Die Entdeckung wurde sofort von zahlreichen Forschern in vielen Ländern aufgegriffen, und eine intensive Arbeit auf diesem Gebiet hat den Sachverhalt weitgehend geklärt und in mehr als 50 Veröffentlichungen schon zahlreiches quantitatives Material ergeben.

Im folgenden soll nur über ein Teilgebiet des ganzen, durch die HAHN-STRASSMANNSCHE Entdeckung angeschnittenen Fragenkomplexes berichtet werden. Gleich nachdem die Entdeckung der Zerspaltung von Urankernen sichergestellt war, wurde im HAHNSCHEN Institut und wohl auch anderwärts die Frage aufgeworfen, ob bei einem so gewaltsamen Eingriff nicht auch einige Neutronen aus dem zerbrechenden Kern „abgedampft" oder „abgesplittert" werden könnten? Die Frage wurde auch alsbald in Angriff genommen, da sie zu einer sehr interessanten Konsequenz führte: Wenn jedes Neutron, das eine Aufspaltung hervorruft, im Gefolge der Aufspaltung 2 oder 3 Neutronen frei macht, so muß es möglich sein, daß diese Neutronen ihrerseits wiederum neue Aufspaltungen anderer Urankerne herbeiführen und auf diese Weise ihre Zahl noch weiter vergrößert wird, so daß eine Kettenreaktion ohne Ende schließlich zu einer Umsetzung des ganzen in dem bestrahlten Präparat vorhandenen Urans führen kann.

Man konnte dazu sofort einige Überlegungen anstellen, noch ehe man Einzelheiten kannte: Die Hauptfrage ist natürlich, ob und wie viele Neutronen je Spaltungsprozeß in Freiheit gesetzt werden. Dann kommt alles auf das weitere Schicksal dieser Neutronen an. Sie werden elastische Stöße ausführen können, die im wesentlichen nur ihre Richtung ändern; sie können unelastisch gestreut werden, so daß sie außer der Richtungs-

änderung auch noch eine beträchtliche Energieeinbuße erleiden; sie können eingefangen werden in der bekannten Reaktion

$$^{238}_{92}U + ^1_0n \longrightarrow ^{239}_{92}U^* \xrightarrow{\beta}_{93} ^{239}Eka\text{-}Re; \quad (1)$$

sie können endlich noch Einfangungen oder Umwandlungen an anderen Substanzen erleiden, die außer dem Uran anwesend sind, sofern man nicht reines Uranmetall bestrahlt, also z. B. am Sauerstoff von U_3O_8. Es wird darauf ankommen, ob all diese Reaktionen, welche nur Neutronen wegfangen ohne neue zu erzeugen, einen so großen Gesamtwirkungsquerschnitt haben, daß die beim Spaltungsprozeß erreichte Neutronenproduktion dadurch kompensiert wird oder nicht. Um zu erkennen, ob eine Kettenreaktion ablaufen kann, müssen wir also über eine genaue Kenntnis aller konkurrierenden Wirkungsquerschnitte verfügen.

Endlich spielt noch eine dritte Frage eine große Rolle: die räumliche Ausdehnung der bestrahlten Substanzmenge. Die erzeugten Neutronen werden, ehe sie wieder einen Kern aufspalten, einen Weg von der Größenordnung einiger Zentimeter in der Substanz zurücklegen. Läuft also die Reaktionskette an einer Stelle der Substanz an, so breitet sie sich mit zunehmender Neutronenzahl über ein immer größeres Gebiet aus. Nun haben die Neutronen bei jedem elastischen Stoß die gleiche Chance zurückgeworfen zu werden, wie weiter nach außen zu laufen. Daher wird die Konzentration der freigesetzten Neutronen auch an der Ausgangsstelle der Reaktionskette zeitlich rasch ansteigen, sofern das benutzte Substanzvolumen so groß ist, daß der größte Teil der Neutronen oft zurückgeworfen wird, ohne die Oberfläche zu erreichen, durch die er die Substanz endgültig verlassen würde. Mit anderen Worten: Der Durchmesser einer bestrahlten Kugel aus uranhaltiger Substanz muß groß sein gegen die freie Weglänge, wird also einige Meter betragen müssen.

Die Arbeit von Flügge in den ›Naturwissenschaften‹, 27. Jg., Heft 23/24, 1939. »Ende April fand im Heereswaffenamt eine Besprechung über den Fragenkomplex statt, die von Physikern außerhalb Berlins angeregt war und an der Hahn selbst nicht teilnahm. Auch ich war nicht anwesend, wurde aber am Abend des 1. Mai im Harnack-Haus von einem der Anwesenden informiert, insbesondere auch darüber, daß ihnen allen ein Publikationsverbot auferlegt worden war. Dies war der Anlaß zu meinem Aufsatz in den Naturwissenschaften: mir war kein Schweigegebot auferlegt worden, da ich an jener Besprechung nicht teilgenommen hatte. In vollem Einverständnis mit Hahn schrieb ich den Artikel, der m.W. auch der einzige über die Möglichkeit einer technischen Anwendung in einer wissenschaftlichen Zeitschrift blieb bis nach dem Kriege, wo er durch den amerikanischen Smyth-Report 1946 abgelöst wurde.« (Siegfried Flügge)[36]

Ein Vorkämpfer der Strahlentherapie

Professor Otto Hahn 60 Jahre alt

In der modernen Strahlentherapie, die vielen schwer Leidenden Linderung und Heilung bringt, spielen die wichtigsten radioaktiven Elemente, nämlich Radium und Mesothorium, eine überragende Rolle. Ein am Kaiser-Wilhelm-Institut für Chem in Berlin-Dahlem tätiger Gelehrter, Professor Otto Hahn, der heute seinen 60. Geburtstag feiert, ist der Entdecker des heilkräftigen Mesothoriums. Dieses radioaktive Element findet aber nicht nur in der Strahlentherapie Verwendung, sondern wird auch zur Herstellung radioaktiver Leuchtfarben verwendet. Die aufsehenerregende Entdeckung machte der rührige Wissenschaftler nach eingehenden Forschungen und Versuchen im Jahre 1907, nachdem er zwei Jahre früher bereits ein anderes radioaktives Element, das Radiothor, gefunden hatte, das übrigens auch in den Sedimenten mancher Heilwässer vorkommt, so in den Thermalquellen von Baden-Baden sowie in den Bädern Kreuznach und Nauheim. Schließlich sei noch eine Entdeckung des Gelehrten aus dem Jahre 1918 erwähnt, die ebenfalls auf dem Gebiete der Strahlentherapie eine große Bedeutung hat: das Protaktinium.

Von den sonstigen Errungenschaften Professor Hahns sei noch der von ihm 1909 gefundene radioaktive Rückstoß genannt, mit dessen Hilfe die Thallium-Isotope nachgewiesen werden konnten. Außerdem fand dieser Gelehrte im Jahre 1921 das Uran Z, und durch die Aufklärung seines Ursprungs gelang es, den ersten Fall von Kern-Isomerie festzustellen. Ferner hat Professor Hahn in den Jahren 1936 bis 1938 eine Reihe neuer Transurane entdeckt und deren kinetischen Zusammenhang aufgeklärt. Als neuester Erfolg sei noch die erst vor einigen Monaten erfolgte Entdeckung eines neuen Typs von Kernreaktionen erwähnt, nämlich das Aufspalten eines schweren Atoms in zwei mittelschwere Atome. Diese umwälzende Erkenntnis beschäftigt zurzeit die Wissenschaftler der ganzen Erde.

Notiz in der ›Deutschen Allgemeinen Zeitung‹ vom 8. März 1939.

»Die Reichspost wird wohl am heutigen Tage eine Anzahl außerordentlicher Postboten einstellen müssen, um Ihnen die zahlreichen Glückwünsche aushändigen zu können, die Ihnen aus allen Ecken und Enden der Welt zugehen. . . . Sie sind in der glücklichen Lage, in bester Gesundheit und hoffentlich auch in bester Stimmung auf ein langes Leben zurückblicken zu können, das, ohne Übertreibung, ausschließlich aus Erfolgen besteht. Bereits vor 25 Jahren sagte mir einmal Rutherford im Gespräch, daß er Sie unter seinen Schülern als den erfolgreichsten ansieht. Und wenn er die Entwicklung der letzten Jahre miterlebt hätte, so hätte sie ihm sicherlich außerordentlich viel Freude bereitet, und dies auch deshalb, weil er darin eine Bestätigung seines damals geäußerten Werturteiles gesehen hätte.« (Georg von Hevesy an Hahn, 6. 3. 1939)

»Meine herzlichsten Glückwünsche zum 60. Geburtstage! Wie schön, daß dieser Tag unter dem Zeichen Ihrer großen Entdeckung steht . . . Wie traurig, daß Ihre treue Mitarbeiterin, deren Sie in Ihrer letzten Note in den Naturwiss. so lieb gedacht haben, nur aus der Ferne mitwirken kann! Was hätte Rutherford mit seinem ungezähmten Temperament dazu gesagt! Wahrscheinlich hätte er gedacht, daß das Ziel seiner Lebensarbeit erst jetzt erreicht ist. Glückauf zu weiteren Erfolgen!« (Arnold Sommerfeld an Hahn, 6. 3. 1939)

Das Gebet des Forschers!

aus: Sinclair Lewis: Dr. Med. Arrowsmith!

Gott schenke mir klaren Blick und Freiheit ohne Hast.
Gott schenke mir stillen, unerbittlichen Hass gegen allen
falschen Schein, gegen Anmassung und gegen nachlässige
und halbfertige Arbeit. Gott schenke mir Ruhelosigkeit, dass
ich weder Schlaf noch Lob empfangen mag, bis die Resul=
tate meiner Beobachtungen sich mit den Resultaten meiner
Berechnungen decken, oder bis ich mit heiligem Feuer dem
Fehler zu Leibe gegangen bin und ihn bezwungen habe.
Gott schenke mir die Kraft, selbst Gott nicht blind zu
vertrauen!

»**Das Gebet des Forschers**« als Geburtstagsgeschenk handgeschrieben von Sohn Hanno, Hahns »Glaubensbekenntnis seit Jahrzehnten« (Walther Gerlach)[3]

»Zur Macht hatte Otto Hahn kein Verhältnis. Weder lag ihm das geringste daran zu herrschen oder zu organisieren, noch erregten die Mächtigen seine Bewunderung. Wo, wie im Dritten Reich, die Macht mißbraucht wurde, hat er sich mit großem persönlichen Mut dagegen gewendet. Es sei nur daran erinnert, daß er seiner langjährigen Kollegin Lise Meitner persönlich zur Flucht über die holländische Grenze verhalf, als sie nach der Annexion Österreichs nicht mehr sicher war. Untergetauchte jüdische Mitbürger versorgte er mit Brotkarten und anderen lebenswichtigen Dingen. Selbst bei geringfügigen Anlässen hat er sich gegen das System zur Wehr gesetzt. Als 1943 in Straßburg eine Tagung abgehalten werden sollte, wollten zwei SS-Leute einen seiner Mitarbeiter schwedischer Nationalität die Einreise in das Elsaß nicht gestatten. Der sonst so friedliche Hahn – er konnte, wenn es darauf ankam, sehr in Zorn geraten – fuhr die beiden mit erhobener Stimme so an, daß sie ihre Vorschriften vergaßen und die Reise nicht behinderten.« (Hans Götte)[38]

»Prof. Hahn . . . ist nicht nur ein großer Forscher an modernen Problemen, er ist auch durch die Ausgeglichenheit seines aufrechten Wesens vorbildlich.« (Richard Willstätter)[39]

Das Auditorium während Hahns Vortrag am 5. Juni 1939 in Rom, anläßlich
der Verleihung des Cannizzaro-Preises. (Erste Reihe Mitte: König Viktor
Emanuel III.) »*Das wissenschaftliche Interesse an unserer Entdeckung
war natürlich sehr groß. Zwischen Ende April und Anfang Mai 1939
wurde ich zu Vorträgen nach Stockholm, Oslo, Göteborg und Kopenhagen, Ende Juni nach London und Cambridge eingeladen. In London hatte ich Gelegenheit, die Schwägerin von Lise Meitner und andere Emi-
granten zu treffen, ferner einen Freund von Winston Churchill, den
späteren Lord Cherwell. Diese privaten Besuche mußte ich natürlich vor
unliebsamen Beobachtern geheimhalten, denn der Verkehr mit Nicht-
ariern war einem Deutschen verboten.*« (›Mein Leben‹)
»Hahn erhielt von den Nazi-Behörden unter zwei Bedingungen die Genehmigung, einen Vortrag in Norwegen zu halten: erstens dürfe er nur
Deutsch sprechen und, zweitens, müsse er dem deutschen Botschafter
seine Aufwartung machen. Hahn, der ein glühender Liberaler und über-
zeugter Antifaschist war, sprach hauptsächlich Englisch und besuchte
den Botschafter in der Mittagszeit, wohl wissend, daß dieser sich gerade
außer Haus beim Essen befand. Hahn hinterließ seine Karte. Eines Tages
standen wir beide vor dem Portal der Universität Oslo, gegenüber der
Straße, und ein Bataillon norwegischer Soldaten marschierte vorbei.
Hahn war entzückt: ›*Welch schöner Anblick! Jeder Soldat hält sein Ge-
wehr in eine andere Richtung und niemand geht im Stechschritt!*‹«
(Elizabeth Rona)[40]

KAISER WILHELM-INSTITUT
FÜR CHEMIE
Berlin-Dahlem, Thiel-Allee 63

REVIEWS OF
MODERN PHYSICS

| VOLUME 12 | JANUARY, 1940 | NUMBER 1 |

Nuclear Fission

LOUIS A. TURNER
Princeton University, Princeton, New Jersey

TABLE OF CONTENTS

INTRODUCTION

ALTHOUGH less than a year has passed since the discovery by Hahn and Strassmann that the capture of neutrons by uranium nuclei may lead to their disruption to form lighter nuclei, nearly one hundred papers on this subject have already appeared. This number does not include the many older papers written before the true nature of the process was understood. Many questions about it are still to be answered and extensive work is still in progress. Nevertheless, it now seems that its principal features are clear, both experimentally and theoretically, and that the questions yet to be answered can at least be formulated with reasonable assurance. Because of the large number of papers and the

Titelblatt der ersten Monographie über die Uranspaltung, Januar 1940.
»... in der die Vorgeschichte und die Arbeiten selbst in absolut sachlicher Weise wiedergegeben sind.« (›Erlebnisse‹)

Mit Edith und Hanno, 1940. »*Außer mit einigen ganz wenigen vertrauten und gleichgesinnten Seelen kommen wir hier in persönlichen Verkehr mit kaum jemand zusammen. Es würde höchstens zu Unaufrichtigkeit oder Aneinandervorbeireden führen.*« (An Heiner Hahn, 14. 6. 1940) »*Die Parteivertreter Philipp und Erbacher spielten politisch eine ziemliche Rolle, und die anderen mußten sich zurückhalten.*« (›Erlebnisse‹) »*Hahns Lage war äußerst schwierig, und er war sich der Gefahren voll bewußt. Er arbeitete ja in Deutschland, und einige seiner Institutsmitglieder waren blinde Hitler-Anhänger. Ich besuchte ihn in Dahlem auf meiner Rückreise von Norwegen. Wir saßen vor dem Institut im Schatten einer großen Ulme und unterhielten uns. Hahn beklagte sich sehr über seine Situation: ›Ich bin ein Gefangener meiner Institutsmitglieder.‹ Anschließend begleitete er mich zu meinem Zug und sprach in unverminderter Lautstärke über das Übel des Nazi-Regimes. Ich habe oft gedacht, daß er einen zweiten Nobelpreis verdient hätte – den Friedensnobelpreis.*« (Elizabeth Rona)[40]

Hahn, Sommer 1940. *»Wenn Du wüßtest, wie wenig ich in der letzten Zeit gemacht habe, dann wärst Du getröstet. Ich habe doch offenbar 1938/39 etwas zu viel gemacht. Das rächt sich jetzt in Abspannung und Müdigkeit, sowohl geistiger wie auch körperlicher.«* (An Heiner Hahn, 2. 8. 1940) *»Hier geht nun wieder alles seinen gewohnten Gang unterbrochen durch häufigen nächtlichen Luftalarm, der von vernünftigen Menschen in Luftschutzkellern verlebt wird. Wir selbst haben bisher nicht zu diesen Vernünftigen gehört.«* (An Heiner Hahn, 2. 9. 1940)
»In der Silvesterausgabe des Jahres 1940 erschien in der Iswestija unter dem Titel ›Uranium 235‹ ein Artikel, in dem es hieß: ›Die Menschheit wird eine neue Energiequelle erschließen, die alles bisher Bekannte millionenfach übertreffen wird . . . Die Macht des Menschen tritt in eine neue Ära ein . . . er wird jede beliebige Energiemenge erzeugen und sie zu jedem Zweck, den er wählt, anwenden können.‹« (Robert Jungk)[37]

Rom, vor der Spanischen Treppe. »*Im Frühjahr 1941 machte ich mit meinem Sohn Hanno, der gerade sein Abiturientenexamen bestanden hatte, eine schöne Reise nach Rom, hielt bei der ›Bibliotheca Hertziana‹ der Kaiser-Wilhelm-Gesellschaft einen Vortrag und besuchte ein neues Institut für öffentliche Gesundheitspflege.*« (›Mein Leben‹)
»*Gestern abend war nun mein Vortrag, und ich glaube, es klappte alles ganz gut. Das Publikum: Künstler, Militär, neugierige Frauen, Physiker. Also alles durcheinander. Es geht uns ausgezeichnet.*« (An Edith Hahn, 23. 3. 1941) Fünfzehn Jahre später wird Dr. Hanno Hahn bis zu seinem Tode im Jahre 1960 als Kunsthistoriker an der Hertziana tätig sein.

Vortragsfolge

der 2. wissenschaftlichen Tagung der Arbeitsgemeinschaft
»Kernphysik« (Reichsforschungsrat — Heereswaffenamt)
im Haus der Deutschen Forschung,
Berlin-Steglitz, Grunewaldstr. 35,
am 26. 2. 1942 um 11 Uhr

1. **Kernphysik als Waffe**	Prof. Dr. Schumann
2. **Die Spaltung des Urankernes**	Prof. Dr. O. Hahn
3. **Die theoretischen Grundlagen für die Energiegewinnung aus der Uranspaltung**	Prof. Dr. W. Heisenberg
4. **Ergebnisse der bisher untersuchten Anordnungen zur Energiegewinnung**	Prof. Dr. W. Bothe
5. **Die Notwendigkeit der allgemeinen Grundlagenforschung**	Prof. Dr. H. Geiger
6. **Anreicherung der Uranisotope**	Prof. Dr. K. Clusius
7. **Die Gewinnung von Schwerem Wasser**	Prof. Dr. P. Harteck
8. **Über die Erweiterung der Arbeitsgemeinschaft »Kernphysik« durch Beteiligung anderer Reichsressorts und der Industrie**	Prof. Dr. Esau

»Geheim«. »Ende Februar 1942 laden Reichsforschungsrat und Heereswaffenamt zu zwei parallelen Veranstaltungen ein, auf denen über den Stand der Uranarbeiten referiert und diskutiert werden soll. [. . .] Heisenberg spricht in seinem Referat auch von Atombomben, schildert jedoch den Aufwand zu ihrer Herstellung als so groß, daß man sie während des Krieges nicht mehr entwickeln könne. [. . .] Reichserziehungsminister Rust ist bereit, die Uranforschung weiter zu unterstützen. Doch Rust bedeutete wenig.« (Jost Herbig)[41]

Albert Speer (1905-1981). »Etwa um die gleiche Zeit trafen sich die drei Vertreter der Rüstung, Milch, Fromm und Witzell, mit mir im Harnack-haus, dem Berliner Zentrum der Kaiser-Wilhelm-Gesellschaft, um uns einen Überblick über den Stand der deutschen Atomforschung zu verschaffen. Neben Wissenschaftlern, deren Namen mir nicht mehr erinnerlich sind, waren die späteren Nobelpreisträger Otto Hahn und Werner Heisenberg anwesend. [. . .] Nach dem Vortrag fragte ich Heisenberg, wie die Kernphysik zur Herstellung von Atombomben anzuwenden sei. Seine Reaktion war keineswegs ermutigend.« (Albert Speer)[42]

Speer und Hitler. »Ich kannte Hitlers Neigung, phantastische Projekte mit unsinnigen Forderungen vorwärtszutreiben, so daß ich ihn am 23. Juni 1942 nur sehr kurz über die Kernspaltungskonferenz und unsere Unterstützungsmaßnahmen unterrichtete. Eingehendere und optimistischere Berichte erhielt Hitler über seinen Fotografen Heinrich Hoffmann, der mit dem Reichspostminister Ohnesorge befreundet war, sowie wahrscheinlich auch über Goebbels . . . Daß Hitler nicht den direkten Weg eines Vortrags der Verantwortlichen wählte, sondern sich auf unzuverlässigen und inkompetenten Umwegen kolportagehaft unterrichtete, beweist erneut seinen Hang zum Dilettantischen sowie ein geringes Verständnis für wissenschaftliche Grundlagenforschung. Auch zu mir sprach Hitler gelegentlich von der Möglichkeit einer Atombombe, doch überforderte der Gedanke ganz offenkundig sein Begriffsvermögen . . . In den zweitausendzweihundert erhaltenen Punkten meiner Besprechungen mit Hitler taucht nur ein einziges Mal die Kernspaltung, noch dazu in lakonischer Kürze auf . . . Hitler war von der Möglichkeit, daß die Erde sich unter seiner Herrschaft in einen glühenden Stern verwandeln könne, offensichtlich nicht entzückt.« (Albert Speer)[42]

Werner Heisenberg (1901-1976). »Auf Vorschlag der Kernphysiker ver-
zichteten wir schon im Herbst 1942 auf die Entwicklung der Atombombe, nachdem mir auf meine erneute Frage nach den Fristen erklärt worden war, daß nicht vor drei bis vier Jahren damit zu rechnen sei . . .
Statt dessen gab ich Genehmigung, einen energieerzeugenden Uran-
brenner zum Betrieb von Maschinen zu entwickeln.« (Albert Speer)[42]
»Wir haben ganz loyal und ehrlich den Leuten gesagt, jede Methode,
um Uran 235 zu gewinnen oder Plutonium zu bekommen, kostet viele
Milliarden und außerdem kann es allerfrühestens in einer Reihe von
Jahren zum Ziele führen . . . Nun wußten wir im Juni 42, daß Hitler
sowieso den Befehl gegeben hatte, alle Unternehmungen, die nicht innerhalb eines halben Jahres zum Einsatz an der Front führen, abzustop-
pen. So daß wir wußten, wenn wir ehrlich berichten, dann wird das
eben abgeblasen.« (Werner Heisenberg)[43]

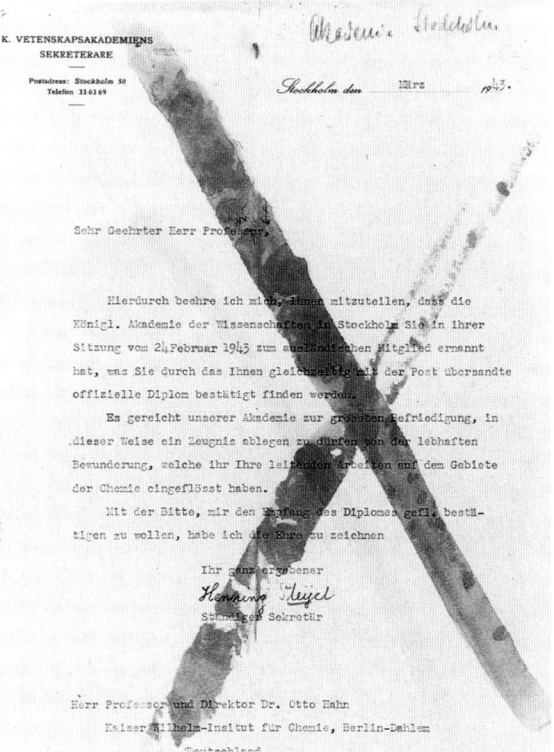

Brief von Henning Pleyel, des Sekretärs der Königlich Schwedischen Akademie der Wissenschaften, März 1943. *»Wenn man das Öffnen nicht geheim macht, dann wißt Ihr ja, daß es auf den Umschlägen etc. vermerkt wird. Außerdem werden Umschlag und Bogen mit Farben angeschmiert, um etwaige unsichtbare Schriftzeichen zu erkennen. Daß man dies auch mit quasi amtlichen Schreiben wissenschaftlicher Akademien macht, ist immerhin erstaunlich. Aus diesem beigelegten Schreiben werdet Ihr sehen, daß ich ausländisches Mitglied der Schwedischen Akademie geworden bin. Ich freue mich sehr darüber, denn die Schweden sind recht zurückhaltend, besonders seit den letzten zehn Jahren . . . Den Radiovortrag von mir werdet Ihr heute Abend gehört haben. Es war nicht ganz leicht, die paar ausländischen Namen zu nennen.«* (An Heiner Hahn, 8. 4. 1943)

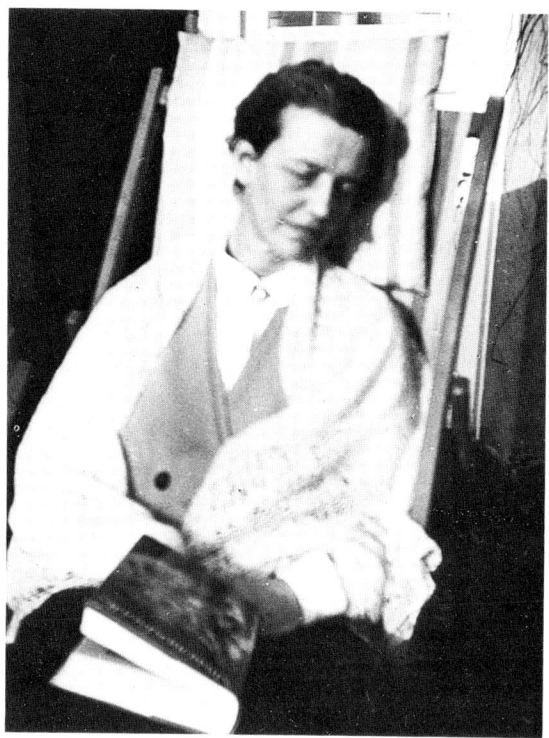

Edith Hahn, April 1943. »Hahns waren einmal bei uns, und Frau Hahn erzählte, daß sie Hunderte von illegal in Berlin untergetaucht lebenden Juden kenne, die in Kohlekellern, Dachböden verborgen würden, aber daß sie langsam verhungerten, weil sie ja keine Lebensmittelkarten bekamen, keine Fleischmarken, keine Brotmarken. Da muß ich ungefähr 16 gewesen sein, das war, glaube ich, Anfang 43 oder Ende 42. Und während sich Hahns und meine Eltern darüber unterhielten, auch über die Gefahr bei Luftangriffen, daß die illegal in Berlin lebenden Juden ja immer in den Dachböden bleiben müßten – der Luftschutzkeller wegen – hatte ich den Eindruck, da müßte man doch etwas tun und habe dann eine Reihe von Freunden gewonnen. Wir sammelten teils eigene, teils fremde Lebensmittelkarten – haben natürlich niemand kennengelernt von den Empfängern – sondern ich brachte die nach Lichterfelde, wo Hahns wohnten, zu Frau Hahn, und sie hatte den Verteilungsmechanismus.« (Wolf Jobst Siedler)[44]

Das Kaiser-Wilhelm-Institut für Chemie nach der Zerstörung in der Nacht
vom 11. zum 12. Februar 1944.

»Daß wir diesmal betroffen sind hat Euch Edith auf einer Notkarte bereits berichtet. Unser Haus hat wieder gewisse Schäden, die mit aller-
hand kleinen Unbequemlichkeiten verbunden sind. Mein Institut hat
einen Volltreffer, der wohl gerade in meinem Direktorenzimmer explo-
diert ist. Die Hälfte des schönen Instituts wurde damit restlos zerstört.
Alle meine Dokumente, Sonderdrucke, Manuskripte, Briefwechsel etc.
etc. sind atomisiert! Wertvolle und jetzt nicht wieder herstellbare Apparate, die im Frieden viele Tausende kosteten, sind zerstört. Den rechten
Flügel des Hauses, dessen Oberstock allerdings ebenfalls ausgebrannt
ist, kann man wohl ohne große Arbeit herstellbaren. Der linke Flügel
ist dahin. [. . .] Auch die Direktorenwohnung, in der früher Lise Meitner,
jetzt Mattauch wohnte, ist zerstört, desgl. das Pförtnerhaus bis herunter
völlig ausgebrannt. – Es ist schade, denn viele wissenschaftliche und
persönliche Erinnerungen einer 31jährigen Entwicklung sind dahin.
Der Keller des vorzüglich gebauten Instituts blieb erhalten, und niemand kam ums Leben. Wertvolle Radiumpräparate etc. konnten deshalb auch gerettet werden. Was nun weiter wird, weiß ich noch nicht.
Ich habe den Präsidenten der KWG und unseren Schatzmeister telegra-
phisch nach Berlin gebeten.« (An Heiner Hahn, 17. 2. 1944)

Deutlich schreiben!

Professor Dr. Otto Hahn
Berlin-Dahlem, Altensteinstr. 48

Lebenszeichen von H... Otto

(Zuname)   (Vorname)

aus Berlin-Dahlem   Altensteinstrasse 48

(Ortsangabe)   (Straße)

Datum: 25. März   (Inhalt zugelassen höchstens 10 Worte Klartext)

Vier Brandbomben auf Schlafzimmer, Fremdenzimmer, Bodenraum alles gut gelöscht

Otto

»Lebenszeichen« an den Bruder Heiner, 25. 3. 1944. *»Am 24. 3. war Dahlem wieder großes Angriffsziel. Dadurch, daß unser männlicher Mitwohner und ich während des Angriffs aus dem Keller gingen, haben wir unser Haus wohl gerettet. Denn drei Stabbrandbomben brannten, resp. eine davon setzte gerade das Dach in Brand. Eine vierte löschte sich selbst dadurch, daß sie die Röhren der Warmwasserversorgung zerschlug und das Wasser aus den Heizkörpern darauffloß. Von meinem an sich schon schwer beschädigten Institut brannte diesmal ein aus mehr als 10 Räumen bestehender, völlig installierter neuer Barackenanbau völlig ab. So geht alles allmählich aber sicher in Trümmer. Wie mag unser armes Frankfurt aussehen? Ich kann mir denken, daß Dich der Anblick des brennenden Römers erschüttert hat. Mir wäre es sicher ebenso ergangen, besonders, wo auch ich jetzt mit meinen Nerven einigermaßen ›down‹ bin. Wir versuchen jetzt noch, ehe es zu spät ist, zwei Zimmer unserer Wohnung nach Süddeutschland zu schaffen – vielleicht kommen sie heil an.«* (An Heiner Hahn, 28. 3. 1944) *»An eine auch nur einigermaßen geregelte Weiterarbeit in Berlin konnten wir nun nicht mehr denken . . . Heisenberg entschloß sich deshalb, sein Institut nach Süddeutschland zu verlegen; ich schloß mich diesem Vorhaben an.«* (›Mein Leben‹)

Tailfingen
1944-1945:
Verlagerung des Instituts

Tailfingen. »*Ein Glück, daß wir jetzt in dieser friedlichen, landschaftlich sehr schönen Gegend untergekommen sind!*« (An Heiner Hahn, 24. 6. 1944) »*Im Herbst 1944 zogen wir mit einem Teil unserer Apparate, mit unseren stark aktiven Präparaten und den Beryllium-Neutronenquellen nach Tailfingen und fingen in bescheidenem Umfang unsere Bestrahlungen wieder an.*« (›Mein Leben‹) »*Trotz der wachsenden äußeren Schwierigkeiten, wozu auch wiederholte unangenehme, erst durch das Kriegsende sich erledigende Verhöre wegen einer politischen Denunziation kamen, als ›der Sturm wütete und der Schiffsbruch des Staates drohte‹, lief das Institut – man möchte fast sagen – friedensmäßig weiter.*« (Walther Gerlach)[3]
»*Bei den Einwohnern fanden wir freundliches Entgegenkommen. Meine Frau und ich konnten zwei hübsche Zimmer im Hause eines Fabrikanten beziehen . . .*« (›Mein Leben‹) »*. . . essen auf dem Zimmer mittags belegte Brote und abends im Gasthaus – also wir machen es mit warm und kalt umgekehrt als in Berlin – weil das einzig in Frage kommende Gasthaus mittags schon überbeansprucht wird. Edith hat sehr großes Ruhebedürfnis, fühlt sich in den beiden Zimmern ohne Kochgelegenheit aber sehr wohl.*« (An Heiner Hahn, 24. 6. 1944)

Ludwig Haasis (1884-1951), in dessen Tailfinger Trikotwaren-Fabrik Hahns Institut untergebracht war.

»Lieber Herr Professor! Ihnen habe ich zu danken dafür, daß Sie mich bei unseren politischen Unterredungen so sehr in meiner Ansicht zur Politik der Nazipartei stärkten und davor bewahrten, schließlich doch noch in die Partei hineinzuschleudern. Die Versuchung für einen Betriebsführer war ja so groß, und heute ist man gottfroh, frei zu sein. Wäre ich vom bevorstehenden Zusammenbruch des Nazisystems nicht so fest überzeugt gewesen, so hätte ich befürchten müssen, bei siegreicher Beendigung des Krieges von der Partei mit irgendeiner scheinheiligen Begründung als Betriebsführer unmöglich gemacht zu werden. Erinnern Sie sich noch an Ihren Ausspruch nach dem 20. Juli 1944, wo ich Ihnen gegenüber äußerte, der Anschlag hätte im Interesse des deutschen Volkes gelingen sollen, und Sie dies als grundfalsch bezeichneten, weil sonst die Dolchstoßlegende im deutschen Volk wieder aufgelebt hätte. Sie sagten damals, ›*Adolf Hitler selbst muß den Krieg verlieren und das deutsche Volk den Kelch bis zur bitteren Neige leeren; nur dann kann eine Gesundung kommen.*‹ Wie recht hatten Sie doch!«
(Ludwig Haasis an Hahn, 20. 3. 1946)

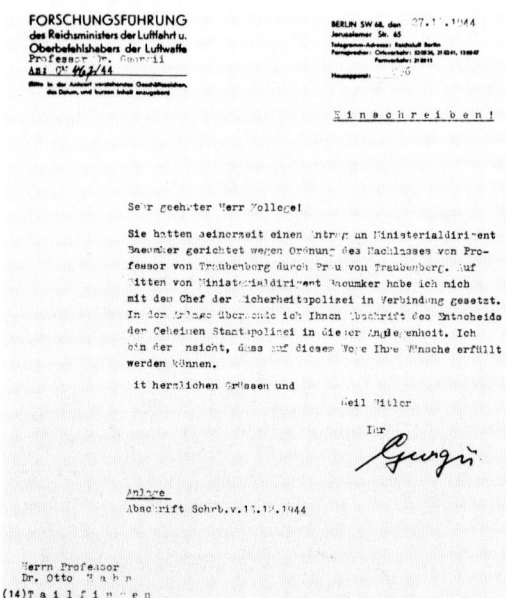

FORSCHUNGSFÜHRUNG
des Reichsministers der Luftfahrt u.
Oberbefehlshabers der Luftwaffe
Professor Dr. Georgii

BERLIN SW 68, den 27.11.1944
Jerusalemer Str. 65

E i n s c h r e i b e n !

Sehr geehrter Herr Kollege!

Sie hatten seinerzeit einen Antrag an Ministerialdiri-
genten Baeumker gerichtet wegen Ordnung des Nachlasses von Professor von Traubenberg durch Frau von Traubenberg. Auf
Bitten von Ministerialdirigent Baeumker habe ich mich
mit dem Chef der Sicherheitspolizei in Verbindung gesetzt.
In der Anlage übersende ich Ihnen Abschrift des Entscheids
der Geheimen Staatspolizei in dieser Angelegenheit. Ich
bin der Ansicht, dass auf diese Weise Ihre Wünsche erfüllt
werden können.

Mit herzlichen Grüssen und

Heil Hitler!

Ihr

Georgii

Anlage
Abschrift Schrb.v.15.12.1944

Herrn Professor
Dr. Otto Hahn
(14) T a i l f i n g e n
Krs. Balingen / Württ.
Panoramastr. 20

Antwortschreiben auf Hahns Intervention im Fall von Traubenberg, Dezember 1944. »Weit gefährlicher war die Lage für zwei Mitarbeiter meines Instituts, die jüdische Ehefrauen hatten. Als der eine von ihnen, Professor von Traubenberg, früherer Ordinarius in Kiel, einem Schlaganfall zum Opfer fiel, war seine Frau ›vogelfrei‹. Sie wurde auf einer Fahrt in ihre Heimat festgenommen und von der Gestapo nach Berlin gebracht. Ich schrieb nach Berlin an die Gestapo, daß Frau Dr. von Traubenberg als Physikerin und Mitarbeiterin ihres Mannes an den Geheimarbeiten über das Uran beteiligt gewesen sei. Nur sie könne die wichtigen Forschungsergebnisse ihres Mannes übersehen.« (›Mein Leben‹) »Ich halte es für dringend wünschenswert, wenn der wissenschaftliche Nachlaß des Herrn v. Traubenberg geordnet und zu einem gewissen Abschluß gebracht werden könnte . . . Ich wäre Ihnen sehr dankbar, wenn Sie uns in dieser Beziehung insofern helfen könnten, daß Sie Frau v. Traubenberg die Möglichkeit zu dieser Arbeit verschaffen. Notwendig würde dafür wohl sein, daß sie mit nicht allzu viel Personen in einem Raume gemeinschaftlich untergebracht ist.« (An SS-Hauptscharführer Dobberke, 14. 11. 1944)

Abschrift

Geheime Staatspolizei
Amt IV
IV A 4 b (I) c 993/44   Berlin, den 13.December 1944

An die
Gruppe III c
z.Hd.von SS-Standartenführer Dr. S p e n g l e r
im Hause

Betr.: Jüdin Maria Sara von Traubenberg geb. Rosenfeld,
       verw. Riess, geb. am 12.12.1889 in Berlin
Bezug: Schreiben vom 15.11.1944 - III C - Dr.Sp/Di B.-Nr.
       1932/44.-

Anlässlich einer Vernehmung der obengenannten Jüdin wurde
festgestellt, dass diese seit Jahren ihrem verstorbenen Ehe-
mann bei dessen Arbeiten nur insoweit behilflich war, als sie
hauptsächlich die für die Arbeiten erforderlichen Messungen
durchgeführt hat. Über den Zweck der verschiedenen Erfindungen
ist sie nur unvollkommen unterrichtet worden. Sie ist nach
ihren Angaben nur in der Lage, den Nachlass zu ordnen und verschiedene Messungen durchzuführen, die angeblich bei einigen
im Prinzip abgeschlossenen Arbeiten ihres Mannes noch notwendig sind.

Abgesehen davon, dass nach den grundlegenden Befehlen des
RFss ein weiterer Verbleib der Jüdin in Hirschberg bzw. einem
anderen Orte nicht möglich ist, bin ich der Auffassung, dass
sie an zweckmässigsten die von den interessierten Stellen be-
nötigten Arbeiten in dem jüdischen Siedlungsgebiet Theresienstadt ausführen kann. Ich werde daher anordnen, dass sie ihren
Wohnsitz nach dorthin verlegt. Es wird ihr gleichzeitig die
Auflage erteilt, den Nachlass ihres Mannes binnen kürzester
Zeit zu ordnen. Auf Grund dieser Aufzeichnungen muss es meiner Ansicht nach möglich sein, weitere Messungen von geeigneten
deutschen Physikern durchzuführen, so dass es nicht notwendig ist, auf die Jüdin zurückzugreifen. Zu gegebener Zeit
wird das gesamte Material nach dort übersandt werden.

Abschliessend wird gebeten, von dort den Direktor des Kaiser-
Wilhelm-Instituts für Chemie, Professor Dr. H a h n , der ein
gleichlautendes Schreiben nach hier gerichtet hat, entsprechend
zu verständigen.

                              gez. Unterschrift.

Abschrift des Entscheids der Gestapo. »*Die Antwort aus Berlin: die Frau käme nach Theresienstadt, ein bekanntes Lager für jüdische Gefangene, dort könne sie die Forschungsergebnisse zu Papier bringen. Frau von Traubenberg bekam in Theresienstadt tatsächlich ein kleines Zimmer, in dem sie arbeiten konnte, wie sie mir selbst schrieb. Sie war damit gerettet.*« (›Mein Leben‹) »*Noch etwas Erfreuliches: Frau v. Traubenberg ist in England, ein Bekannter hatte Nachricht von ihr. Sie kam also lebend aus Theresienstadt wieder heraus.*« (An Edith Hahn, 27. 2. 1946) Auch der zweite gefährdete Mitarbeiter, Dr. Hoernes, konnte durch eine ähnliche Aktion Hahns gerettet werden und nach dem Kriege seine Position bei der Auer-Gesellschaft wieder einnehmen.

Erwin Planck vor dem Volksgerichtshof. »Staatssekretär Erwin Planck, Sohn von Max Planck, war als Widerstandskämpfer gegen Hitler in die Ereignisse des Attentatsversuchs vom 20. Juli 1944 verwickelt. Er wurde wie der Sohn Adolf von Harnacks vom Volksgerichtshof zum Tode verurteilt . . .« (Ernst H. Berninger)[15] »Lieber Herr Kollege! Haben Sie vielen Dank für Ihren tröstlichen Brief vom 29. des vorigen Monats, der mir in der Tat sehr wohlgetan hat. [. . .] Ich habe schon an Laue geschrieben, daß ich Gnadengesuche in großer Anzahl abgeschickt habe, und daß ich auch begründete Hoffnung hegen darf. Aber wie lange wird es noch dauern, bis irgendeine Entscheidung fällt . . . Daß es Ihrem Hanno den Umständen nach befriedigend geht, freut uns ungemein zu hören. Nun sind Sie und Ihre werte Gattin wenigstens die schlimmsten Sorgen los, und er kann sich hoffentlich später ungehindert seinen Neigungen, die ja in das Gebiet der Kunst führen, widmen. In alter Verbundenheit grüßt Sie und Ihre liebe Gattin, zugleich im Namen meiner Frau, Ihr getreuer M. Planck.« (An Hahn, 5. 11. 1944) Die Gnadengesuche des Vaters blieben erfolglos, Erwin Planck wurde am 23. Januar 1945 in Berlin-Plötzensee hingerichtet. »In der Zeit nach dem Attentatsversuch war es bereits sehr gefährlich, überhaupt an dem Schicksal der Verurteilten teilzunehmen. Es zeugt von besonderem Mut und von großem Vertrauen in die Ehrenhaftigkeit seiner Freunde, daß Otto Hahn sich immer wieder auch schriftlich für diese Schicksale engagierte.« (Ernst H. Berninger)[15]

Hanno Hahn mit der Verlobten Ilse Pletz, Dezember 1944. »*Anfang 1945 kam auch mein schwerverwundeter Sohn Hanno mit der Schwester, die an der Amputation seines Armes an der Ostfront als Operationshilfe teilgenommen hatte, nach Tailfingen. Dort verlobten sich die beiden und heirateten im Sommer 1945.*« (›Mein Leben‹) »*Ich muß Dir doch noch kurz schreiben, wie sehr wir uns über Deinen heutigen Brief gefreut haben, besonders auch, wo wir die ganze Zeit ohne Nachricht von Dir waren. Und nun gleich dieser strahlend glückliche von Deiner Verlobung und all dem, was damit zusammenhängt. Da muß ich alter nüchterner Skeptiker doch auch mitmachen und mich mit Dir und ›Plätzchen‹ freuen. Also sage auch ihr meine herzlichen Glückwünsche und Grüße, und sag ihr gleichzeitig, ich sei gar nicht so grantig, wie Du mich vielleicht geschildert hast. Sie muß ja sonst förmlich Angst haben vor mir.*« (An Hanno Hahn, 16. 12. 1944)

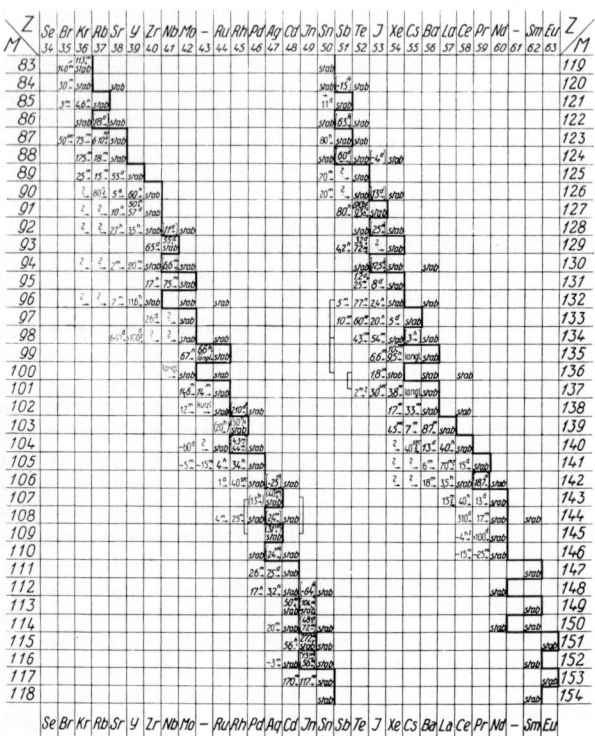

Tabelle der von Hahn und Mitarbeitern bis zum Frühjahr 1945 erkannten Spaltprodukte des Urans. »*Die Zahl der von uns nachgewiesenen belief sich auf 25 Elemente mit insgesamt etwa 100 aktiven Atomarten.*« (›Radiothor‹)

»Die Größe der hierin liegenden Leistung . . . kann man erst würdigen, wenn man sie mit den Ergebnissen der erst eineinhalb Jahre nach Kriegsende veröffentlichten amerikanischen Arbeiten vergleicht. Für diese standen stärkste Neutronenquellen und ganz beträchtliche personelle und finanzielle Mittel . . . zur Verfügung.« (Walther Gerlach)[3]

»*So empfinden wir heute noch eine gewisse Genugtuung über unsere bescheidenen 100 Produkte aus dem Jahre 1945.*« (›Radiothor‹)

Vor dem Aufbruch in die Internierung (links Hahns Mitarbeiter Hans Götte und Edith Hahn).

»25. April 1945: In der Nacht rücken die Franzosen in Tailfingen ein. Unabhängig von den Franzosen, die innerhalb Tailfingens kaum sichtbar sind, kommen am Vormittag Amerikaner, fragen beim Bürgermeister nach dem K. W. I. und nach Dr. Hahn und erscheinen etwa um ½ 12 Uhr im Labor. Niemand darf das Institut verlassen oder betreten. Die Räume werden durchgesehen. Alle meine Papiere und alles im Panzerschrank befindliche Material wird beschlagnahmt. Zur gleichen Zeit werden bei Edith in der Wohnung meine im Keller befindlichen Akten beschlagnahmt.« (Tagebuch) *»Chef dieses Unternehmens war der amerikanische Oberst Pash. Um mich bemühten sich vor allem der Amerikaner Professor Goudsmit, ein gebürtiger Holländer, und der Engländer Professor Norman. Beide Herren waren sehr höflich, teilten mir aber mit, daß ich verhaftet sei und die Stadt für einige Zeit verlassen müsse. Meine Frau könne ungehindert in Tailfingen bleiben.«* (›Mein Leben‹)

»Es gelang trotz der Sperre, ihn noch in letzter Minute zu sehen, bevor er an diesem eiskalten Tag den offenen Jeep besteigen mußte. Er hatte die Hoffnung, von den Alliierten, insbesondere den Amerikanern, so behandelt zu werden, daß er Möglichkeiten zur Erhaltung seines Instituts finden könnte; er hoffte, auch meinem Laboratorium und meinen Mitarbeitern behilflich sein zu können. Dies waren die letzten Worte, die er an die sich von ihm verabschiedenden Angehörigen des K. W. I. richtete. Wenige Tage darauf erschien Professor Joliot-Curie, der alles tat, um die Gefährdung des Hahnschen Instituts und seiner Mitarbeiter zu vermeiden.« (Max Auwärter)[45]

Godmanchester
1945-1946:
Internierung

Das Landhaus »Farmhall« in Godmanchester bei Cambridge, in dem Hahn zusammen mit neun führenden deutschen Physikern vom 3. Juli 1945 bis 3. Januar 1946 interniert war.

»Alle hatten in irgendeiner Weise in dem ›Uran-Verein‹ an der Entwicklung eines Uranreaktors gearbeitet – außer Hahn selbst und Max von Laue.« (Walther Gerlach)[3]

»Hier, im Kreise der zehn gefangenen Atomphysiker, besaß Otto Hahn durch die Anziehungskraft seiner Persönlichkeit und durch seine ruhige besonnene Haltung in schwierigen Lagen von selbst das Vertrauen jedes einzelnen unserer kleinen Gruppe.« (Werner Heisenberg)[46] »Jedermann respektierte sein Urteil. Jeder, der Sorgen hatte, konnte sich an ihn wenden, und noch den größten Lagerkoller anderer konnte er durch ein verständnisvolles, humorvolles Wort sänftigen.« (C. F. von Weizsäcker an Dietrich Hahn, 27. 10. 1975) »Schnelle Erfassung einer Situation, klares Urteil, Menschlichkeit, Humor, Schlagfertigkeit und Standhaftigkeit – alle Register standen ihm für die Verhandlungen mit den ›Betreuern‹, für die Regelung von Schwierigkeiten zur Verfügung.« (Walther Gerlach)[3]

»Wir wohnen in einer schönen parkähnlichen Landschaft, in altem gepflegten Landsitz. Ich habe ein großes Zimmer für mich allein, gegenüber ist unser Bad mit kaltem und heißem Wasser. Essen sehr nahrhaft; Rauchwaren beliebig. Wir haben Bücher in drei Sprachen, täglich neue Zeitungen. Abends wird gelesen oder Skat, Schach oder Bridge gespielt, Radio gehört. Einige von uns arbeiten theoretisch, ich nicht. Auch einen Teil des großen freien Gartens dürfen wir betreten oder bedauerlaufen. Allerdings sind wir ständig bewacht.« (An Edith Hahn, August 1945)

Hiroshima, 6. August 1945, 08.15 Uhr. »*So kam in unser friedliches Leben der 6. August 1945.*« (›Mein Leben‹) »*Der Major klopft an mein Zimmer, hat eine Flasche Gin in der Hand und teilt mit: ›Präsident Truman hat soeben im Rundfunk mitteilen lassen, daß die Amerikaner eine ›Atombombe‹ auf eine japanische Stadt haben fallen lassen.‹ Ich will es nicht glauben, aber der Major beteuert, dies sei keine Reporternachricht, sondern eine amtliche Nachricht des Präsidenten der Vereinigten Staaten.*« (Tagebuch, 6. 8. 1945) »*Ich war unsagbar erschrocken und niedergeschlagen; der Gedanke an das große Elend unzähliger unschuldiger Frauen und Kinder war fast unerträglich . . . Nach einem langen Abend voller Diskussionen, Erklärungsversuchen und Selbstvorwürfen war ich so aufgeregt, daß sich Max von Laue und die anderen ernstlich um mich sorgten.*« (›Mein Leben‹)

Hiroshima vor und nach der Atombombe. (Luftbild-Montage.) »Am tiefsten getroffen war begreiflicherweise Otto Hahn. Die Uranspaltung war seine bedeutendste wissenschaftliche Entdeckung, sie war der entscheidende und von niemandem vorher gesehene Schritt in die Atomtechnik gewesen. Und dieser Schritt hatte jetzt einer Großstadt und ihrer Bevölkerung, unbewaffneten Menschen, von denen die meisten sich am Kriege unschuldig fühlten, ein schreckliches Ende bereitet. Hahn zog sich erschüttert und verstört in sein Zimmer zurück, und wir waren ernstlich in Sorge, daß er sich etwas antun könnte.« (Werner Heisenberg)[46]

Nagasaki, 9. August 1945, 12.01 Uhr. »*Eine zweite ›Atombombe‹ wurde geworfen! Der Papst hat den Mut, diese Unmenschlichkeit offen zu verurteilen.*« (Tagebuch, 9. 8. 1945) »Er glaubte, als der Entdecker der Uranspaltung auch die letzte Verantwortung für dieses grauenvolle Unheil tragen zu müssen. Mit der nur langsam wachsenden Einsicht, daß seine Entdeckung wohl die Möglichkeit der Atombombe erschloß, daß er aber so wenig wie irgendein anderer Mensch an so etwas denken konnte, wuchs in ihm der Entschluß, nach der Rückkehr in die Heimat gegen allen Mißbrauch wissenschaftlicher Erkenntnis, zugleich aber auch für eine von allen äußeren Einflüssen unabhängige naturwissenschaftliche Forschung zu wirken.« (Walther Gerlach)[3]

Das zerstörte Nagasaki. »Das Gespräch begann mit der Sorge um Otto Hahn, und Carl Friedrich mag es mit einer schwierigen Frage begonnen haben. ›Man kann ja verstehen, daß Otto Hahn darüber verzweifelt ist, daß seine größte wissenschaftliche Entdeckung jetzt mit dem Makel dieser unvorstellbaren Katastrophe behaftet ist. Aber hat er Grund, sich in irgendeiner Weise schuldig zu fühlen? Hat er mehr Grund dazu als irgendeiner von uns anderen, die wir an der Atomphysik mitgearbeitet haben? Sind wir alle an diesem Unglück mitschuld, und worin besteht diese Schuld?‹ ›Ich glaube nicht‹, versuchte ich zu antworten, ›daß es Sinn hat, hier das Wort Schuld zu verwenden, selbst wenn wir in irgendeiner Weise in diesen ganzen Kausalzusammenhang verwoben sind. Otto Hahn und wir alle haben an der Entwicklung der modernen Naturwissenschaft teilgenommen. Diese Entwicklung ist ein Lebensprozeß, zu dem sich die Menschheit, oder wenigstens die europäische Menschheit, schon vor Jahrhunderten entschlossen hat – oder wenn man vorsichtiger formulieren will, auf den sie sich eingelassen hat. Wir wissen aus Erfahrung, daß dieser Prozeß zum Guten und Schlechten führen kann. Aber wir waren überzeugt – und das war insbesondere der Fortschrittsglaube des 19. Jahrhunderts –, daß mit wachsender Kenntnis das Gute überwiegen werde und daß man die möglichen schlechten Folgen in der Gewalt behalten könne. An die Möglichkeit von Atombomben hat vor der Hahnschen Entdeckung weder Hahn noch irgendein anderer von uns ernstlich denken können, da die damalige Physik keinen Weg dahin sichtbar machte. An diesem Lebensprozeß der Entwicklung der Wissenschaft teilzunehmen, kann nicht als Schuld angesehen werden.‹« (Werner Heisenberg)[46]

Nobelpreis für deutschen Gelehrten

Otto Hahn erhält den Nobelpreis für Chemie — Das Leben des Gelehrten, von seinen Schülern erzählt ,

NZ STOCKHOLM, 18. November
Hier wird soeben die Verleihung von Nobelpreisen an drei Wissenschaftler und an eine Schriftstellerin bekannt, und zwar an einen Deutschen, einen Finnen, einen Österreicher und eine Chilenin

Professor Otto Hahn, ehemaliger Direktor des Kaiser-Wilhelm-Instituts in Berlin, hat den Chemie-Nobelpreis von 1944 für wichtige Entdeckungen auf dem Gebiet der Atomenergie erhalten. Professor Hahn soll sich — einer Meldung der BBC, zufolge — derzeit in den Vereinigten Staaten befinden.

Professor Arturi Virtanen in Helsinki, ein führender finnischer Biochemiker, erhält den Chemie-Nobelpreis für 1945, und zwar für seine Entdeckungen auf dem Gebiet der Acker- und Lebensmittelchemie, besonders für die Erfindung einer neuen Methode der Futtermittelkonservierung.

Professor Wolfgang Pauli, ein österreichischer Gelehrter, erhält den Physik-Nobelpreis 1945 Professor Pauli führte seine Forschungen auf dem Gebiet der Atomenergie seit 1940 in den Vereinigten Staaten weiter.

Der Literatur-Nobelpreis für 1945 wurde der chilenischen Dichterin Gabriele Mistral zuge-

sprochen. (Während des Krieges ist kein Literaturpreis verliehen worden.)

Der Nobelpreis für das Jahr 1945 für Medizin wurde, wie wir bereits berichteten, den britischen Gelehrten Sir Alexander Fleming, Sir Eduard Florey und Dr. Ernest Shoyne für die Entdeckung und Nutzbarmachung des Penicillin zugesprochen.

Wie berichtet, hat der frühere amerikanische Außenminister Cordell Hull für seine Bemühungen um eine internationale Verständigung den Friedens-Nobelpreis für das Jahr 1945 erhalten.

›Die Neue Zeitung‹ vom 19. November 1945. »Am 16. November erfuhr ich aus dem Daily Telegraph, daß mir der Nobelpreis verliehen sei.« (›Mein Leben‹) »Es bestand für uns nie ein Zweifel, daß die Verleihung des Nobelpreises einzig und allein der wissenschaftlichen Leistung . . . galt, nicht aber ihrer technischen und erst recht nicht ihrer militärischen Verwendung – davon war ja auch 1944 noch keine Rede!« (Walther Gerlach)[3]

»Daß Hahn den Nobelpreis für Chemie voll verdient hat, ist kein Zweifel.« (Lise Meitner an Eva von Bahr-Bergius, Dezember 1945)

»Ich selbst freue mich natürlich über den Nobelpreis. Aber glücklich kann man ja nicht sein, wenn man an Deutschland denkt. In normalen Zeiten hätte ich mich vermutlich allmählich zurückgezogen, denn produktive Arbeit kann ich kaum mehr leisten. Jetzt sitzt man hier unter dem Ausschluß der Öffentlichkeit, ißt und trinkt vorzüglich, und zu Hause fehlt es sicher an allem Möglichen. Und falls ich wirklich wieder nach Hause gelassen werde, dann erwartet mich eine Arbeit, der ich nicht gewachsen bin: vermutlich die Präsidentschaft der K. W. G., mit der schrecklichen Aufgabe, wegen der Knappheit der Mittel alle möglichen Menschen entlassen zu müssen, konstruktive Aufbaupläne zu machen, soweit erlaubt und möglich, mich mit Behörden und Regierungen herumzuschlagen und es niemand recht zu machen. Vorerst stecke ich den Kopf in den Sand und denke nicht daran.« (Tagebuch, 16. 11. 1945)

Please return the bearer O t t o   H a h n   to me. He is
not in possession of any papers and I am responsible for
him.

P.L.C.Brodie 5/1/46.

Pl.**C**.Brodie

Captain

Konfe ktionshaus Albersmeyer,Alswede.

Notiz von Captain Brodie vom 5. Januar 1946, nach der Rückkehr der Farmhaller Gruppe nach Deutschland. »*Wir landeten in Minden auf deutschem Boden und fuhren von dort nach Alswede weiter. In diesem kleinen Ort mit 500 Einwohnern war ein Manufakturwarenhaus für uns frei gemacht worden. Herr Albersmeyer, der Eigentümer, hatte sein Haus ganz kurzfristig räumen müssen, wußte aber, daß wir daran keine Schuld trugen. Auch er war der Meinung, daß wir die Atombombengeheimnisse an die Alliierten verraten hätten.*« (›Mein Leben‹)

Göttingen
1946-1960:
Präsident der Max-Planck-Gesellschaft

Rückkehr Professor Otto Hahns
Der deutsche Nobelpreisträger aus England eingetroffen

LONDON, 13. Januar (AP.)
Der berühmte deutsche Atomforscher und Nobelpreisträger Professor Dr. Otto Hahn ist, wie hier soeben bekannt wird, nach Deutschland zurückgekehrt. Professor Hahn hat längere Zeit in England verbracht, wo er über die Fortschritte, die das nationalsozialistische Deutschland im Bau der Atombombe gemacht hatte, Bericht erstattete. Die Familie des Nobelpreisträgers lebt augenblicklich in der französischen Zone Deutschlands.

*

NZ. Die Meldung, daß Professor Dr. Otto Hahn, der bekanntlich im November 1945 den Nobelpreis für Chemie für das Jahr 1944 erhielt (siehe „Neue Zeitung", 1. Jahrgang, Nr. 10), nach Deutschland zurückgekehrt ist, setzt dem Rätselraten über den Aufenthaltsort des Gelehrten ein Ende. Dr. Otto Hahn hat bekanntlich mit einigen Mitarbeitern zusammen die Spaltung des schweren Atomkerns gefunden, eine Entdeckung, die die Entwicklung der Atombombe möglich gemacht hat. Professor Hahn, der dem Nationalsozialismus ablehnend gegenüberstand, war Leiter des Kaiser-Wilhelm-Institutes für Chemie in Berlin. Er wurde von den Alliierten nach England gebracht und dort ausführlich einvernommen.

Bericht der ›Neuen Zeitung‹ vom 14. Januar 1946. »Im Nachkriegsdeutschland wird er sogleich das Opfer einer diffamierenden Falschmeldung: er habe, so heißt es, den Amerikanern das Geheimnis der Bombe verraten. Als er am 24. Januar an der Röntgen-Feier in Hamburg teilnimmt – ›. . . ich war damals eines der interessantesten Gesprächsobjekte . . .‹ – hört er auch hier, er habe den Amerikanern ›die Bombe gebracht‹. ›Nur mit Mühe konnte ich den Reportern den wahren Sachverhalt klarlegen.‹ – Die Anschuldigungen gegen Hahn sind berichtenswert, weil sie weit in den Boden massenpsychologischer Verdrängungsmechanismen hineinreichen. Durch die Konstruktion eines Geheimnisverrats wurde Hahn nämlich von einem Teil der Bevölkerung zum Sündenbock für den verlorenen Krieg gemacht.« (Franz Baumer)[27]

Mit Heisenberg und v. Laue in Göttingen, März 1946. *»Inzwischen war entschieden worden, daß zunächst Heisenberg und ich nach Göttingen übersiedeln sollten, während von Laue und die übrigen Kollegen vorläufig in Alswede blieben, bis man für sie die entsprechenden Arbeitsplätze in Göttingen bereit habe. In Göttingen wohnten Heisenberg und ich wieder bei den Engländern auf dem Gelände der Aerodynamischen Versuchsanstalt. Die Tage vergingen mit Besuchen und Besprechungen.«* (›Mein Leben‹) *»Die vielen Vorschläge wegen des Instituts nehme ich zur Kenntnis, mache aber nichts darin. Es hat gar keinen Sinn. Das alles muß ›höheren‹ Orts beschlossen werden. Aber Heisenberg und ich geben den zuständigen Stellen unsere Ansicht zur Kenntnis, sagen außerdem, was wir für möglich halten, was nicht. Wir müssen Geduld haben. Der Mattauch-Plan wegen Salzburg ist für mich unmöglich. Ich kann doch Deutschland jetzt nicht den Rücken kehren; ganz abgesehen von der politischen Unmöglichkeit.«* (An Edith Hahn, 8. 2. 1946) *»Am 1. April werde ich die Präsidentschaft der K. W. G. übernehmen. In die Zeitungen soll aber nichts kommen, weil der interalliierte Kontrollrat die K. W. G. als solche wohl auflösen will. Mit den Engländern sind wir aber durchaus einig.«* (An Edith Hahn, 12. 3. 1946)

**Der Präsident
der Kaiser-Wilhelm-Gesellschaft
zur Förderung der Wissenschaften**

Göttingen, den
Herzberger Landstr. 3
Fernsprecher 2500

An die
Herren Direktoren und Wissenschaftlichen
Mitglieder der Kaiser-Wilhelm-Gesellschaft

Als ich mich im Juli v.J. auf Bitten aller Direktoren
der Kaiser-Wilhelm-Institute entschloss, nach dem Tode
von Herrn Dr. Vögler die Geschäfte des Präsidenten zu
übernehmen, geschah dies, um die Tradition der Gesellschaft zu erhalten und vor allen Dingen die satzungsge-
mässe Wahl des neuen Präsidenten vorzubereiten. Nachdem
nunmehr die Direktoren und Wissenschaftlichen Mitglieder der Kaiser-Wilhelm-Gesellschaft, soweit sie er-
reichbar waren, sich einstimmig für die Ernennung des

Herrn Professor Dr. Otto H a h n ,
Direktor des Kaiser-Wilhelm-Instituts für Chemie,

zum Präsidenten der Kaiser-Wilhelm-Gesellschaft ausgesprochen haben, haben die noch im Amt befindlichen
Mitglieder des Senats seine Ernennung vollzogen.

Herr Professor Hahn hat sich bereit erklärt, die Wahl
anzunehmen und wird sein Amt am 1.April 1946 übernehmen.

Wegen der im Alliierten Kontrollrat noch schwebenden
Verhandlungen über die Kaiser-Wilhelm-Gesellschaft
wird von einer Veröffentlichung in Presse und Rundfunk vorläufig abgesehen.

Dr. Max Planck,

(Dr. Max Planck)

Die gemeinsame Erklärung von Planck und Hahn vom 27. März 1946.
»Jetzt galt seine erste Sorge der Wiedervereinigung der überall zerstreu-
ten Institutsreste der Kaiser-Wilhelm-Gesellschaft, deren Leitung er am
1. April auf Wunsch und als Nachfolger Max Plancks offiziell übernommen hatte. Bald mußte er einsehen, daß das Veto der Alliierten endgültig war. Planck und Hahn beriefen eine kleine Gruppe von politisch
unbelasteten Professoren und Wirtschaftlern, einigen Mitgliedern der
Regierung und der englischen Besatzung, um die Frage der Gesellschaft

Professor Dr. Otto H a h n

Nachdem mich der Senat der Kaiser-Wilhelm-Gesellschaft zu ihrem Präsidenten ernannt hat, übernehme
ich die Geschäfte des Präsidenten am 1.4.1946. Ich
bin mir bewusst, dass die Schwierigkeiten für meine
Arbeit in der jetzigen Zeit besonders gross sind
und richte deshalb an die Herren Direktoren und
Wissenschaftlichen Mitglieder die Bitte, mich bei
meinen Bestrebungen um die Erhaltung der Kaiser-
Wilhelm-Gesellschaft mit allen Kräften zu unterstützen. Sicherlich werden wir auch mit Rückschlä-
gen und Enttäuschungen rechnen müssen, aber ich
werde alles daran setzen, die Unversehrtheit der
Kaiser-Wilhelm-Gesellschaft, ihren wissenschaftlichen Ruf und damit ihr internationales Ansehen zu
erhalten.

Der Sitz der Generalverwaltung ist wie bisher
Göttingen.

Es ist mir eine besondere Freude, gleichzeitig
mitzuteilen, dass der Wissenschaftliche Rat der
Kaiser-Wilhelm-Gesellschaft beschlossen hat,
    Herrn Geheimrat P l a n c k in Dankbarkeit
für seine einmaligen Verdienste um die Kaiser-
Wilhelm-Gesellschaft zum

                    Ehrenpräsidenten

zu ernennen.

                    (Otto Hahn)

und auch die Zukunft der Wissenschaft zu beraten.« (Walther Gerlach)[3]
»Nur ein Mann seiner Größe, seines wissenschaftlichen Ansehens, seines untadeligen Charakters und seines gütigen Wesens, der bei jedem
einzelnen seiner Weggefährten zwischen Schuld und Irrtum zu unterscheiden vermochte, konnte den Wiederaufbau der Gesellschaft unter
dem Namen Max Plancks durchsetzen und der deutschen Wissenschaft
einen neuen Anfang und ein neues Ziel setzen.« (Adolf Butenandt)[47]

Taufe in Frankfurt am Main. (Von rechts: Emmy Lynen geb. Hahn, Margarethe Pletz, Hanno Hahn, Ilse Hahn geb. Pletz, Pfarrer Karl Adam, Arthur Pletz, Heiner Hahn, Edith Hahn, Hahn.) *»Eine freudige Überraschung brachte mir ein Telegramm aus Frankfurt: meine Schwiegertochter hatte am 14. April einen gesunden Jungen geboren. Kurz darauf bekam ich auch die Reiseerlaubnis in die amerikanische Zone, und am 18. April nahm Colonel Blount mich mit nach Frankfurt. Nach fast einem Jahr gab es mit Ilse ein Wiedersehen und die erste Besichtigung meines Enkels.«* (›Mein Leben‹) »My dear Hahn! Die allerherzlichsten Glückwünsche zum Enkelkind. Hoffentlich haben Sie all Ihre Lieben recht wohl und soweit als möglich glücklich angetroffen. So ein bißchen inneres Glück wünsche ich Ihnen ganz besonders. Schreiben Sie mir gelegentlich auch mal, wie es dem Kind und dem früheren Fräulein Ilse geht, deren Ausscheiden aus dem Girl-age ja nun allerdings wohl als experimentell erwiesen gelten darf. Interessant finde ich, daß Ihre gute Ernährung im Gesicht Ihres Enkelsohnes sich sogar zu erkennen gibt; und da bezweifeln die Leute noch immer die Vererbung erworbener Eigenschaften (denn von Ihrem schlanken Sohn kann das Kind seine Klasse ja wohl kaum geerbt haben!).« (Walther Gerlach an Hahn, 5. 5. 1946) »Gerlach: witzig wie immer!« (Anmerkung von Hahn) *»Nach einigen Urlaubstagen im Familienkreis und der Taufe des neuen Erdenbürgers hatte ich aber auch bald schon wieder dienstliche Dinge zu erledigen.«* (›Mein Leben‹)

Stockholm, 10. Dezember 1946, nach der Übergabe des Nobelpreises durch König Gustav V. Adolf.

»Herr Professor Otto Hahn! Beim Nobelfest 1945 waren Sie leider nicht in der Lage, Ihren Nobelpreis selbst hier in Empfang nehmen zu können. Bei dieser Gelegenheit wurde aber vom Vorsitzenden des Nobelausschusses für Chemie eine ausführliche Darstellung der Ergebnisse Ihrer Forschungen gegeben. Heute muß ich mich deshalb darauf beschränken, unserer großen Freude darüber Ausdruck zu geben, daß Sie heute zugegen sein können, um Ihren Preis und unsere Glückwünsche persönlich zu empfangen. Die Entdeckung von der Spaltung schwerer Atomkerne hat zu derartigen Folgerungen geführt, daß wir alle, ja eine ganze Welt mit großen Erwartungen, aber auch mit großer Angst der weiteren Entwicklung entgegensehen. . . . Bezüglich der praktischen Verwendung bin ich auch überzeugt, daß Sie, Herr Professor, unser aller Hoffnung teilen, daß auch diese doch endlich zum Segen der Menschheit dienen wird.« (Arne Tiselius)[49]

Die Urkunde der Königlichen Schwedischen Akademie der Wissenschaften, gestaltet von Elsa Noreen.

»*Mein Dank ist besonders tief empfunden, weil ich hier als Angehöriger eines Landes stehe, das durch sein Regime und durch einen fast sechsjährigen Krieg das wohl unglücklichste Land der Welt geworden ist. Es steht allein da und hat keinen Freund. Durch die Verleihung des Preises glaube ich aber doch zu erkennen, daß die Verbindung wenigstens der internationalen Wissenschaft nicht abgerissen ist . . . Es ist ja wirklich nicht so, daß während der letzten 13 Jahre alle Deutschen und vor allem alle Wissenschaftler sich mit fliegenden Fahnen dem Hitler-Regime verschrieben hätten . . . Und was die deutsche Jugend angeht, so ist das Verhalten großer Teile von ihr vielleicht nicht so hart zu beurteilen, wie es wohl gelegentlich geschieht. Sie hatte ja keine Möglichkeiten einer eigenen Urteilsbildung, keine unabhängige Presse, keine ausländische Radioübertragung, konnte das Ausland nicht persönlich kennenlernen. Wer ins Ausland geschickt wurde, wurde überprüft, und wer Kritik übte, wurde nicht fortgelassen . . . Es ist wohl doch nicht vielen Menschen außerhalb Deutschlands wirklich klar, unter welchem Druck die meisten Menschen während der letzten 10 oder 12 Jahre gelebt haben; und ich darf noch einmal sagen, wie viele meiner deutschen Kollegen sich trotz aller äußerlichen Hemmnisse bemüht haben, auch die reine Wissenschaftsforschung, soweit es irgend möglich war, während der Kriegszeit fortzusetzen.*« (Danksagung)[50]

Mit Kronprinz Gustav Adolf, dem späteren König Gustav VI. (1882-1973). *»Für diese Worte, mit denen ich wenigstens einen kleinen Versuch zur Rettung der Ehre des deutschen Namens und des Ansehens der deutschen Jugend gemacht hatte, bedankten sich besonders Prinzessin Sibylla, eine Reihe namhafter Persönlichkeiten und eine schwedische Studentengruppe bei mir.«* (›Mein Leben‹)

Max Planck gratuliert Hahn, 22. Dezember 1946. »*In Göttingen erwarteten uns . . . Zimmer mit Temperaturen unter null Grad. So zeigte sich der Kontrast zu Stockholm nicht nur recht deutlich, er machte sich auch sehr unangenehm fühlbar. Die nächsten Tage, mit Gratulationen, Vorbesprechungen über Wochenschauaufnahmen, brachten viel Aufregung.*« (›Mein Leben‹) »*Lange Besprechung über Wochenschau-Aufnahme: Planck gratuliert Hahn bei Anwesenheit a) der Akademie, b) der Nobelpreisträger. Ich lehne das erstere ab.*« (Notizbuch, 19. 12. 1946)

PROF. DR. OTTO HAHN   GÖTTINGEN, DEN 6. Januar 1947

An solche, die guten Willens sind.

Bei verschiedenen Gelegenheiten sah ich mich veranlasst, mündlich und schriftlich auf die Tatsache hinzuweisen, dass gerade diejenigen Deutschen, die gegen Ende des Krieges den Einmarsch der Engländer und Amerikaner in Deutschland als den einzigen Ausweg angesehen hatten, dem Nationalsozialismus ein Ende zu machen und davon eine für Deutschland zwar sehr harte Zeit, aber doch schliesslich langsam wieder aufwärtsgehende Entwicklung erhofft hatten, seit der Besatzungszeit in zunehmendem Masse enttäuscht worden sind und sich fragen, ob die alliierten Regierungen überhaupt noch eine Erholung Deutschlands wünschen oder es in Verzweiflung oder völliger Apathie untergehen lassen wollen.

Viele Fragen, die mir als Mensch und Wissenschaftler am Herzen liegen, wären hier zu erörtern. Es ist vor allem die Ernährungslage, das grausame Los der Millionen aus dem Osten Vertriebenen, meist unschuldiger Frauen und Kinder, und schliesslich das sogenannte "Denazifizierungsverfahren".

Es steht mir nicht zu, auf die ersteren Fragen näher einzugehen, aber ich lege hier einen Artikel bei, den der bekannte Physiologe Professor Dr. F.H. R e i n , der Rektor der Universität Göttingen, vor einiger Zeit in der "Neuen Zeitung" vom 18. Nov. 1946 veröffentlicht hat. (Anl.1). Den Physiologen anderer Länder wird der Beitrag vielleicht nicht viel Neues bringen. Aber der Hinweis, dass durch die völlig unzureichende Ernährung der "schwarze Markt" zu einer notwendigen öffentlichen Einrichtung werden muss, dass damit die Moral grosser Teile der Bevölkerung notgedrungen weiter herabgedrückt werden muss, erscheint mir doch bemerkenswert und sollte auch den Politikern verständlich sein.

Auch über den langsamen Hungertod der Millionen von Ostflüchtlingen kann ich hier nichts Neues sagen. Das furchtbare Geschick dieser

Hahns Aufruf vom 6. Januar 1947. *»Das neue Jahr begann mit weiteren Bemühungen um den Wiederaufbau der deutschen Wissenschaft. Es gelang mir, an der Tagung des Wirtschaftsausschusses des Länderrats in Stuttgart teilzunehmen, wo ich zudem Gelegenheit hatte, mit Herren der amerikanischen Behörden zu sprechen.«* (›Mein Leben‹) »In der Not um die Erfüllung seiner Aufgabe vergaß er nicht die Not rings um sich. Wieder setzte er, um Bedrängten und Leidenden zu helfen, unerschrocken sein wissenschaftliches Ansehen, den Ruf seiner klaren Haltung und seiner Menschlichkeit ein, welche er im Ausland genoß. Am 6. Januar 1947 übergab er einem Offizier der Besatzung mit der Bitte um Bekanntmachung in England den Aufruf ›An solche, die guten Willens sind‹ . . . In gleicher Unabhängigkeit trat er bei den deutschen Behörden ebenso für strengste Betrafung von Unrecht und Unmenschlichkeit ein wie gegen Formalismus und Ungerechtigkeiten bei der ›Entnazifizierung‹.« (Walther Gerlach)[3]

Einladung nach USA.

In letzter Zeit haben viele deutsche Hochschulprofessoren von amtlichen amerikanischen Stellen Einladungen in die USA zu wissenschaftlicher Arbeit erhalten. Die Aktion ist offensichtlich unabhängig von jener bekannten, in den Zeitungen viel erörterten Übersiedlung deutscher Techniker und Konstrukteure, die sehr bald nach Kriegsende erfolgte und verschiedenste Spezialisten erfaßte.

Der Umstand, daß nunmehr namhafte Vertreter der reinen Wissenschaften in großer Anzahl Deutschland verlassen werden, hat verständlicherweise erhebliche Unruhe ausgelöst, zumal sich herausstellt, daß nicht ein Übergang an die von uns geschätzten großen Universitäten und sonstigen Pflegestätten der reinen Wissenschaft erfolgt, sondern an Institute, die im Kriege im Dienste bestimmter Forschungsaufgaben entstanden. Während man bei uns von nicht unterrichteter Seite bereits sehr unfreundliche Bemerkungen darüber zu hören bekommt, daß sich die Leute der Wissenschaft nunmehr „um ein Butterbrot" nach USA verdingen, ist recht eindeutig von der anderen Seite des Ozeans durch Presse und „rundfunk vernehmlich geworden, daß auch von den Vertretern der amerikanischen Wissenschaft der Übergang dieser Deutschen nach dort in keiner Weise begrüßt wird. Zur gleichen Zeit greift die amerikanische Presse „beruhigend" ein und erklärt — beispielsweise in der Zeitschrift „Time" — ganz offen, die Übernahme deutscher Wissenschaftler (Vielleicht sind aber in erster Linie die oben genannten Techniker gemeint!) habe bereits einen „rund 1 Milliarde Dollar" erspart. An anderer Stelle werden Wissenschaft und Wissenschaftler — von den deutschen Patenten wollen wir hier schweigen — geradezu als Objekte der „Reparationen" bezeichnet und behandelt. Es ist keine Frage, daß Dinge vor sich gehen, die in der Geschichte der Wissenschaft wohl bisher einmalig sind und in jenem verhältnismäßig kleinen Kreise, der die Wissenschaft in Deutschland verantwortlich repräsentiert, erhebliche Verbitterung auszulösen beginnen. Das Ansehen der Wissenschaft wird nicht damit gedient, wenn man wilde Gerüchte von unberufener Seite allein wirken läßt. Darum mögen hier einige Zusammenhänge kurz erörtert werden.

An vielen Hochschulen der angelsächsischen Zonen wurden unmittelbar nach Kriegsende, ohne äußeren Anstoß, die sehr wohl bekannten „Aktivisten" des Nationalsozialismus ausgeschieden. Es war eine ehrliche Reaktion, auf welche wir schon lange gewartet hatten. Bedauerlicherweise vergißt man schnell. Vielen heute sehr eifrigen Inquisitoren des „Nazismus" sei empfohlen, sich noch einmal über die Behandlung der Wissenschaft im Dritten Reich zu orientieren, bevor sie sinnlos Porzellan zerschlagen.

Erst als die hohen Führer erkannten, daß sie ohne die Wissenschaft den Krieg verlieren mußten, bemühte man sich, zwischen Partei und Wissenschaft Frieden zu schließen, und zwei Wochen vor dem berühmten Bittgebet des Propagandaministers in Heidelberg an die deutsche Wissenschaft erschien in dem geheimen Anweisungsblatt seines Ministeriums die Verfügung: „Die Wissenschaft ist bei jeder sich bietenden Gelegenheit zu loben.". Törichterweise ging diese Anordnung, bei in vollem Umfange die Ablehnung des Regimes seitens der Wissenschaft rechtfertigte, auch einzelnen Herausgebern wissenschaftlicher Journale zu. Unter diesem Aspekt wird man uns verzeihen, wenn wir heute das, was unter der Devise „Entnazifizierung" in letzter Zeit an manchen deutschen Hochschulen inszeniert wurde, nur mit offener Entrüstung betrachten können. Nach der oben erwähnten Spontan-Entnazifizierung, die zweifellos das Richtige traf, blieben viele Hochschullehrer mit Amt oder wurden mit dem Einsetzen der „Aktivisten" Entnazifizierung vorübergehend ihrer Stellen enthoben. Meist handelte es sich um „formale Zugehörigkeit" zu Verbänden. Sie alle hofften, ihre Tätigkeit fortsetzen und ihre Institute langsam wieder arbeitsfähig machen zu können für Forschung und Lehre.

Eine neue Welle solcher „amtlichen" Entlassungen erfolgte plötzlich jetzt in München (33 Professoren und 60 Assistenten), dann an anderen Orten und nunmehr zuletzt in Erlangen (76 Professoren, Assistenten und Hilfskräfte). Sie hat sehr ernste Debatten über Sinn und Unsinn der „Entnazifizierung" und lebhafte Erinnerungen an Gepflogenheiten des „Dritten Reiches" ausgelöst.

Unter den Professoren, die von den genannten Maßnahmen betroffen worden sind, zählen Männer, über deren völlige Ablehnung des Nationalsozialismus für uns nie ein Zweifel möglich war. In diese neue Unruhe und Verbitterung, die durch die bedrohung der Arbeit namhafter Forscher und der Existenz ihrer Familien ausgelöst wurde, kommen die eingangs erwähnten Einladungen offizieller Stellen in die USA. Wie sehr wir es gerade jenen nach unserer Überzeugung zu Unrecht betroffe-

nen Kollegen wünschen, daß sie ihre Arbeit in einer besseren, der Wissenschaft günstigeren Atmosphäre fortführen mögen, so sehr bedauern wir es, daß sie hier verdammt und ihrer Stellung enthoben — dort ihrer Fähigkeit wegen gesucht werden. Zu Unrecht werden sie hier von der Öffentlichkeit als Fahnenflüchtige, dort von den führenden Wissenschaftlern als ungern gesehene Eindringlinge betrachtet.

Die meisten der älteren Professoren gehen sehr ungern aus Deutschland fort; denn sie fühlen, daß hier ihr Platz wäre. Aber die Not zwingt sie, da man ihnen Lebens- und Arbeitsmöglichkeiten im eigenen Lande entzieht oder sie in Furcht vor solchem Ereignis hält. Das alles, nachdem wir zur Genüge erlebt haben, wie es heißt, Fähigkeit durch „politisch einwandfreie" Dilettanten zu ersetzen. Aber nicht nur das bedrückt diese Männer, sondern ebenso sehr das Bewußtsein, daß es sich offenbar gar nicht um eine ehrenvolle Berufung an unabhängige amerikanische Forschungsstätten und Universitäten von Rang handelt, sondern (wenigstens nach der amerikanischen Presse), um einen Teil der „Reparationsleistungen". Vor Jahrhunderten verschickten die Fürsten Landeskinder als Flantagenarbeiter oder Soldaten. Heute verschickt man den Wissenschaftler. Die Wissenschaft in aller Welt ist gewohnt, offen und nüchtern zu sprechen. Daher wird man uns solche lapidare Formulierung verzeihen. Widerlegt man sie uns, so werden wir dankbar sein.

Und nun noch einmal zur Betrachtung von der anderen Seite, jenseits des Ozeans: Wie man Presse und Rundfunk in den USA. entnehmen kann, wie amerikanische Freunde uns schreiben und wie dem einen von uns gelegentlich einer Reise nach Stockholm von amerikanischer Seite versichert worden ist, wollen die dortigen Wissenschaftler wieder zur freien, nicht von autoritärer Seite gelenkten Forschung zurückkehren. Viele von ihnen haben diesen Schritt bereits getan. Sie wenden sich gegen weiteren Mißbrauch der Wissenschaft zu militärischen Zwecken und haben das übrigens auch schon vor Hiroshima getan, als sie die Verwendung der Atombombe gegen bevölkerte Städte energisch ablehnten. Auch in England ist man sich über die höchst bedenkliche Situation der Wissenschaft klar, wie aus einer Adresse des Präsidenten der Royal Society, Sir Robert Robinson, im Dezember 1946 hervorgeht.

Die Anschauungen der Männer draußen, das sei gesagt, decken sich voll mit den unsern. Wir wollen mit unserer Arbeit dem Frieden und nur dem Frieden dienen. Wir haben die Überzeugung, daß die Wissenschaft ein gewaltiges „Potential" für wirkliche Wohlfahrt der Menschen bedeutet. Darum aber mißbilligen wir vieles von dem, was man heute der Wissenschaft in unserm Lande antut. Wir haben solche Verständnis dafür, daß unsere amerikanischen Kollegen jeden Deutschen, der in das an vielen Zweckforschungsinstituten durch Übergang der amerikanischen Wissenschaftler zur freien Friedensarbeit entstandene Vakuum hineingeleitet wird, als eine Art „Streikbrecher" betrachten. Wir sind weder Politiker noch Juristen, aber gewohnt, die Dinge vielleicht etwas ruhiger und nüchterner zu betrachten als andere Berufe. Wir bedauern tief, wie durch so viele Maßnahmen das „Entnazifizierung" ins Gegenteil verkehrt und der wirkliche Friede für uns immer weiter in die Ferne gerückt wird. Wir begreifen nicht, wie lange man offenbar braucht, um endlich wieder „Kriminalität" und „politischen Irrtum" auseinanderzuhalten, aus deren willkürlicher Vermengung sicherlich viel von dem heutigen Entnazifizierungsunheil und beispielsweise auch die Mißgriffe gegen die Wissenschaft unseres Landes entsprungen sind.

Persönliche Unterhaltungen mit ausländischen Wissenschaftlern und mit Persönlichkeiten, die für die Überwachung der deutschen Wissenschaft eingesetzt sind, lassen immer wieder die Hoffnung aufleben, daß der winzige Rest an Wissenschaft und Forschung, der Deutschland zugebilligt wird, nicht völlig abgedrosselt werden soll. Der Sachkundige weiß, wie einfach man durch dort Kontrollmaßnahmen zu verhüten, daß sie etwa in falsche Kanäle geleitet werden können. Das aber, was von unserm politischer Seite gegen die Wissenschaft bei uns geschieht, stimmt hoffnungslos. Könnte man jenen vielen, die seinerzeit in unseren Besatzungszonen die Okkupation durch England und Amerika als letzte und einzige Hoffnung auf eine Beendigung des Hitlerregimes und Wiedereinsetzung der Vernunft in ihre Rechte erwartet haben, heute, zwei Jahre nach Beendigung dieses Unheil's nicht endlich eine kleine Hoffnung auf eine Wendung zum Besseren zeigen? Was bezweckt man damit, daß man diese Menschen offenbar systematisch in Verzweiflung und Apathie hineinzustoßen sich bemüht? Das Ergebnis kann kein Friede für Europa sein.

Otto Hahn, Prof. Dr. phil.,
F. H. Rein, Prof. Dr. med., Göttingen.

Hahns Appell vom 22. Februar 1947. »*Mit großer Sorge betrachtete ich die Abwanderung deutscher Wissenschaftler in die USA. Um gegen die Methoden der Amerikaner zu protestieren, die diesen Strom der wissenschaftlichen deutschen Elite durch ›Einladungen‹ in ihr Land lenkten, veröffentlichte ich am 22. Februar gemeinsam mit Professor Hermann Rein einen Artikel in der ›Göttinger Universitäts-Zeitung‹. Einstein, Franck, Pringsheim, Meyerhof und viele Kollegen bekamen Sonderdrucke, und die Antworten waren meist zustimmend. Sogar zwei amerikanische Professoren, die Rein gerade besuchten, drückten ihre Genugtuung über den Artikel aus . . . Ganz anders reagierten diejenigen, an die sich unsere Stellungnahme richtete. Aus Heidelberg kam postwendend die Nachricht, daß die Militärregierung sehr ungehalten über uns sei. Ein amerikanischer Offizier erschien bei Dr. Fraser, um sich zu beschweren, da unser Artikel auch in Washington bekannt und dort entsprechende Reaktionen auslösen würde.*« (›Mein Leben‹)

Lucius D. Clay (1897-1978). »*Dieser Debatte folgte bald weitere erregte Auseinandersetzungen mit anderen amerikanischen Offizieren. . . . Ich kämpfte für die Interessen der hochschulunabhängigen wissenschaftlichen Institute und lehnte es ab, den früheren Kaiser-Wilhelm-Instituten in der amerikanischen Zone mitzuteilen, daß die Gesellschaft nicht mehr existiere. Meine amerikanischen Gesprächspartner wollten daraufhin . . . General Clay entsprechend informieren . . . Auf meine Bitte, ihn persönlich sprechen zu dürfen, kam nach einigen Wochen ein Anruf aus Berlin, der General sei bereit, mich am 4. August in Frankfurt zu empfangen. Zum verabredeten Termin begab ich mich mit Dr. Telschow in meine Heimatstadt. Im früheren IG-Farben-Verwaltungsgebäude erfuhren wir, daß der General nur wenig Zeit für uns habe.*« (›Mein Leben‹)

»*Nach einigem Warten wurde ich – ohne Dr. Telschow – zu ihm gebeten.*« (›Mein Leben‹) »General Clay begrüßte ihn mit den Worten: ›Geben Sie sich keine Mühe, Professor Hahn, Ihre Gesellschaft ist ein sterbender Schwan!‹ Er antwortete: ›Ehe der Schwan stirbt, Herr General, singt er noch einmal!‹« (Walther Gerlach).[3] »*Meinen Bericht über die Lage der deutschen Wissenschaft hörte General Clay mit Zurückhaltung an und warf ein, daß es eine Max-Planck-Gesellschaft in seiner Zone nicht gäbe . . . Als ich auf das Ansehen der deutschen Wissenschaft in den USA anspielte, hakte Clay ein: Einstein habe keine gute Meinung von uns. Ich erwiderte, daß Einsteins Ablehnung nur die Politik im Dritten Reich, nicht aber die Wissenschaft beträfe. Wir seien jedenfalls keine Naziorganisation gewesen. Auf meinen dringenden Appell hin sagte der General schließlich zu, unsere Sache mit seinen zuständigen Mitarbeitern zu besprechen . . . Und tatsächlich blieb der Erfolg nicht aus . . . Mitte Januar 1948 erfuhr ich, daß General Clay unterschrieben habe, was für uns, nachdem General Robertson schon vorher zugestimmt hatte, endgültig grünes Licht bedeutete.*« (›Mein Leben‹)

Gründungsakt der Max-Planck-Gesellschaft, 11. Februar 1948 (von links: Blount, Hahn, Nordstroem, Groves, Telschow). *»Nun konnten wir – von Laue, Kuhn, Regener, Telschow und ich – die Gründungsversammlung vorbereiten und die Statuten ausarbeiten. Dr. Nordstroem und Colonel Blount erzwangen allerdings einige Änderungen unserer Vorschläge . . . aber schließlich gelang es, in allen strittigen Punkten einen Kompromiß zu finden, der beide Seiten zufriedenstellte. Am 11. Februar wurde uns in feierlicher Form die Gründungsgenehmigung erteilt . . . Die Herren Nordstroem, Blount und Fraser sprachen über die Verantwortung um die Wissenschaft, die nun wieder in deutsche Hände gelegt würde; ich bedankte mich.«* (›Mein Leben‹) Die Gründungsversammlung der MPG fand am 26. und 27. Februar 1948 in Göttingen statt. *»Die in- und ausländische Presse, von den Engländern eingeladen, folgte aufmerksam einem Programm, das gut vorbereitet war und dementsprechend reibungslos ablief. Von den Instituten waren mehr als 50 Direktoren und Wissenschaftliche Mitglieder gekommen. So wurde ein wichtiger Markstein in der Geschichte der deutschen Wissenschaft gesetzt, bildete doch dieser Akt praktisch einen organisatorisch völligen Neubeginn.«* (›Mein Leben‹)

Hahn. Zeichnung von Wolf Willrich, 1948. »Nun mußte Hahn seine ganze Kraft einsetzen, um die Selbständigkeit der Gesellschaft und die Finanzierung bei den deutschen Behörden durchzusetzen – und der sonst so freundliche Hahn konnte sehr unangenehm werden, wenn er auf Unverständnis, Anmaßung oder gar schlechten Willen stieß; das haben damals und später manche erfahren! Seine Explosion auf der Kultusminister-Konferenz im Oktober 1948 in Ravensburg, zu der man ihn eingeladen, aber erst nach der Beschlußfassung zugelassen hatte, worüber er auf der folgenden Rektorenkonferenz in Würzburg berichtete, bedeutete in der Tat einen neuen Anfang für Gesellschaft und Hochschulen.« (Walther Gerlach)[3]

Albert Einstein (1879-1955). *[. . .] »Die Max-Planck-Gesellschaft soll an die Tradition der Kaiser-Wilhelm-Gesellschaft vor 1933 anknüpfen. Auch die Statuten der Gesellschaft sind mit Genehmigung der Amerikanischen und Britischen Militärregierungen ungefähr so abgefaßt, wie die Statuten der Kaiser-Wilhelm-Gesellschaft vor der Nazizeit gewesen sind. Auf meine Bitte sind James Franck, Otto Meyerhof, Rudolf Ladenburg, Richard Goldschmidt u. a. als frühere Wissenschaftliche Mitglieder der Kaiser-Wilhelm-Gesellschaft nunmehr als ›Auswärtige Wissenschaftliche Mitglieder‹ der neuen Max-Planck-Gesellschaft beigetreten. – Ich möchte Sie fragen, ob auch Sie sich zu demselben Schritt entschließen können. [. . .]*
Ich wäre Ihnen sehr dankbar, wenn Sie mir aufrichtig Ihre Entscheidung mitteilen wollten, und ich benutze die Gelegenheit, Ihnen für Weihnachten und zum Neuen Jahre von Herzen alles Gute zu wünschen.«
(An Albert Einstein, 18. 12. 1948)

28.Januar 1949

4.ij.4

Professor Otto Hahn
Präsident der
Max Planck Gesellschaft
zur Förderung der Wissenschaften
Bunsenstr.10
Goettingen (20 b)
Deutschland

Lieber Herr Hahn:

Ich empfinde es schmerzlich, dass ich gerade Ihnen, d.h. einem der Wenigen, die aufrecht geblieben sind und ihr Bestes taten während dieser bösen Jahre, eine Absage senden muss. Aber es geht nicht anders. Die Verbrechen der Deutschen sind wirklich das Abscheulichste, was die Geschichte der sogenannten zivilisierten Nationen aufzuweisen hat. Die Haltung der deutschen Intellektuellen-als Klasse betrachtet- war nicht besser als die des Pöbels. Nicht einmal Reue und ein ehrlicher Wille zeigt sich, das Wenige wieder gut zu machen, was nach dem riesenhaften Morden noch gut zu machen wäre. Unter diesen Umständen fühle ich eine unwiderstehliche Aversion dagegen, an irgend einer Sache beteiligt zu sein, die ein Stück des deutschen öffentlichen Lebens verkörpert, einfach aus Reinlichkeitsbedürfnis.

Sie werden es schon verstehen und wissen, dass dies nichts zu tun hat mit den Beziehungen zwischen uns Beiden, die für mich stets erfreulich gewesen sind.

Ich sende Ihnen meine herzlichen Grüsse und Wünsche für fruchtbare und frohe Arbeit.

Ihr

A. Einstein.

Albert Einstein.

Einsteins Antwort an Hahn. »Oft wird die Frage gestellt, ob Einsteins ablehnende Haltung gegenüber dem deutschen Volk – immer von einzelnen namentlichen Ausnahmen wie Laue, Hahn, Sommerfeld, Planck und anderen abgesehen – in seinen letzten Lebensjahren nicht doch einer gerechteren Beurteilung gewichen sei. Die überlieferten Dokumente erlauben leider keine bejahende Antwort . . . Ronald W. Clark spricht in seiner Biographie von Einsteins ›finsterer Abneigung gegenüber allem, was deutsch‹ war, und meinte, Einstein habe eine ›fast paranoide Reaktion‹ gezeigt, ›wenn er in seinem späteren Leben über seine Landsleute sprach‹; was er dabei an den Tag legte, sei ›einer Herrenvolk-Doktrin mit umgekehrtem Vorzeichen gefährlich nahegekommen‹. Diese Einschätzung trifft ins Schwarze.« (Friedrich Herneck)[51]

Erste persönliche Begegnung mit Theodor Heuss (1884-1963) in Bonn
(links: Lise Meitner). *»In der Biographie über Anton Dohrn begegnete
ich Theodor Heuss zum ersten Male näher . . . Persönlich getroffen habe ich den Bundespräsidenten dann erst bei der Tagung der Deutschen
Physikalischen Gesellschaft in Bonn, im September 1949. Meine lang-
jährige Kollegin Lise Meitner und ich bekamen damals die Max-Planck-
Medaille der Gesellschaft von Max v. Laue überreicht und wurden
Theodor Heuss vorgestellt. Wir beide waren durch seine freundlichen
und menschlich persönlichen Worte sehr berührt. [. . .]
Da Theodor Heuss an wissenschaftlichen Fragen regen Anteil nimmt,
hatte ich oft die Freude, den Bundespräsidenten zu sehen und vor allem
zu hören. Besonders seiner Liebe für die unbeeinflußte vorurteilslose
Forschung hat Theodor Heuss in der breiteren Öffentlichkeit immer
wieder Ausdruck gegeben.«* (›Über Theodor Heuss‹)[52]

Prof. Hahn: „Kein Grund zur Panik!"

Auch die deutschen Atomforscher über Atomexplosion in der Sowjetunion überrascht

Ist eine Super-Atombombe möglich?

Sonder-Interview der „Allgemeinen Zeitung" mit dem deutschen Nobelpreisträger und Atomforscher Prof. Otto Hahn

Von unserem ständigen Mitarbeiter Alfred Pohlmann

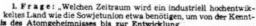

Leverkusen, 25. September (HAZ)

Im Zusammenhang mit der Erklärung des amerikanischen Präsidenten Harry S. Truman über die Atomexplosion in der Sowjetunion gewährte der deutsche Atomforscher, Prof. Otto Hahn, dem naturwissenschaftlichen Mitarbeiter der „Allgemeinen Zeitung" eine Unterredung, in der sich der deutsche Gelehrte ausführlich über die Bedeutung dieser Aufsehen erregenden Meldung und über die Möglichkeit einer Super-Atom-Bombe äußerte. Im Kreise der deutschen Atomwissenschaftler", so erklärte Prof. Hahn wörtlich, „ist man überrascht, daß es den Sowjetrussen schon jetzt gelungen zu sein scheint, Atom-Explosionen durchzuführen. Allen amerikanischen Nachrichten zufolge hatten wir allgemein damit gerechnet, daß dazu noch mindestens zwei Jahre notwendig sein würden."

1. Frage: „Welchen Zeitraum wird ein industriell hochentwickeltes Land wie die Sowjetunion etwa benötigen, um von der Kenntnis des Atomgeheimnisses bis zur Entwicklung einer im Kriegsfall einsatzbereiten Atomwaffe zu gelangen?

Antwort von Prof. Hahn: „Über die prinzipiellen Fragen, wie man Atombomben herstellen kann, weiß die ganze Welt Bescheid. Die technische Herstellung aber ist außerordentlich kompliziert, verlangt sehr große materielle Mittel und setzt nicht zuletzt ein außerhöchst geschultes wissenschaftliches Personal voraus." In diesem Zusammenhang wies Professor Hahn nachdrücklich darauf hin, daß Deutschland sowohl in Hinblick auf die gegenwärtigen Beschränkungen seiner wissenschaftlichen Forschung, wie auch aus rein materiellen Gründen nicht in der Lage sei, an Fragen der Ausnutzung der Atomkern-Energie zu arbeiten. Auch während des letzten Krieges sei man in Deutschland trotz der theoretischen Kenntnis dieser Möglichkeiten aus eben diesen materiellen Gründen auf keinen Fall imstande gewesen, eine Atombombe herzustellen.

2. Frage: „Zu Beginn dieses Jahres haben Sie, Herr Professor Hahn, in einem Vortrag die USA könnten Plutonium, das Grundstoff für die Atombombe, wöchentlich kiloweise herstellen, während die Sowjetunion in den nächsten Jahren wahrscheinlich nicht in der Lage sei, ausreichende Mengen an Plutonium zu produzieren. Halten Sie auch heute noch an dieser Meinung fest?"

Antwort: „Wenn die Truman-Botschaft den Tatsachen entspricht, wonach wir ja nicht zweifeln können, dann sind auch die Sowjets jetzt in der Lage, Plutonium herzustellen. Die von Amerika aus der Weltöffentlichkeit bekanntgegebene Atom-Explosion in den UdSSR rührte vermutlich von einer solchen Plutonium-Explosion her."

3. Frage: „Sind Sie der Ansicht, daß die Sowjetunion die eigenen Länder über alle zur Produktion einer Atombombe notwendigen Rohstoffe in genügender Menge verfügen?"

Antwort: „Schon vor dem Kriege war es kaum möglich, einen sicheren Einblick in die sowjetischen Uran - Vorräte zu gewinnen. Da die Sowjets aber schon früher über erhebliche Mengen von Radium verfügt haben, muß doch damit gerechnet werden, daß auch genügend Uran-Erze vorhanden sind."

4. Frage: „Der bekannte britische Wissenschaftler und Nobelpreisträger, Prof. P. M. S. Blackett, hat kürzlich über die Möglichkeit einer sog. „Super Bomben" gesprochen, die etwa eine Kern - Reaktion mit Wasserstoff oder Lithium verwendet und eine Plutonium- oder Uran-Bombe als Initialzünder hat. Halten Sie die Durchführung dieser komplizierten Anordnung für technisch möglich?"

Antwort: „Es ist in der Tat viel darüber diskutiert worden, aber ob diese zusätzliche Kern-Reaktion mit Wasserstoff oder Lithium durch die Explosion der Uran-Bombe wirklich eingeleitet werden kann, entzieht sich meiner Kenntnis."

Im weiteren Verlauf der Unterredung ging Prof. Hahn ausführlich auf die Wirkung der Atombombe ein, wobei er, soweit es sich um eine Schädigung des organischen Lebens handelt, „Ich persönlich glaube", so erklärte der deutsche Gelehrte, „daß die sogenannten Spätwirkungen der Bombenabwürfe auf Hiroshima und Nagasaki nicht so katastrophal waren, wie man es in vielen sensationellen Zeitungsberichten lesen konnte. Es kommt doch immer sehr auf den Wirkungsgrad einer Bombe an, und dieser wiederum ist von den Nachbedingten Umständen abhängig. Meldungen über einen besonders starken Pflanzenwuchs sowie über etwaige Schädigungen der Bevölkerung scheinen mir stark übertrieben zu sein. Die meisten bei der Explosion entstehenden gefährlichen, strahlenden Elemente zerfallen bereits nach sehr kurzer Zeit und dann nicht mehr wirksam. Die wenigen haltbareren, d. h. langlebigeren

Elemente aber werden bei einer Explosion in der Luft so stark verstreut und verdünnt, daß sie keine große biologische Gefahr mehr bedeuten."

5. Frage: „Gibt es überhaupt einen sicheren Schutz gegen die Atomstrahlen?"

Antwort: „Ja, in Form eines völlig abgeschlossenen Raumes, der mehrere Meter unter der Erde liegt und eine starke Belüftung besitzt. Die Gefahr besteht darin, daß durch die Luftungsanlage Außenluft eingesaugt wird, durch die naturgemäß auch die bei der Atombomben-Explosion entstehenden strahlenden Substanzen mit eingesaugt werden. Aber auch in diesem Zusammenhang muß wieder darauf hingewiesen werden, daß die Austrahlungen der umgebenden Luft sehr schnell nachlassen bzw. stärker werden. Daß auch die mittelbare Gefahrenzone für bisher verwendete Atombomben wird allgemein stark überschätzt; ihr Wirkungsradius dürfte 10 bis nicht überschreiten, auf gar keinen Fall aber einige hundert Kilometer betragen, wie verschiedentlich behauptet worden ist."

6. Frage: „Von amerikanischer Seite ist im Dezember des vergangenen Jahres darauf hingewiesen worden, daß die siebente der bisher zur Explosion gebrachten Atombomben, die im Herbst 1947 im Inivetok - Archipel des Stillen Ozeans ausprobiert wurden, 500mal wirkungsvoller gewesen sei als die erste Bombe. Halten Sie eine solche Steigerung für möglich?"

Antwort: „Nach den mir vorliegenden Berichten von Atomphysikern habe ich es für ganz ausgeschlossen, daß man Atombomben verwendet hat, die diejenigen von Hiroshima und Nagasaki in ihrer Wirkung um das 500fache übertrafen. Die Herstellung einer solchen Bombe wäre nach meiner Kenntnis der Dinge viel zu kompliziert, als daß sie sich mit den gegenwärtigen technischen Mitteln verwirklichen ließe. Die Wirkung kann höchstens durch den Abwurf einer größeren Anzahl von Bomben gesteigert werden."

Die 7. Frage betraf eine Äußerung des deutschen Gelehrten, wonach er — Prozentschädigungen zufolge — erklärt habe, es schade durchaus nicht, daß die Sowjets die Atombombe hätten, da diese Tatsache dem Frieden keineswegs abträglich zu sein brauche. Prof. Hahn erklärte dazu: „Ich habe in der Tat die Bemerkung gemacht, daß, wenn auch die Sowjets die Atombombe haben, diese Tatsache vielleicht eher eine Sicherung des Friedens als eine Erhöhung der Kriegsgefahr bedeutet, und ich zog dabei den Vergleich mit den Giftgasen, deren Einsatz im vergangenen Kriege nicht zuletzt aus Furcht vor gegenseitiger Vergeltung unterblieben ist. „Zusammenfassend", so erklärte Prof. Hahn zum Abschluß unserer Unterredung, „möchte ich immer Mahnung dahingehend Ausdruck geben, daß durchaus kein Grund zu irgendwelchen Panikstimmungen vorhanden ist."

Copyright 1949 by AZ

Prof. Dr. Otto Hahn

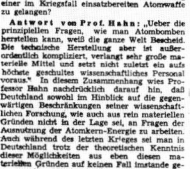

›Hannoversche Allgemeine Zeitung‹ vom 26. September 1949, mit Hahns Stellungnahme anläßlich der Erklärung Präsident Trumans vom 23. September 1949. Heute – nach fast 40 Jahren – muß man feststellen, daß Hahn die Spätwirkungen der Strahlenschäden in Hiroshima und Nagasaki weit unterschätzte; ein Irrtum, dem zahlreiche Wissenschaftler zum damaligen Zeitpunkt unterlagen. In Punkt 7 sollte Hahn bis heute recht behalten: die »Sicherung des Friedens« ist wohl vornehmlich der »Furcht vor gegenseitiger Vergeltung« zu verdanken.

Die Wissenschaft als Machtfaktor

Professor Hahn bei der Eröffnung der ACHEMA in Frankfurt

Eigener Bericht der „Frankfurter Allgemeinen Zeitung"

F.A.Z. Frankfurt, 9. Juli. Die Fahnen von 26 Nationen wehten vor dem Frankfurter Messegelände, als am Sonntagvormittag der größte wissenschaftliche Kongreß Europas nach Kriegsende, die Ausstellung für chemisches Apparatewesen, die ACHEMA IX, feierlich eröffnet wurde. Ueber 2500 Ehrengäste aus aller Welt, darunter Vertreter der Besatzungsmächte, hatten sich zu der Eröffnungssitzung eingefunden, in deren Mittelpunkt eine Rede von Nobelpreisträger Professor Dr. Otto Hahn stand, dem derzeitigen Präsidenten der Max-Planck-Gesellschaft in Göttingen.

Hahn erklärte, die Wissenschaft sei heute ein politischer Machtfaktor geworden. Um so mehr sollte man die Forschung vor politischen Entscheidungen fragen. Der im Vorjahr gegründete deutsche Forschungsrat werde die Aufgabe haben, nicht nur Anregungen für Forschungsarbeiten zu geben, sondern auch Vorschläge den Regierungsstellen entgegen-

zunehmen und zu begutachten. Die gleichzeitig wieder ins Leben gerufene „Notgemeinschaft der deutschen Wissenschaft" und der „Stifterverband für die deutsche Wissenschaft" würden durch Bewilligung finanzieller Mittel der deutschen Wissenschaft helfend zur Seite stehen. „Trotzdem sehen wir in einem erschreckenden Maße die Armut Deutschlands an hervorragenden Wissenschaftlern."

Professor Hahn appellierte an den Staat und an die Unternehmen alles zu tun, um der Wissenschaft zu helfen. „Wie könnte die Welt in fünfzig Jahren aussehen, wenn sie die Früchte der Forschung nur zum Aufbau und nicht zur Zerstörung verwenden würde. Vielleicht wird der menschliche Geist es erreichen, daß einem jeden Erdenbürger das ihm zustehende Recht auf Leben ohne äußere Not und Sorge geboten werden kann."

Der hessische Minister für Arbeit, Landwirtschaft und Wirtschaft, Wagner, ging

›Frankfurter Allgemeine Zeitung‹ vom 10. Juli 1950. »*Das Ideal des Wissenschaftlers war immer die geistige Freiheit, das Streben nach Erkenntnis und die Möglichkeit, sie Gleichgesinnten mitzuteilen . . . Wie sollen wir uns aber heute zu diesem Ideal uneingeschränkter Forschung stellen? Es ist leider so, daß die geistige Haltung der Menschheit, ihr Verantwortungs- und ihr Mitgefühl gegenüber dem Nebenmenschen weit hinter dem wissenschaftlichen und technischen Fortschritt zurückgeblieben ist, so daß dieser Fortschritt gegen statt für die Beziehungen der Menschen untereinander ausgenutzt werden kann . . . Wir wissen ja auch alle, mit welchem dichten Mantel des Geheimnisses z. B. die USA und Rußland ihre Arbeiten über die Atombombe und die geplante Wasserstoffbombe umgeben . . . Jeder Zwang, sei er privater oder staatlicher Art, führt schließlich zur Verkümmerung der Forschung, und Geheimnistuerei fördert das Mißtrauen der einzelnen gegen den einzelnen, das Mißtrauen der Völker gegeneinander . . . Wir sollten daraus lernen, daß auch die größten technischen Leistungen, die größte sogenannte ›Tüchtigkeit‹, der Glaube, daß man alles tun kann, wenn es nur Erfolg verspricht, daß dies nicht die richtige Weltanschauung sein kann. Wir müssen wieder Ehrfurcht vor dem Menschenleben haben! Es kann nicht der Sinn einer Weltordnung sein, das, was eine jahrtausendlange Entwicklung dem Menschen in die Hand gegeben hat, dazu zu verwenden, den Menschen selbst wieder zu vernichten.*« (Rede anläßlich der Eröffnung der ACHEMA IX, 9. 7. 1950)[53]

Urlaub in Garmisch, August 1950. »Ich habe selten einen Menschen getroffen, der in so völlig bescheidener Form so weise war wie er. Seine
Scherze waren harmlos und hinter der Harmlosigkeit vibrierte freundlich und unbestechlich ein sehr intelligentes Urteil über die Menschen.« (C. F. v. Weizsäcker an Dietrich Hahn, 27. 10. 1975)

CONSEIL MONDIAL DE LA PAIX
WORLD PEACE COUNCIL
ВСЕМИРНЫЙ СОВЕТ МИРА
CONSIGLIO MONDIALE DELLA PACE
CONSEJO MUNDIAL DE LA PAZ
世界和平理事會

PRÉSIDENT : F. JOLIOT-CURIE   PARIS, le 29 Janvier 1951

SECRÉTARIAT GÉNÉRAL
2, RUE DE L'ÉLYSÉE
PARIS 8e

TÉLÉPH ANJOU 16-06, 16-29
TÉLÉGR PAIXMONDE, PARIS
C.C.P. F. GUYOT, PARIS 7172.60

BANQUE COMMERCIALE
DES PAYS DE L'EUROPE DU NORD
91, RUE DE L'ARCADE, PARIS 8e
COMPTE N° 2255
WM/RB.

Monsieur le Professeur Dr. Otto HAHN
Université de Göttingen
Allemagne   5. Ⅱ. 57

Cher Ami,

Le Bureau du Conseil Mondial, réuni à
Genève les 10 et 11 Janvier 1951, a décidé que le
Conseil Mondial, issu du 2ème Congrès Mondial de la
Paix, siègera du 21 au 24 Février, à Berlin.

Au cours des derniers mois, la menace
d'extension des conflits en cours, vers une troisième
guerre mondiale, s'est sensiblement aggravée. Cette
menace se caractérise aussi par l'action qui tend à
rallumer de nouveaux foyers de guerre à travers le
réarmement de l'Allemagne et du Japon. On observe une
recrudescence de la propagande de guerre et le fardeau
de lourds budgets de guerre accable les peuples.

Ces faits et l'action soutenue par le
Conseil Mondial de la Paix ont rendu plus grands encore
les sentiments des peuples pour la Paix. Ces sentiments
donnent libre cours à l'expression de puissants courants
d'opinion orientés dans l'esprit des propositions de
paix formulées au 2ème Congrès Mondial et nous donnent
la certitude qu'il est possible de sauver la paix par
l'union la plus large de toutes les volontés pacifiques.

C'est pourquoi le Bureau du Conseil Mondial
a décidé d'inscrire à l'ordre du jour de cette session :

1°) Application des décisions prises au 2ème Congrès
Mondial de la Paix;
2°) Solution pacifique du problème allemand et
japonais.

Persuadé que vous partagez notre inquiétude
quant aux dangers qui menacent la paix et dans l'intérêt
d'une compréhension plus profonde des moyens propres
à l'assurer, j'ai l'honneur de vous inviter à notre
session du Conseil Mondial. La contribution personnelle
que vous apporterez constituera un appoint précieux dans
les décisions constructives qui émaneront de nos travaux.

J'ai lu avec intérêt la lettre que vous m'avez
adressée. Nous sommes bien d'accord que le bien le plus
précieux de chaque homme doit être la liberté de pensée.
En ce qui concerne le Conseil Mondial de la Paix, je puis
vous assurer qu'elle est absolument garantie. Je n'en veux
comme preuve que le déroulement du 2ème Congrès Mondial
de la Paix où les opinions les plus diverses, voire
contradictoires, se sont librement exprimées, sans aucune
restriction, aussi bien au cours des débats publics que
dans les séances des commissions.

Je suis certain que le but de la réunion du
21 Février ne manquera pas de vous intéresser et que
vous voudrez acquiescer à notre invitation.

En attendant de vous rencontrer, je serais
particulièrement heureux de recevoir votre appréciation
sur l'objet de cette réunion et je vous prie de croire
à mes sentiments très dévoués.

cordialement, vous, ...me

Frédéric JOLIOT-CURIE
Président

Lieber Herr Professor Joliot !

Haben Sie vielen Dank für Ihren liebenswürdigen brief vom
29. Januar, in dem Sie mich zum II. Weltfriedenskongress am
21. bis 24. Februar nach Berlin einladen.

Ich erkenne es dankbar an, dass Sie sich die Mühe geben, die
Bedeutung dieses Weltkongresses und der Tagesordnung in Berlin
darzustellen. Ich glaube, Sie kennen mich so weit, dass Sie
mir glauben wollen, dass ich die Vermeidung eines 3. Weltkrieges ebenso herbeisehne wie Sie selbst und dass ich mir immer
wieder überlege, was für Schritte man ergreifen könnte, um zu
diesem idealen Ziel zu gelangen. Aber, wie ich Ihnen früher
schon gesagt habe, halte ich die persönliche Freiheit des
Einzelnen und die Freiheit einzelner Völker für das Wichtigste
überhaupt. Ich kann mir keinen allgemeinen Frieden als er-
träglich vorstellen, wenn diese Freiheit ohne Furcht, ohne
Zwang und ohne vorgeschriebene Meinung damit nicht mehr gewähr-
leistet ist. Dies ist ja sicher auch Ihre eigene Meinung. Sie
schreiben in Ihrem Brief, dass diese "liberté de pensée" bei
dem Weltkongress absolut garantiert sei. Ich bin davon überzeugt, dass dies der Fall sein wird, nicht aber bin ich davon
überzeugt, dass die Herren, die in der Ostzone Deutschlands
wohnhaft sind, es wagen würden, eine andere Meinung als die vorgeschriebene zum Ausdruck zu bringen.

Ich erlebe es immer wieder, dass Besucher von der Ostzone oder
auch aus dem Russischen Sektor von Berlin, wenn sie die Möglichkeit haben, ohne Zeugen sich allein mit uns zu unterhalten, ganz
anders sprechen als sie es in der Öffentlichkeit tun, und man
hat immer wieder den Eindruck, dass bei allen solchen Tagungen
derselbe dumpfe Druck auf den Menschen liegt, wie wir dies in
den Hitlerzeiten zur Genüge erlebt haben.

Dabei konnte man zur Zeit des Hitler-Regimes in rein wissenschaftlicher Beziehung im allgemeinen doch noch so denken und
handeln, wie man es mit seinem Gewissen vereinbaren konnte.
Nach dem, was ich aus dem Osten höre, ist dies für ganze Wissen-
schaftszweige dort heute nicht mehr möglich. Wenn man z.B. aus
einem Vortrag des russischen Akademiemitgliedes SPERANSKI
folgende Sätze liest:

        "Are any practical achievements in clinical medicine
         connected with the cellular pathology of Virchow and
         the chemical therapy of Ehrlich?

         This question must be answered clearly and unequivocally:
         we do not know of any practical achievements which modern
         medicine owes to the teaching of Virchow, Ehrlich, or
         their followers."

dann kann man doch nicht der Meinung bleiben, dass die russischen Wissenschaftler solche Aussagen ernst nehmen können.

Lieber Herr Professor Joliot, ich schreibe Ihnen diese wenigen
Bemerkungen so aufrichtig, weil ich manchmal glaube, dass Sie
tatsächlich über die wirkliche Gewissens- und Glaubensfreiheit
im Osten nicht genügend informiert sind. Sicher leben wir im
Westen auch nicht in einem unschuldsvollen Paradiese, aber die
Möglichkeit, seine Meinung zu sagen, sie auch in unabhängigen
Zeitungen zu veröffentlichen, auch einmal auf den Tisch des
Hauses zu schlagen, wenn es notwendig ist, macht doch sehr
Vieles leichter.

Ich würde es sehr begrüssen, wenn wir die Gelegenheit hätten,
uns einmal ausführlich über alle diese Fragen zu unterhalten,
aber der Weltkongress in Berlin ist leider nicht der geeignete
Ort dazu.

                    Mit meinen besten Grüssen bin ich

                        Ihr Ihnen sehr ergebener

                            gez. Otto Hahn.

Briefwechsel zwischen Frédéric Joliot-Curie und Hahn, 1951. »*In den
letzten Jahren hatte ich öfter Briefe von ihm bekommen mit der Aufforderung, mich an den zahlreichen Aufrufen gegen die Atombewaffnung,
für die von Rußland immer groß aufgezogenen internationalen ›festi-
vals‹ für eine friedliche Welt, mit meinem Namen zu beteiligen. Ich
konnte dem ehrlich überzeugten Anhänger der russischen Ideologie
nicht folgen.*« (Otto Hahn)*[26]

Nächtlicher Überfall auf
Professor Otto Hahn

Der Täter Joseph Kastner dem Irrsinn nahe — Kein politisches Attentat — Der Nobelpreisträger auf dem Wege der Besserung

Der berühmte Physiker und Nobel-Preisträger Professor Dr. Otto Hahn wurde in der Nacht vom Mittwoch auf Donnerstag gegen 22.30 Uhr von einem ihm Unbekannten überfallen. Professor Hahn wurde von dem Täter durch einen Stich mit einem spitzen Instrument erheblich verletzt.

Der in Göttingen ebenso wie in der ganzen Welt hochgeschätzte Nobelpreisträger und Präsident der Max-Planck-Gesellschaft kam am Mittwochabend von einer harmonisch verlaufenen Besprechung, die er mit Mitgliedern der Europäischen Studienkommission für das OEEC-Projekt 81 in der Mensa geführt hatte. Vor seiner Wohnung in der Herzberger Landstraße 44 wurde er von einem ihm unbekannten jungen Mann angesprochen und um eine persönliche Unterredung gebeten. Professor Hahn verwies in seiner zuvorkommenden, immer freundlichen Art den Unbekannten auf den nächsten Morgen. Er bat ihn, sich im Büro der Max-Planck-Gesellschaft einzufinden, wo er zu einer Besprechung gern zur Verfügung stehen würde. Professor Hahn wollte sich darauf in seine Wohnung begeben, der junge Mann sprang ihm aber nach und versetzte ihm mit einem spitzen Instrument eine stark blutende, etwa 4 cm tiefe Fleischwunde in die linke Schulter. Der Täter suchte darauf das Weite. Professor Hahn konnte sich noch in seine Wohnung begeben, wo sofort herbeigerufene Ärzte für die erste Hilfe sorgten. Eine Röntgenaufnahme ergab, daß es sich bei der Verletzung um eine Stichwunde handelte.

›Göttinger Presse‹ vom 25. Oktober 1951. »Am 24. Oktober erlebte ich ein Abenteuer, das auch sehr böse hätte ausgehen können. Ich kam spätabends nach Hause und wollte gerade die Tür aufschließen, als ein Mann vortrat und mir mit einer Pistole, wie sie zum Betäuben von Schlachtvieh benutzt wird, in den Rücken schoß.« (›Mein Leben‹) »Für die freundliche Interessenahme an dem unfreundlichen Überfall eines gekränkten Erfinders danke ich sehr herzlich. Der Angriff war ›gewissermaßen symbolisch‹ gedacht und galt nicht nur mir allein. ›Er gilt‹, so schreibt der Urheber, ›für alle seine geistesverwandten Kollegen, die Legion sind . . .‹ ›Sie alle dürfen sich getroffen fühlen, und sie alle tragen die Mitverantwortung an dem realen Schlag, den Professor Hahn zu erleiden hatte; und ganz besonders tragen die Schuld, jene verlogenen und charakterlosen Intelligenzbestien, welche mit mir in den letzten fünf Jahren in Berührung kamen.‹ Das Ganze war für meine Frau und mich anfangs ein großer Schreck. Aber es ist nichts Ernsthaftes passiert, und es geht mir schon wieder recht gut.« (Gedrucktes Dankschreiben, 29. 10. 1951)

»Typisch für seine Wesensart ist, daß er dem Attentäter Zigaretten und Lebensmittel in die Untersuchungshaft schicken lassen wollte. Die Gerichtsbehörde genehmigte es nicht.« (Hans Götte)[38]

»Wenn der mich doch mit einem Revolver oder einem Degen ermordet hätte – aber so mit einer Schweinepistole mich abzuschießen!« (An Walther Gerlach, November 1951)

Mit Edith auf dem Weg zum Festakt der Duisburger Kupferhütte. »*Ich litt einige Zeit unter Schmerzen, konnte aber meine Dienstgeschäfte schon bald wieder fortsetzen und den Einladungen zu Ministersitzungen, Firmenjubiläen und Vortragsveranstaltungen nachkommen.*« (›Mein Leben‹)

Mit Theodor Heuss. »*In besonders angenehmer Erinnerung ist mir die 200-Jahr-Feier der Göttinger Akademie, die durch die Anwesenheit des Bundespräsidenten ihre besondere Note bekam. Meine privaten Unterhaltungen mit Professor Heuss waren sehr anregend und freundschaftlich.*« (›Mein Leben‹)

HERRN OTTO HAHN

GÖTTINGEN

ZUM FÜNFZIGJÄHRIGEN DOKTORJUBILÄUM

AM 28. NOVEMBER 1951

HOCHGEEHRTER HERR KOLLEGE!

Vor nunmehr 50 Jahren promovierten Sie nach einem Studium an den Universitäten München und Marburg mit einer Arbeit über „Die Bromderivate des Isoeugenols". Sie haben bereits sehr früh Ihr großartiges Können der Erforschung der Radioaktivität zugewandt. Sie haben die chemische Behandlung radioaktiver Stoffe zu meisterhafter Vollendung entwickelt und die Radiochemie zu einem ungeahnt leistungsfähigen Werkzeug gemacht. Die Ergebnisse Ihrer Arbeiten, die Entdeckung radioaktiver Elemente, des Radiothors, Radioaktiniums, Mesothoriums, Protaktiniums, waren nicht nur Marksteine für die Physik und Chemie der radioaktiven Substanzen. Sie haben darüberhinaus der Kolloidchemie durch Ihre Emaniermethode, der Geologie, Geochemie durch eine Methode der radioaktiven Altersbestimmung, der Medizin und Biologie durch Entwicklung geeigneter radiochemischer Methoden neue Wege gewiesen. Allein dieses Ihr Werk verbürgt, daß Ihr Name als der eines der ganz großen Chemiker, eines der ganz großen Naturforscher, in die Geschichte der Wissenschaft und der Menschheit eingeht.

Ihr konsequentes wissenschaftliches Schaffen führte Sie schließlich zu jener folgenschwersten und umwälzendsten Entdeckung, durch die die Kernphysik aus dem Laboratorium des Forschers heraustretend vor einer entsetzten Menschheit debütierte.

Das durch Neutronenstoß bewirkte Zerplatzen des Urans mit Vermehrung der Neutronenzahl war die erste Realisierungsmöglichkeit einer Kern-Kettenreaktion, die entdeckt wurde. Der Grundstein für eine künftige Kern-Energetik, für eine Kern-Technologie war durch Ihre Arbeiten gelegt worden. Diese Entdeckung, die geeignet ist, umwälzend die Entwicklung der Technik zu beeinflussen, dokumentiert zugleich, welche ungeheure Tragweite die Wissenschaft für die Entwicklung der menschlichen Gesellschaft besitzt und welche Verantwortung uns Männern und Frauen der Wissenschaft zufällt.

Auf diese Verantwortlichkeit des Forschers für die Konsequenzen seines Schaffens haben Sie selbst hingewiesen. Sie haben in Ihrer Arbeit stets das Wohl der Menschheit im Auge gehabt. Sie haben mannhaft jede Mitwirkung an dem Mißbrauch Ihrer Entdeckung zum Schaden der Menschheit abgelehnt. Wir sehen mit Ihnen die hellen Wege, die der Menschheit aus Ihrer Entdeckung erwachsen werden: die wirksamste Hilfe zur Umgestaltung der Natur, zur Verbesserung der Lebensbedingungen für alle Menschen, zur Linderung ihrer Nöte, zum Kampf gegen Krankheit und Tod.

Wir sprechen aus ganzem Herzen den Wunsch aus, daß Ihr Name, auf ewig verknüpft mit der Entdeckung jener Erscheinung, fortleben wird im Gedächtnis der Menschen als der eines Wohltäters, dessen Werk sich hilfreich erwies beim Aufbau eines friedlichen, brüderlichen Lebens der Menschen.

DIE DEUTSCHE AKADEMIE DER WISSENSCHAFTEN

ZU BERLIN

DER PRÄSIDENT

W. Friedrich

Adresse der Deutschen Akademie der Wissenschaften, 1951. (Heute: Akademie der Wissenschaften der Deutschen Demokratischen Republik)

Theodor Heuss überreicht Hahn die Insignien des Ordens Pour le mérite.

»*Persönlichstes gab uns Theodor Heuss doch durch die Wiedererweckung der ›Friedensklasse‹ des Ordens Pour le mérite. Unter dem Titel ›Ein Areopag des Geistes‹ hatte Theodor Heuss in der ›Frankfurter Zeitung‹ am 31. Mai 1942 eine Geschichte des Ordens veröffentlicht. Seinen Namen selbst konnte er allerdings nicht darunter setzen, denn ab 1936 hatte Theodor Heuss Schreibverbot. Hitler hatte den Orden abgeschafft . . . Zehn Jahre nach diesem Aufsatz ergriff Theodor Heuss die Initiative.*« (›Über Theodor Heuss‹)[52]

»*In der Zeitung steht der Pour le mérite, den auch ich bekomme. Da Windaus, Wieland, Heisenberg nicht dabei sind, drückt mich die Auszeichnung etwas; aber wir können ja durch Zuwahl einiges zurechtrücken.*« (Notizbuch, 31. 5. 1952)

»*Bis zum letzten Jahr hat Theodor Heuss keine einzige der alljährlichen Sitzungen des Ordens versäumt. Die immer von ihm persönlich vorgenommene feierliche Aufnahme eines Mitgliedes war für ihn eine freudige Pflicht – der Aufgenommene betrachtete sie als die größte Ehre seines Lebens.*« (Rede)[54]

Hahn. Bronze-Büste von Eberhard Luttner, 1952. *»Bildhauer Luttner beginnt mich zu modellieren.«* (Notizbuch, 17. 11. 1952) *»Bildhauer zum zweiten Male: sehr gut.«* (Notizbuch, 18. 11. 1952) *»Dritte Sitzung: fertig in Ton.«* (Notizbuch, 19. 11. 1952) Von allen Hahn-Büsten hielt Hahn diese für die *»mit Abstand am besten gelungene«*.

Göttingen, Gervinusstraße 5, erstes Stockwerk: in der von der Max-Planck-Gesellschaft für ihn gemieteten 4-Zimmer-Wohnung lebten Hahn und seine Frau von Anfang 1953 bis zu ihrem Tode. »Die Möbelpacker, die ihm vor Jahren den letzten Umzug aus der Herzberger Landstraße in eine der schönsten Straßen im Brüder-Grimm-Viertel, in die Gervinusstraße, besorgten, schwärmen noch heute davon. Als sie den Möbelwagen leer hatten, lud er sie zum Umtrunk in sein Arbeitszimmer ein. Mitten, zwischen und auf den Bücherkisten saßen sie in fröhlicher Runde und tranken ihr Bier.« (Thea Herfeld)[55]

Der von Sohn Hanno zur Silbernen Hochzeit 1938 gebastelte Holz-Hahn. »Auf eigene Art tat er Freunden und Nachbarn kund, ob er zuhause war. Als Wappentier hatte ihm sein Sohn vor Jahren einen schönen hellfarbenen, etwa 30 Zentimeter großen hölzernen Hahn geschenkt. Stand der Hahn im Verandafenster an der Gervinusstraße, wußten alle: Otto Hahn ist zu Hause. War der Fensterplatz leer, war auch Otto Hahn nicht da.« (Thea Herfeld)[55]

Hahns Arbeitszimmer in der Generalverwaltung der MPG, Göttingen, Bunsenstraße 10. »Die mit der Zeit sich mehrenden Repräsentationspflichten nahm er gewissenhaft und oft auch mit Vergnügen wahr; aber wo er auch nur konnte, suchte er seinem offiziellen Wirken den Stempel der Einfachheit aufzudrücken. Das ›Präsidentenzimmer‹ in der Göttinger Generalverwaltung war ein mittelgroßer Raum eines früheren Wohnhauses: ein Schreibtisch, ein paar Stühle, ein Bücherschrank, Wandbretter mit schönen (und lustigen) Geschenken, ein Ölbild von Max Planck, eine große Wand bedeckt mit Photographien von Zusammenkünften mit Freunden – und neben dem Schreibtisch hängend das ›Gebet des Forschers‹ von Sinclair Lewis.« (Walther Gerlach)[3]

Hahn, Ende 1953. »*Boehringer: über die Nöte des Göttinger Symph. Orchesters: Ich bin bereit, meinen Namen unter den Aufruf zu setzen.*« (Notizbuch, 28. 11. 1953)

»Otto Hahn war eine einzigartige Persönlichkeit. Er war von einer liebenswürdigen Bescheidenheit, die rühren konnte. Sie wurde besonders deutlich an der Art, wie er mit einfachen Menschen umging. Den unsichtbaren Kreis, den die Berühmtheit um den Berühmten zieht, durchbrach er leichthin mit einem Scherz, mit einem zurechtrückenden Wort, das Verlegenheit ausschloß.« (Ernst von Khuon)[56]

Der 75. Geburtstag im Familienkreis. (Von links: Hanno Hahn, Ilse Hahn, Enkel »*Dieter*«, Hahn, Edith Hahn.) »Zehn Jahre nach dem Krieg hatte man wieder gelernt, Feste zu feiern. Die Max-Planck-Gesellschaft feierte ihren, Bund und Land Niedersachsen den Präsidenten an seinem 75. Geburtstag. Du genossest das Glück, daß Sohn und Enkel ihn miterleben konnten.« (Walther Gerlach)[57]

»Was das Selbstbewußtsein anlangt, das ich Dir wünsche, so habe ich auch in diesem Punkt jetzt etwas mehr Zuversicht als noch vor ein paar Wochen. Denn nach Deinem letzten Brief zu urteilen, bist Du mit Deiner Zeiteinteilung jetzt vernünftig geworden und mutest Dir nicht mehr zu, als Du Dir zumuten kannst. Dazu gehört die regelmäßige Ausspannung und vor allem: dazu gehört das Einstellen auf eine Arbeit und nicht auf ganz verschiedene Arbeitsgebiete. Es ist ganz verkehrt, sich da immer Gedanken zu machen. Du kannst ja nichts dafür, daß Du jahrelang im Krieg warst und schwer verwundet dazu. Ist es Dir im Grunde nicht fast lieber so, als wenn Du Dich wie mancher andere gedrückt hättest? Wo hättest Du jetzt Dein Plätzchen und den lieben Lausbub Dieter? – Also, wenn Du da vernünftig wirst, dann kann Dir die ›Berühmtheit‹ Deines Vaters doch auch nicht so schwer auf Deine Stimmung drücken.« (An Hanno Hahn, 9. 4. 1954)

Mit Theodor Heuss und Konrad Adenauer auf der Hauptversammlung der MPG in Wiesbaden, 11. Juni 1954. In seiner Rede hatte Hahn eindringlich vor der Cobalt-Bombe gewarnt.

»Die Wissenschaftler können nur und müssen das Gesetz befolgen, nach dem sie angetreten sind; es soll sie der Drang des Menschen beherrschen, die Welt, ihre Wirklichkeit und ihre Wahrheit zu erkennen, sie zu erforschen und tiefer in sie einzudringen. Zunächst weiß der Wissenschaftler nicht, was in Zukunft mit den Ergebnissen der Arbeit des Wissenschaftlers geschieht, ob die Menschheit damit Gutes oder Böses erfährt. Aber wenn er es sieht, bleibt auch dem Wissenschaftler die innere Verantwortung nicht erspart. Den Politikern aber, den Mächtigen dieser Erde, steht hier die ungeheure Entscheidung zu. Ihnen müssen wir die Ergebnisse unserer Arbeit anvertrauen. Möge ihnen die Erleuchtung, die Kraft und die Weisheit verliehen sein, daß die Wissenschaft nicht mißbraucht wird – zur Vernichtung der Menschen und unserer Erde. Nie war die Möglichkeit dazu größer als heute, aber auch nie konnte man größere Hoffnungen auf eine bessere Zukunft hegen, wenn die Früchte der Forschung für den Frieden genutzt werden.« (Eröffnungsrede)[58]

Mit Albert Schweitzer und Werner Heisenberg auf der 4. Tagung der Nobelpreisträger in Lindau, der 2. Tagung der Mediziner. 3. Juli 1954.

»Gerade im Anfang, als mancherorts die Lindauer Arbeit nicht ganz ernst genommen wurde, hat Otto Hahn gezeigt, daß die Laureaten Sinn und Wert des Treffens durchaus erkannt hatten, als er bei der vierten Tagung sagte: ›Zuerst bin ich als Chemiker gekommen, dann als Physiker getarnt und jetzt wieder zur Tagung der Mediziner, denn meine Arbeit hat ja auch mit der Medizin zu tun‹, um dann mit seinem liebenswerten Lächeln hinzuzufügen: ›und sollten Sie einmal die Literaten einladen, dann sollen Sie wissen, daß ich in meiner Jugend eifrig der schönen Dichtkunst obgelegen habe!‹« (Alexander Dées de Sterio)[59]

»Besonderer Glanz war der Tagung von 1954 verliehen. Zehn Wissenschaftler hatten sich zu Wort gemeldet mit Vorträgen, die auch den Durchschnittsmenschen hellhörig machen würden. [. . .] Deutlich manifestierte sich die enge Verflechtung der drei naturwissenschaftlichen Disziplinen; chemisches Rüstzeug war fast notwendiger als rein medizinisches Wissen, und der für die Entwicklung der medizinischen Forschung so typische Zug zur Biochemie dominierte.

Unter den Zuhörenden befanden sich so weltberühmte Gelehrte wie Otto Hahn, Werner Heisenberg und Albert Schweitzer. [. . .] Denn die Vorträge waren in ihrer Aussage so inhaltsreich, daß diese Mediziner-Tagung mit ihrem biochemischen Hintergrund, dem Atom-Wegbereiter und Atom-Spalter, schlußendlich mit dem Menschenfreund Schweitzer ein Bild absoluter Vollkommenheit der Naturwissenschaften bot.« (François J. Beer-Poitevin)[60]

UNITED NATIONS   NATIONS UNIES

NEW YORK

OFFICE OF THE PRESIDENT OF THE GENERAL ASSEMBLY

FILE NO.:

New York, December 22, 1954.

Dear Professor Hahn,

Thank you for your letter of December 17 concerning the
proposed international conference on the peaceful uses of atomic
energy.

./.

I enclose a copy of the resolution unanimously adopted
on this subject by the General Assembly on December 4. In its
Section B you will see on what basis it was decided to call an
international conference of all States Members of the United
Nations or of its specialized agencies (such as UNESCO etc.).
In view of what you write, paragraph 3 of this Section seems to
be of particular interest.

I have taken the liberty of acquainting the Secretary-
General of the United Nations with the contents of your letter,
and remain thanking you for the interest you have shown in this
undertaking, .

Yours faithfully,

[signature]

Professor Dr. Otto Hahn
Bunsenstrasse 10
Göttingen.

**Antwortbrief des Präsidenten der UNO-Vollversammlung van Kleffens an
Hahn,** nach dessen Schreiben vom 17. 12. 1954. »*Wie ich aus den amerikanischen Zeitungen und auch aus Paris erfahren habe, planen die
Vereinten Nationen in New York eine allgemeine Aussprache über die
Verwendung der Atomenergie für den Frieden. Dies ist ja ein Thema,
das die ganze Welt interessiert, und es ist sehr zu begrüßen, daß die
vielen Hemmungen, die einer allgemeinen internationalen Aussprache
bisher entgegengestanden haben, allmählich gelockert werden. Meine
persönliche Meinung ist nun die, daß man der Tagung eine möglichst
große Resonanz dadurch verleihen könnte, daß man eine Anzahl international anerkannter Wissenschaftler zu den Besprechungen der Vereinten Nationen hinzuzieht. Ich denke dabei an solche Persönlichkeiten, die einerseits als wirkliche Sachverständige gelten können,
vielleicht aber auch an andere, denen die moralischen und ethischen
Zukunftsmöglichkeiten der Verwendung der Atomenergie am Herzen
liegen.*« (An van Kleffens, 17. 12. 1954)

PROF. DR. OTTO HAHN

COBALT 60

GEFAHR ODER SEGEN

FÜR DIE MENSCHHEIT?

MUSTERSCHMIDT VERLAG

Titelblatt von Hahns später gedrucktem Manuskript ›Cobalt 60‹, 1955.
»Immer wieder erhielt ich Briefe, in denen ich gefragt wurde, warum die Wissenschaft zu den Gefahren eines Atomkrieges schwieg. So entschloß ich mich, einen Aufsatz über ›Cobalt 60 – Gefahr oder Hoffnung‹ zu schreiben. Das Manuskript ließ ich von einigen Kollegen begutachten.« (›Mein Leben‹)

Hinrich Kopf (1893–1961). *»Bevor ich es zur Veröffentlichung freigab, hat mich Ministerpräsident Kopf telephonisch um einen Besuchstermin. Noch am selben Tage, dem 30. Januar 1955, kam er zu mir in die Wohnung.«* (›Mein Leben‹) *»6 Uhr bis 8 Uhr: Kopf bei mir: Gefahr des Atoms, Freiheit des Forschers gefährdet, Verbot eines Radiovortrags Heisenberg durch Adenauer? Wenn ja, unmöglich!«* (Notizbuch, 30. 1. 1955) *»Während ich andeutete, daß Heisenberg wahrscheinlich über deutsche Kernreaktoren sprechen wollte, die zur Zeit noch nicht hergestellt werden dürften, meinte Herr Kopf, daß der Bundeskanzler wohl absichtlich das Volk über die Gefahren eines Atomkrieges im unklaren lassen wollte, weil sonst seine Wiederaufrüstung behindert würde. Er war sehr erregt . . . Ich versuchte ihn zu beruhigen und schickte ihm mein Manuskript zu, in dem auch die Segnungen der Kernspaltung gewürdigt waren.«* (›Mein Leben‹)

Tödlicher Staub bedroht Fortbestand der Menschheit

Professor Dr. Otto Hahn sprach über Fluch und Segen von Kobalt 60

hp-ap-dpa HAMBURG.
In der Vortragsreihe des NWDR „Schuld und Aufgabe" sprach, wie wir bereits berichteten, am vergangenen Sonntag Professor Dr. Otto Hahn, Präsident der Max-Planck-Gesellschaft zur Förderung der Wissenschaften über die Problematik der Atomforschung und ihrer möglichen Auswirkungen. Es war einer von vielen Vorträgen, die täglich in den Hörsälen der Universitäten und in der öffentlichkeit gehalten werden. Aber diese eine verdient im Gegensatz zu so manchen anderen an die Tore der Welt angeschlagen zu werden. Nicht zuletzt gilt dieser Vortrag den Politikern. „Der Krieg ist nicht mehr die Fortsetzung der Politik mit anderen Mitteln", stellte Professor Hahn fest. Und er meinte damit, daß der Atomkrieg das Ende der Politik bedeute, weil er das Ende der Menschheit herbeiführt.

Dreigestirn der Vernichtung

Professor Hahn, 1945 für seine Verdienste auf dem Gebiet der Atomforschung mit dem Nobel-Preis ausgezeichnet, sprach mit der strengen Sachlichkeit des Wissenschaftlers, des berufenen Kenners einer Materie, zu deren Entwicklung er mit der Entdeckung der Urankernspaltung, die ihm Ende 1938 gelang, entscheidend beigetragen hat. Er ging jedoch aus von den Möglichkeiten und Gefahren, die der Welt durch eine Verwendung der Atom-, Wasserstoff- und Kobaltbomben drohen. Die Atombombe, sagte er, habe die Welt als furchtbarstes Kriegsmittel im August 1945 bei der Zerstörung von Hiroshima und Nagasaki kennengelernt. Ein paar Jahre später sei die Menschheit durch die Herstellung der noch vernichtender wirkenden Wasserstoffbombe erschreckt worden. Und im Zusammenhang mit dem Schreckenswort „Wasserstoffbombe" höre man auch jetzt das Wort „Kobaltbombe".

Diese Kobaltbombe bezeichnet der Wissenschaftler als den Träger einer heimtückischen, langlebigen Substanz, die in genügender Menge als radioaktiver Staub in der Atmosphäre verteilt, in der Lage sei, ganze Länder über Jahre hinaus zu versuchen und schließlich sogar alles Leben zu vernichten. Dennoch seien die verantwortlichen Atomwissenschaftler in der Welt nach wie vor intensiv mit einer weiteren Erforschung dieses Stoffes beschäftigt. „Sie tun es, weil sie die segenbringenden Möglichkeiten des Kobalts und vieler anderer künstlich erzeugten Neutronen entstandener, künstlich-radioaktiver Elemente studieren wollen; nicht um die Menschheit zu schädigen, sondern um ihr damit zu helfen."

Die letzte Steigerung zum furchtbaren Zerstörungswerk wird nach den Worten von Professor Hahn dann erreicht, wenn man die Wasserstoffbombe mit einem dicken Mantel von Kobalt umgibt. „Dann entsteht durch die vielen freiwerdenden Neutronen in großen Mengen das langlebige, starkstrahlende, gefährliche Kobalt 60. Durch die ungeheure Gewalt der Explosion der Bombe, gemischt mit gewöhnlichem Kobalt oder mit anderen Teilen der Erdoberfläche, wird es in feinster Zerstäubung in die Atmosphäre geschleudert und dort mit den Windströmungen mitgeführt. Wo der Staub dann allmählich auf die Erde herunterfällt, kann er seine unheimliche Wirkung ausüben."

Angst schafft die Vernichtungsbomben

Der Professor kam dann auf die Schätzungen und Berechnungen amerikanischer Wissenschaftler zu sprechen, bei denen sich ergeben habe, daß zehn große Wasserstoffbomben mit viel Kobalt umkleidet, das Fortbestehen der Menschheit ernstlich gefährden könnten, ganz gleich an welchem Ort der Erde sie geworfen würden. „Dies sind wohl zur Zeit noch Schreckgespenster. Aber die Tatsache besteht, daß die Menschheit heute oder in naher Zukunft wirklich in der Lage ist, sich selbst auszulöschen."

Die Möglichkeit, derartig großer Mengen Kobalt zu gewinnen und zu zerteilen, hänge mit der Wasserstoffbombe zusammen. „Warum entwickelt man die Wasserstoffbombe?" fragte Hahn. „Die Motive sind Angst oder Friedensliebe." Das erste sei die Furcht vor einem Gegner, der in der Lage sei, Wasserstoffbomben ebenfalls herzustellen. Das andere sei der Wille, den Gegner zu hindern, einen Atomkrieg zu entfesseln, unter der Androhung, daß dann der Gegenschlag einsetzen würde."

Professor Hahn erinnerte daran, daß Churchill während des Krieges Hitler gewarnt habe, er werde Gleiches mit Gleichem vergelten. Diese Warnung sei vermutlich der Grund, warum es nicht zum Giftgaskrieg kam.

Verhandlungen sind notwendig

Beschwörend wandte sich der große Wissenschaftler in diesem Zusammenhang an die Regierungen der Welt: „In der Hand der Politiker liegt heute eine ungeheure Verantwortung. Sie müssen unbedingt zu einem friedlichen Zusammenleben der Völker kommen, auch wenn ihre Ideologien grundverschieden sind." Niemand kenne die tödliche Gefahr besser als die Atomwissenschaftler, darum müßten diese an die Großen der Welt appellieren, ihre Probleme am Verhandlungstisch zu lösen.

Professor Hahn ging dann auf die segensreiche Bedeutung ein, die Kobalt in der Hand des Wissenschaftlers, der für den Frieden arbeite, haben könne. Es sei als Ersatz für Kohle und Erdöl die Energiequelle der Zukunft. In der Landwirtschaft könne es das Wachstum der Pflanzen entscheidend günstig beein-

›Hannoversche Presse‹ vom 15. Februar 1955. »Etwa acht Tage später rief mich Dr. Kopf erneut an und fragte mich, ob ich meinen Aufsatztext nicht im Rundfunk verlesen wollte. Ich sagte zu, und schon am nächsten Tag fuhr ein Aufnahmewagen des Nordwestdeutschen Rundfunks vor. Ich ließ mir schriftlich bestätigen, daß im Zusammenhang mit meinem Vortrag keinerlei politische Kommentare gebracht würden.« (›Mein Leben‹) »Weizsäcker fürchtet die Panik der Bevölkerung, ich halte Aufklärung für gut.« (Notizbuch, 12. 2. 1955) »Obwohl man ihm mitteilte, daß solche Gedanken nicht in das Konzept der Regierung paßten, verbreitete er sie, auf das Recht der freien Meinungsäußerung pochend, am 13. Februar 1955.« (Walther Gerlach)[3]

DEN POLYTEKNISKE LÆREANSTALTS
ORGANISK-KEMISKE LABORATORIUM
Telefon PAlæ 7081

KØBENHAVN K. « 7/3 1955.
SØLVGADE 83

1 5.3.55

Herrn Professor, Dr. Otto Hahn,
Max Planck-Gesellschaft zur Förderung der Wissenschaften,
Göttingen.

Lieber Herr Professor Otto Hahn,

Viele Jahre sind verflossen, seitdem wir uns das letzte Mal
trefen, in Luzern 1936 anlässlich der XII. Konferenz der internationalen chemischen Union.

Wenn ich mich heute an Sie wende, ist es um meinen Dank dafür
auszusprechen, dass Sie in in Ihrem Rundfunkgespräch am 14/2,
welches auch hier in Dänemark transmittiert wurde, auf die
verhängnisvollen Wirkungen der Atombombe und der Atombomben-
versuche aufmerksam machten. Wenn ein Forscher mit Ihrem hohen
Autorität solche Warnungen ausspricht, wird es gewiss den
verantwortlichen Kreisen beeinflussen.

Ich werde demnächst in dänisch eine populäre Piece über Atomenergie, die friedlichen und die kriegsmässigen Verwendungen
derselben veröffentlichen. Es wäre für mich eine sehr grosse
Ehre und für die Wirkung der Piece einen sehr grossen Gewinn,
wenn ich durch einige Zeilen von Ihnen den überaus grossen
Ernst der jetzigen Situation unterstreichen könnte.

Mit den freundschaftlichsten Grüssen bin ich

Ihr hochachtungsvoll ergebener

Stig Veibel

Professor, Dr. Stig Veibel.

Brief von Stig Veibel an Hahn, 7. März 1955. »*Starke Reaktionen auf den Rundfunkvortrag, der auch in Dänemark, Norwegen und Österreich gleichzeitig gesendet wurde. Für die britische BBC wird Übersetzung gemacht.*« (Notizbuch, 14. 2. 1955)
»*Die kommenden Wochen zeigten, daß meine Ausführungen große Beachtung gefunden hatten. Von allen Seiten bekam ich Briefe . . .*«
(›Mein Leben‹) »Die internationale Verehrung und Bewunderung Hahns in weiten Kreisen der Bevölkerung waren endgültig fest gegründet. Nur noch selten hörte man – leider auch noch heute – die Phantasien über seine Hilfe bei der Atombombenentwicklung, welche er in vielen Zeitschriften richtigstellte . . . Ihm verdanken wir es in erster Linie, daß der Begriff der ›Verantwortung des Naturwissenschaftlers‹ eine zentrale Bedeutung erhielt, zugleich aber auch die Warnung vor einer irrealen Auslegung dieses Begriffes, vor dem Übersehen ihrer Grenzen.« (Walther Gerlach)[3]

Otto Grotewohl (1894-1964). »*Die deutlichste Zustimmung kam von linksgerichteten Stellen.*« (›Mein Leben‹) »Einmal mehr haben Sie den Mut bewiesen, den alle Wissenschaftler auf der Höhe ihrer Mission zeigen sollten. Es scheint mir, daß wir jetzt in wichtigen Punkten übereinstimmen.« (Fédéric Joliot-Curie an Hahn, 2. 3. 1955) »*Sogar der damalige Ministerpräsident der Ostzone, Otto Grotewohl, bezog sich in einem seiner ›Friedensappelle‹ auf meine Worte.*« (›Mein Leben‹) »Professor Otto Hahn erfüllte eine echte innere Verpflichtung als Mensch und Wissenschaftler, als er am 13. Februar in einem Rundfunkvortrag die Menschheit vor der Anwendung der Atomwaffe warnte und sie gleichzeitig auf die segensreichen Möglichkeiten zur friedlichen Ausnutzung der Atomenergie hinwies.« (Otto Grotewohl)[61]

Hahn dankt dem Grafen Bernadotte nach der Verlesung der »Mainauer Kundgebung«, 15. Juli 1955 (links: Stanley [USA], Ruzicka [Schweiz], rechts: von Hevesy [Schweden]).

»Um die Wirkung meines Appells nicht verpuffen zu lassen, schlug ich einigen meiner Kollegen vor, einen Aufruf der Teilnehmer an der Lindauer Nobelpreisträgertagung vorzubereiten, der ein noch größeres Gewicht haben würde. Heisenberg, von Weizsäcker und Max Born stellten Entwürfe zur Verfügung, die wir aufeinander abstimmten . . . Mit dem Grafen Bernadotte einigte ich mich über die Einzelheiten unseres weiteren Vorgehens und stimmte seiner Bitte zu, unseren Appell nicht ›Lindauer‹, sondern ›Mainauer Erklärung‹ zu nennen.« (›Mein Leben‹) »Nachmittags noch längere Besprechungen mit den anwesenden 16 Nobelpreisträgern. Schließlich gibt auch Lipmann nach.« (Notizbuch, 11. 7. 1955)

»Alle anwesenden 16 Nobelpreisträger unterzeichneten unsere Erklärung, so daß sie am 15. Juli durch den Grafen Bernadotte verlesen und der Presse übergeben werden konnte.« (›Mein Leben‹)

»Tief beeindruckt vernahmen die jungen Zuhörer, die einmal das Erbe antreten sollten, den Appell der berühmten Forscher an das Gewissen der Welt. Es war gleichzeitig eine Demonstration der Einheit der drei ineinandergreifenden Fachbereiche und der Einigkeit ihrer Gelehrten, die Forschung für Frieden und Wohlergehen der Menschheit zu betreiben.« (Alexander Dées de Sterio)[62]

Mainauer Kundgebung

Wir, die Unterzeichneten, sind Naturforscher aus verschiedenen
Ländern, verschiedener Rasse, verschiedenen Glaubens, verschiedener politischer Überzeugung. Äusserlich verbindet uns nur
der Nobelpreis, den wir haben entgegennehmen dürfen.

Mit Freuden haben wir unser Leben in den Dienst der Wissenschaft gestellt. Sie ist, so glauben wir, ein Weg zu einem
glücklicheren Leben der Menschen. Wir sehen mit Entsetzen,
dass eben diese Wissenschaft der Menschheit Mittel in die
Hand gibt, sich selbst zu zerstören.

Voller kriegerischer Einsatz der heute möglichen Waffen kann
die Erde so sehr radioaktiv verseuchen, dass ganze Völker
vernichtet würden. Dieser Tod kann die Neutralen ebenso
treffen wie die Kriegführenden.

Wenn ein Krieg zwischen den Grossmächten entstünde, wer
könnte garantieren, dass er sich nicht zu einem solchen
tödlichen Kampf entwickelte? So ruft eine Nation, die sich
auf einen totalen Krieg einlässt, ihren eigenen Untergang
herbei und gefährdet die ganze Welt.

Wir leugnen nicht, dass vielleicht heute der Friede gerade
durch die Furcht vor diesen tödlichen Waffen aufrechterhalten
wird. Trotzdem halten wir es für eine Selbsttäuschung, wenn
Regierungen glauben sollten, sie könnten auf lange Zeit gerade durch die Angst vor diesen Waffen den Krieg vermeiden.
Angst und Spannung haben so oft Krieg erzeugt. Ebenso scheint
es uns eine Selbsttäuschung, zu glauben, kleinere Konflikte
könnten weiterhin stets durch die traditionellen Waffen entschieden werden. In äusserster Gefahr wird keine Nation sich
den Gebrauch irgendeiner Waffe versagen, die die wissenschaft-

**Die von Hahn angeregte »Mainauer Kundgebung der Nobelpreisträger«
vom 15. Juli 1955.** »Die letzten Sätze eines leidenschaftlichen Appells an
das Gewissen der Mächtigen waren eine Warnung, das Manifest selbst
ein Bekenntnis höchsten Grades zum Weltfrieden, zugleich auch Protest gegen den Mißbrauch naturwissenschaftlichen Fortschritts. Es sollte
in jedem Arbeitszimmer der Politiker und in jeder Schulklasse seinen
Platz haben.« (Alexander Dées de Sterio)[62]
*»Die Auslagen der Korrespondenz mit allen lebenden Preisträgern, die
wir ebenfalls zur Unterschrift aufforderten, deckte ich zunächst aus ei-*

liche Technik erzeugen kann.

Alle Nationen müssen zu der Entscheidung kommen, freiwillig auf die Gewalt als letztes Mittel der Politik zu verzichten. Sind sie dazu nicht bereit, so werden sie aufhören, zu existieren.

Mainau/Bodensee, 15. Juli 1955

Kurt ALDER, Köln

Richard KUHN, Heidelberg

Max BORN, Bad Pyrmont

Fritz LIPMANN, Boston

Adolf BUTENANDT, Tübingen

H. J. MÜLLER, Bloomington

gez. Arthur H. COMPTON
Arthur H. COMPTON, Saint Louis

Paul Hermann MÜLLER, Basel

Gerhard DOMAGK, Wuppertal

Leopold RUZICKA, Zürich

H.K. von EULER-CHELPIN, Stockholm

Frederick SODDY, Brighton

Otto HAHN, Göttingen

W. M. STANLEY, Berkeley

Werner HEISENBERG, Göttingen

Hermann STAUDINGER, Freiburg

Georg v. HEVESY, Stockholm

gez. Hideki YUKAWA
Hideki YUKAWA, Kyoto

nem persönlichen Verfügungsfonds. Ein Jahr später waren 51 Unterschriften beisammen.« (›Mein Leben‹)

»Das Echo auf das Manifest der Achtzehn, der um das Fortbestehen der Welt Besorgten, war überwältigend. Es wurde in alle Sprachen übersetzt, es erschien in den Zeitungen aller fünf Kontinente, und es brachte dem Kuratorium eine Flut von Glückwünschen, Zuschriften, ja weiteren Resolutionen. Geschwiegen haben nur die Verantwortlichen.« (Alexander Dées de Sterio)[62]

Unter Führung von Otto Hahn

Die deutsche Delegation zur Atomkonferenz

Bonn, 26. Juli (PPP). Die deutsche Delegation für die am 8. August in Genf beginnende Internationale Atomkonferenz wird von dem Atomphysiker und Nobelpreisträger Professor Dr. Otto Hahn geleitet werden.

Weitere offizielle Delegationsmitglieder sind Professor Dr. Heisenberg, der neue deutsche Botschafter in Brüssel, Professor Dr. Ophüls, Ministerialdirigent Dr. Hinsch vom Bundeswirtschaftsministerium und Professor Dr. Winnacker von den Höchster Farbwerken als Vertreter der Industrie.

Die Delegation wird von einem Sachverständigenstab aus Wissenschaft und Wirtschaft sowie von Ministerialbeamten begleitet werden. Außerdem wird die „Interparlamentarische Arbeitsgemeinschaft für naturgemäße Wirtschaft" je einen Vertreter der Bundestagsfraktionen nach Genf entsenden: Geiger (Union), Ruhnke (Sozialdemokratische Partei), Dr. Drechsel (Freie Demokratische Partei), Elsner (Gesamtdeutscher Block/BHE) und Schild (Deutsche Partei).

›Frankfurter Allgemeine Zeitung‹ vom 27. Juli 1955. »Unterredung mit Heisenberg: mein Vorschlag, doch nach Genf zu gehen. Da er ablehnt, schlage ich Brentano Gentner als Mitglied der Delegation vor.« (Notizbuch, 27. 7. 1955)

Hahn und Wolfgang Gentner. Am 8. August 1955 wurde die erste UN-Konferenz ›Atome für den Frieden‹ in Anwesenheit der Abordnungen aus 73 Nationen eröffnet. *»Auf dem in Genf abgehaltenen internationalen Kongreß für die friedliche Verwendung der Atomenergie traten die Atomforscher der ganzen Welt zum offenen Gedankenaustausch zusammen. Forschungsergebnisse, die vorher den Stempel ›top-secret‹ erhalten hatten, wurden freimütig der Öffentlichkeit der Welt mitgeteilt. Der Eiserne Vorhang zwischen West und Ost war für diese Aussprache hochgezogen.«* (›Erlebnisse‹) »Es war denkbar bescheiden, was die deutsche Delegation an praktischer Erfahrung zum Sachgebiet der Konferenz in den Händen hielt. Indessen saß mitten unter den Teilnehmern jener Mann, der gerade in bezug auf das Motto der Konferenz ›Atoms for peace‹ im Jahre 1938 den ersten, den entscheidenden Schritt getan hatte: Otto Hahn. Er war gewiß der allerletzte, dem nach der Uranspaltung auch nur ein Gedanke gekommen wäre, diese neue, noch weithin unübersehbare Kraft kriegerisch zu nutzen. [. . .] Mit seinem Humor und seiner großen menschlichen Sicherheit gewann Otto Hahn auf der Genfer Konferenz schnell an Terrain, was uns übrigen Mitgliedern der deutschen Delegation sehr zugute kam. Wir gingen sogar zu dem offiziellen sowjetischen Empfang, auf dem wir uns ebenfalls im wissenschaftlichen Ruhm Hahns sonnen konnten. Dieser Besuch fand allerdings gegen den Widerstand des Repräsentanten des Auswärtigen Amtes statt, denn die Bundesrepublik unterhielt mit Moskau noch keine diplomatischen Beziehungen.« (Karl Winnacker)[63]

Die Goldmedaille des Otto-Hahn-Preises, gestaltet von Eberhard Luttner in München. Der »Otto-Hahn-Preis für Chemie und Physik«, 1955 auf Anregung der GdCh vom Deutschen Zentralausschuß für Chemie und dem Verband Deutscher Physikalischer Gesellschaften gestiftet, wird »an deutsche Persönlichkeiten verliehen, die sich einmalige Verdienste um die Entwicklung der Chemie und Physik in der reinen und angewandten Forschung erworben haben«. Als Auszeichnung von besonders hohem Rang wird er nicht jährlich, sondern in der Regel im Abstand von mehreren Jahren verliehen und ist mit einem Geldbetrag von 50 000 DM ausgestattet (früher 25 000 DM). Erste Preisträger waren 1955 Lise Meitner und Heinrich Wieland; 1959 Hans Meerwein, 1962 Manfred Eigen, 1965 Erich Hückel, 1967 Georg Wittig, 1974 Friedrich Hund, 1979 Rolf Huisgen, 1986 Heinz Maier-Leibnitz.

Furcht ist keine Friedensgarantie

Prof. Hahn vor der Reformierten Gemeinde

-z. Die Furcht der Menschheit vor einem Krieg mit Atom- und Wasserstoffbomben sei letztlich doch keine Friedensgarantie, sagte der Nobelpreisträger Professor Dr. Otto Hahn am Dienstag in einem Vortrag in Frankfurt. Es könne nicht gesagt werden, wie lange allein die Abschreckung den Frieden erhalten könne. Die Genfer Atomkonferenz habe jedoch die Hoffnung geweckt, daß durch die Annäherung der Wissenschaftler beider Weltblöcke und den Austausch von Informationen über die Atomspaltung ein Atomkrieg verhindert werden könne.

›Frankfurter Allgemeine Zeitung‹ vom 14. September 1955.

Urlaub in Garmisch, 15. August bis 11. September 1955.

»Über Gamshütte gegen Gschwandnerbauer. Gehe zu früh links und fast eine Stunde lang praktisch ohne Weg bergauf, bis schließlich auf den Pfad, der mich zum Wank-Anstieg führt. Sehr anstrengend, so lange kein Weg! Auf den Wank insg. 3 Std. 50 Min. gebraucht. Zurück nach Gamshütte: 1 St. 10 Min. Insgesamt bis Partenkirchen: 5½ St. (Auch der Weg zur Gamshütte kommt mir steiler vor, als früher. Das Herz setzt aber nicht aus, weil ich nie zu schnell gehe).« (Notizbuch, 3. 9. 1955)

Mit Glenn T. Seaborg in Berkeley, Nov. 1955. »*In mündlichen Gesprä-chen in Genf hatte ich abgelehnt, noch einmal nach USA zu fahren, weil dort mit Presse, Rundfunk und Fernsehen zu viel ›Gedöhns‹ mit einem gemacht wird. Darauf kam die Einladung mit dem Versprechen ›ohne Gedöhns‹.*« (Brief an Heiner Hahn, 19. 10. 1955) Hahn und sein Sohn Hanno verbrachten auf Einladung der Ford-Stiftung fast fünf Wochen in den USA.

»*9. November: Flug nach San Francisco. Abgeholt von Seaborg. Wohnung im Pacific Union Club.*« (Notizbuch) »It has been given to very few men to make contributions to science and to humanity of the magnitude of those made by Otto Hahn. [. . .] I believe that it is fair to refer to Otto Hahn as the father of radiochemistry and of its more recent offspring, nuclear chemistry . . . For his special genius the world of science will be forever grateful.« (Glenn T. Seaborg)[22]

Mit Ernest O. Lawrence (1901-1958) in Monterey. »Sie müssen sich zu den glücklichsten jungen Menschen zählen, einen solchen Vater zu haben – was für ein Mann!« (Ernest O. Lawrence an Hanno Hahn, 6. 1. 1956)

Das Betatron im Radiation Laboratory der Universität von Kalifornien in Berkeley. »10. November: Ich werde abgeholt nach Berkeley ins Radiation Laboratory zu Seaborg. Er zeigt mir 35 mg Cu 244! Hat ½ g künstl. hohe Elemente. Ich treffe Ghiorso, Segré, Hildebrand, Pitzer, Roloffsen, Helmholtz, Templeton. Abends bei Seaborg mit Cunningham und Frau, Templeton und Frau.« (Notizbuch) »11. November: Nach Tisch abgeholt nach Berkeley: Cyclotron, wo Pu, Np gemacht werden. Hamilton, Cunningham, Ghiorso etc. Ultramikrochemie etc. Abends bei McMillan und Frau mit Thornton und Frau.« (Notizbuch) »15. November: Nachmittags wieder Rad. Lab. Mit Segré beim Antiproton, dann mein 2. Vortrag ›Fission‹. Danach Element 100 und 101 mit Ghiorso etc. Später zuhause (in unserem Club, sehr vornehm, mit pompejan. Schwimmbad im Keller).« (Notizbuch) »18. November: Abgeholt zu Cooksey: großes Cyclotron (im Bau), Van-de-Graaff mit Linearaccelerator, Chemietrennraum, neuer Linearbeschleuniger für Na etc. Ionen. Dann bei Goldschmidts. Zum Abendessen bei Stanleys.« (Notizbuch) »19. November: Letzter Abend in San Francisco. Ziemlich anstrengend, aber in jeder Beziehung großartig; besonders das Radiation Lab. und die californische Landschaft.« (Notizbuch)

»Ein Besuch der Columbia University in New York und des National Laboratory in Brookhaven, mit Professor Goudsmit als Führer, gab mir noch einen weiteren Einblick in die großartige Entwicklung der amerikanischen Atomforschung. Möge sie – das hoffen wir immer wieder – dem Segen und nicht dem Untergang der Menschheit dienen.« (›A visit in Palm Springs‹)[64]

12. Juni 1956

dem herrn praesidenten des deutschen bundestages in bonn
erlaubt sich der praesident der max-planck-gesellschaft folgenden
beschluss ihres senates zu uebermitteln:

der senat der max-planck-gesellschaft hat mit hoher befriedigung
davon kenntnis genommen, dass im deutschen bundestag die lage
der wissenschaftlichen forschung in deutschland mit so grossem
verstaendnis fuer deren beduerfnisse besprochen worden ist.

ohne die zuwendung der laendergemeinschaft haette die max-
planck-gesellschaft den kreis ihrer aufgaben nicht zu bewaeltigen
vermocht. der umkreis dieser aufgaben ist jedoch durch die
notwendigkeit, den anschluss an den stand der wissenschaftlichen
forschung in anderen laendern zu finden, noch erheblich
gewachsen.

der sènat wuerde es darum dankbar begruessen, wenn der max-
planck-gesellschaft durch zuwendung auch von bundesmitteln ueber
den rahmen des koenigsteiner abkommens hinaus die moeglichkeit
gegeben wuerde, ihre aufgaben in einem weiteren umfange als
bisher moeglich war, zu erfuellen. zweckbestimmung waere
insbesondere

die pflege der auslandsbeziehungen
die betreuung wissenschaftlicher nachwuchskraefte und
die finanzierung besonderer wissenschaftlicher aufgaben
und zwecke.

otto hahn

Fernschreiben von Hahn an Bundestagspräsident Eugen Gerstenmaier, 12. Juni 1956. »*Ich habe den Eindruck, daß unsere Herren Kultusminister sich noch mehr gegenüber den Herren Finanzministern durchsetzen müßten. Wir geben in den nächsten Jahren Milliarden für die Rüstung aus. Sollte es nicht möglich sein, wenigstens einige hundert Millionen für Forschung, Wissenschaft und Schulen aufzubringen?*« (Manuskript zum 12. Juni 1956)

Hahn (mit Präsidentenkette der MPG) und Heuss auf der Hauptversammlung der Max-Planck-Gesellschaft in Stuttgart, 11. bis 14. Juni 1956. »Wir sind alle froh und dankbar, daß es ihn gibt, so, wie er ist, so, wie er waltet. Ich befinde mich, glaube ich, in einer schönen demokratischen Solidarität mit der vermuteten Mehrheit der Anwesenden, wenn ich gestehe: von dem Actinium, dem Thorium und dem Uran Z – siehe Brockhaus – verstehe ich nichts. Aber ich glaube etwas zu verstehen von dem Menschentum dieses Mannes. [. . .]

Hier ist nun nicht die Stunde für männliche Liebeserklärungen, aber, vom Vaterland aus ihm zu danken, für seine menschliche Haltung, für seine immer bereite, helfende Willigkeit, für dieses seltsame Ineinander von forscherlich-systematischer Denkenergie und kindhaftem Staunen-Können. Er hat durch seine Wissenschaft, das moderne Weltbild und eine Erdzukunft zu verwandeln, wesenhaft beigetragen. Aber er ist dabei gar nicht ›modern‹, in manchen Zügen schier altmodisch. Und deshalb scheue ich mich nicht, indem ich ihm danke und huldige, auch ein recht altmodisches Wort zu gebrauchen, das im Vokabular der öffentlichen und vielleicht auch der wissenschaftlichen Diskussion in der Gefahr des Frierens steht: Er ist ein reiner Mensch, und das ist, scheint mir, für die Öffentlichkeit, ist für die Wissenschaft, ist für die Wissenschaftspolitik, nichts Geringes.« (Theodor Heuss)[65]

Jawaharlal Nehru (1889-1964). »*13. Juli: Ab nach Bonn. Abends 21.30 große Frackeinladung Adenauer für Nehru, alle Diplomaten und Frauen. Von Conant bis Sorin. Ich lerne Nehru kennen: ernster Mann, kein Pathos. Sehr schöne Tochter Indira Gandhi.*« (Notizbuch) »*14. Juli: 13 Uhr: Mittagessen bei Heuss, kleinerer Kreis. Als Diplomaten nur die vom Commonwealth. Schöne Rede von Heuss, schöne und ernste Rede von Nehru in Englisch, die gleich vorzüglich übersetzt wird. Ich übersiedle auf den Petersberg. Dort noch Vortrag von Nehru in geschl. Gesellschaft für Ausw. Politik: sehr eindrucksvoll. Wahrscheinlich nichts für die deutschen Scharfmacher.*« (Notizbuch)

Das griechische Königspaar zusammen mit dem Bundespräsidenten Heuss, Schloß Brühl, September 1956. »Ich danke Ihnen sehr für Ihre Information über das Antineutron. Es ist äußerst freundlich von Ihnen, daß Sie sich die Mühe gemacht haben, mir diese Dinge mitzuteilen, wenn man bedenkt, was für ein stark beschäftigter Mann Sie sind. Ihre Erklärung ist sehr klar, aber, meine Güte, es muß wirklich viel Energie in Anspruch nehmen, um etwas so Kleines zu schaffen und es sich dann anders herum drehen zu lassen. Es tut mir so leid, daß ich Sie mit meinen Fragen belästige, aber Sie werden verstehen, daß man in meiner Position sehr selten den Großen dieser Erde begegnet, und deshalb nehme ich die Gelegenheit wahr, meinen Wissensdurst noch zu steigern, auch wenn dies anläßlich einer offiziellen Abendgesellschaft geschieht, wo man über andere Dinge sprechen sollte. Ich habe mich sehr gefreut, Sie kennengelernt zu haben und hoffe, daß wir uns bald wieder treffen . . . Es wäre ganz wunderbar, wenn entweder Sie uns privat besuchen kämen, oder wir Sie in Göttingen treffen könnten. Um Ihnen zu zeigen, wie sehr mein Mann und ich an den bei Tisch besprochenen Themen interessiert sind, übersende ich Ihnen zwei Reden, die mein Mann gehalten hat . . . Natürlich werden in diesen Reden die grundlegenden Fragen und ihre möglichen Antworten nur berührt, die aufgetaucht sind, nachdem ein so kluger Geist wie der Ihrige der Welt solch erstaunliche Entdeckungen mitgeteilt hat. Mein Mann und ich senden Ihnen unsere besten Grüße und wünschen Ihnen ein sehr frohes Weihnachtsfest.« (Königin Friederike von Griechenland an Hahn, 12. 11. 1956)

Atomkraftwerk Calder Hall, am 17. Oktober 1956 von Königin Elizabeth II. eingeweiht und seiner Bestimmung übergeben. (Links die beiden Kühltürme, rechts das Kraftwerk, im Vordergrund das Umspann-
werk.) »Ich habe den Eindruck, daß sich in den letzten Jahren in der
Öffentlichkeit – in der angelsächsischen wie in der deutschen – eine
allzu kritiklose Einschätzung der Atomenergie und ihrer Bedeutung für
die Lösung der Energieprobleme der Welt, Europas oder Deutschlands
verbreitet hat. [. . .]
Für den weltwirtschaftlichen Teil dieser Analyse fühle ich mich einigermaßen gut ausgerüstet. Ich könnte mir vorstellen, daß es für den Atomphysiker eine gewisse Beruhigung darstellt, wenn der Weltwirtschaftler
zu dem Ergebnis kommt, daß wir uns mit der praktischen Nutzanwen-
dung keineswegs zu überstürzen brauchen.« (Fritz Baade an Hahn,
13. 7. 1957)
Baade, MdB, Ordinarius an der Universität Kiel und Direktor des Instituts für Weltwirtschaft, hatte Hahn seinen Beitrag »Der weltwirtschaftli-
che Rang der Atomenergie« zugeschickt. *»Ich stimme völlig mit Ihnen
darin überein, daß es eine Aufgabe der Wirtschaftler ist, die wissenschaftlichen Bemühungen um die Entwicklung der Kernenergiequellen
aus der Angstvorstellung herauszulösen, die leider allenthalben anzu-
treffen ist, als stünden wir wegen des zu erwartenden Energiemangels
unter einem Zeitdruck. Aus Ihren Darlegungen habe ich endlich einmal
ein klares Bild von der wirklichen Lage bei den ›klassischen‹ Energie-
quellen bekommen. Und ich kann Ihnen bestätigen, daß das – obwohl
ich immer schon der Ansicht war, daß die Überstürzung der Nutzan-
wendung unserer Forschungen verfehlt ist – eine wirkliche Beruhigung
ist.«* (An Fritz Baade, 24. 7. 1957)

Feierstunde anläßlich der Enthüllung der Hahn-Straßmann-Gedenktafel, 17. Dezember 1956, im Otto-Hahn-Bau der Freien Universität Berlin, bis 1944 Kaiser-Wilhelm-Institut für Chemie, wiederaufgebaut 1953. (Hahn und Fritz Straßmann vor der von Professor Richard Scheibe gestalteten Bronzetafel) »Neben der Freude über die heutige Feier empfinden wir aber auch ein Gefühl der Bedrücktheit. Wir stehen ja nicht allein auf dem Boden der neueren Erkenntnisse, um die es hier geht. Wir bauen weiter an dem, was vor uns war, finden dabei etwas Neues, andere fahren fort und finden wiederum etwas Neues. So ist der heutige Stand der modernen Atomkernforschung die Aneinanderreihung vieler Bausteine zu einem großen Gebäude. Wenn man ganz korrekt sein wollte, müßte man ihren Beginn mit den Jahren 1895 und 1896 ansetzen: die Entdeckung der Röntgenstrahlen und der Radioaktivität. Wir hoffen aber von Herzen, daß die Nutzbarmachung der Energie der Atomkerne, die mit dem Nachweis der Zerspaltung des Urans begonnen hat, sich in Zukunft auf friedliche Gebiete beschränken möge, und wir frei davon bleiben, Atomwaffen oder gar Wasserstoffbomben herstellen oder verwenden zu müssen.« (Ansprache)[66]

Franz Josef Strauß. »Nach einer Zeit relativer Ruhe brachte das Jahr 1957 mir und meinen Kollegen harte Auseinandersetzungen mit dem damaligen Bundesverteidigungsminister Franz Josef Strauß. Wir . . . hatten ihn in einem gemeinsamen Brief gebeten, öffentlich zu erklären, daß die Bundesrepublik Atomwaffen weder herzustellen noch zu lagern gedenke. Im Falle seiner Ablehnung wollten wir unseren Brief veröffentlichen. Strauß, sehr aufgebracht über diese ›Zumutung‹, empfing uns am 29. Januar.« (›Mein Leben‹) »Strauß redete anfangs so, als ob wir mit fliegenden Fahnen die ganze europäische Politik verraten wollten.« (Notizbuch, 29. 1. 1957) »Mit scharfen Worten malte er die Schadenfreude aus, die unsere Aktion bei den Sowjets auslösen würde: wir behinderten seine Bemühungen, Deutschland gegenüber der Sowjetunion zu stärken, und der Westen würde für unsere Intervention kein Verständnis aufbringen . . . Die Deutschen könnten den Russen nicht ›mit Pfeil und Bogen‹ gegenüberstehen . . . Wir kamen nun . . . überein, den ursprünglichen Brief nicht zu veröffentlichen, wollten aber offen und frei unsere Meinung äußern, wenn wir gefragt würden. Professor v. Weizsäcker . . . entwarf einen neuen Text, mit dem wir uns an die Öffentlichkeit wenden wollten.« (›Mein Leben‹) »8. April: Mit Weizsäcker über neue Erklärung von Physikern gegen Atomwaffen. Grundgruppe: Weizsäcker, Heisenberg, Born, Gerlach, Hahn.« (Notizbuch)

Beschwörender Appell der deutschen Atomforscher

Keine Atomwaffen in der Bundesrepublik / Entschiedene Ablehnung einer Mitarbeit

EIGENER BERICHT DER FRANKFURTER ALLGEMEINEN ZEITUNG

F. A. Z. Frankfurt, 12. April. Die führenden deutschen Atomwissenschaftler haben uns am Freitagvormittag telefonisch eine Erklärung übermittelt. Darin beschreiben sie die lebensausrottende Wirkung jeder Art von Atomwaffen und empfehlen der Bundesrepublik, auf den Besitz dieser Waffen zu verzichten. Sie seien nicht bereit, an ihrer Herstellung, Erprobung oder ihrem Einsatz mitzuwirken. Der Bundeskanzler bedauerte, daß die Wissenschaftler nicht zuvor mit ihm gesprochen hätten. Er versicherte, daß alles für den Schutz der Bevölkerung getan werde.

Die Erklärung der deutschen Atomforscher hat folgenden Wortlaut:

„Die Pläne einer atomaren Bewaffnung der Bundeswehr erfüllen die unterzeichneten Atomforscher mit tiefer Sorge. Einige von ihnen haben den zuständigen Bundesministerien ihre Bedenken schon vor mehreren Monaten mitgeteilt. Heute ist die Debatte über diese Frage allgemein geworden. Die Unterzeichneten fühlen sich daher verpflichtet, ihrerseits auf einige Tatsachen hinzuweisen, die alle Fachleute wissen, die aber der Öffentlichkeit noch nicht hinreichend bekannt zu sein scheinen.

Erstens: Taktische Atomwaffen haben die zerstörende Wirkung normaler Atombomben. Als ‚taktisch‘ bezeichnet man sie, um auszudrücken, daß sie nicht nur gegen menschliche Siedlungen, sondern auch gegen Truppen im Erdkampf eingesetzt werden sollen. Jede einzelne taktische Atombombe oder -granate hat eine ähnliche Wirkung wie die erste Atombombe, die Hiroschima zerstört hat. Da die taktischen Atomwaffen heute in großer Zahl vorhanden sind, würde ihre zerstörende Wirkung im ganzen sehr viel größer sein. Als ‚klein‘ bezeichnet man diese Bomben nur im Vergleich zur Wirkung der inzwischen entwickelten ‚strategischen‘ Bomben, vor allem der Wasserstoffbomben.

Grenzenlose Wirkung

Zweitens: Für die Entwicklungsmöglichkeit der lebensausrottenden Wirkung der strategischen Atomwaffen ist keine natürliche Grenze bekannt. Heute kann eine taktische Atombombe eine kleinere Stadt zerstören, eine Wasserstoffbombe aber einen Landstrich von der Größe des Ruhrgebiets zeitweilig unbewohnbar machen. Durch Verbreitung von Radioaktivität könnte man mit Wasserstoffbomben die Bevölkerung der Bundesrepublik heute schon ausrotten. Wir kennen keine technische Möglichkeit, große Bevölkerungsmengen vor dieser Gefahr sicher zu schützen.

Wir wissen, wie schwer es ist, aus diesen Tatsachen die politischen Konsequenzen zu ziehen. Uns als Nichtpolitikern wird man die Berechtigung dazu abstreiten wollen. Unsere Tätigkeit, die der Tätigkeit der reinen Wissenschaft und ihrer Anwendung gilt und bei der viele junge Menschen unserem Gebiet zu-

führen, belädt uns aber mit einer Verantwortung für die möglichen Folgen dieser Tätigkeit. Deshalb können wir nicht zu allen politischen Fragen schweigen.

Wir bekennen uns zur Freiheit, wie sie heute die westliche Welt gegen den Kommunismus vertritt. Wir leugnen nicht, daß die gegenseitige Angst vor der Wasserstoffbombe heute einen wesentlichen Beitrag zur Erhaltung des Friedens in der ganzen Welt und der Freiheit in einem Teil der Welt leistet. Wir halten aber diese Art, den Frieden und die Freiheit zu sichern, auf die Dauer für unzuverlässig. Und wir halten die Gefahr im Falle ihres Versagens für tödlich. Wir fühlen keine Kompetenz, konkrete

Vorschläge für die Politik der Großmächte zu machen. Für ein kleines Land wie die Bundesrepublik glauben wir, daß es sich heute noch am besten schützt und den Weltfrieden noch am ehesten fördert, wenn es ausdrücklich und freiwillig auf den Besitz von Atomwaffen jeder Art verzichtet. Jedenfalls wäre keiner der Unterzeichneten bereit, sich an der Herstellung, der Erprobung oder dem Einsatz von Atomwaffen in irgendeiner Weise zu beteiligen.

Gleichzeitig betonen wir, daß es äußerst wichtig ist, die friedliche Verwendung der Atomenergie mit allen Mitteln zu fördern, und wir wollen an dieser Aufgabe wie bisher mitwirken.

Professor Fritz Bopp, Professor Max Born, Professor Rudolf Fleischmann, Professor Walther Gerlach, Professor Otto Hahn, Professor Otto Haxel, Professor Werner Heisenberg, Professor Hans Kopfermann, Professor Max von Laue, Professor Heinz Maier-Leibnitz, Professor Josef Mattauch, Professor Friedrich-Adolf Paneth, Professor Wolfgang Paul, Professor Wolfgang Riezler, Professor Fritz Straßmann, Professor Wilhelm Walcher, Professor Carl-Friedrich von Weizsäcker, Professor Karl Wirtz."

Adenauer: Alles für den Schutz der Bevölkerung

BERICHT UNSERER BONNER REDAKTION

Schw. Bonn, 12. April. Die Äußerung der deutschen Atomphysiker zur Wirkung der Atomwaffen hat die Bundesregierung offensichtlich sehr verstimmt. Der Bundeskanzler gab bereits am Nachmittag bei der Eröffnung der Politischen Akademie der Christlich-Demokratischen Union in Eichholz bei Bonn eine Stellungnahme ab. In der er einleitend bedauerte, daß die Wissenschaftler nicht mit ihm gesprochen hätten, ehe sie ihre Erklärung abgaben. Bei der Bedeutung der Angelegenheit, so sagte der Kanzler, wäre es gut gewesen, wenn sie mit ihm als dem verantwortlichen Leiter der Politik gesprochen hätten, der nach der Verfassung für die Richtlinien der Politik verantwortlich sei.

Der Bundeskanzler wies darauf hin, daß der ihm vorliegende Auszug aus der Erklärung der Physiker vielleicht nicht vollständig sei. Er wolle sich daher zunächst darauf beschränken, folgendes festzustellen:

Wenn die Wissenschaftler die Absicht hätten, sich für eine allgemein kontrollierte atomare Abrüstung in der ganzen Welt und in allen Ländern einzusetzen, dann könne das durchaus den Absichten und Intentionen der Bundesregierung „Ich hoffe, daß das ihre Absicht war." Es scheine ihm, daß die Wissenschaftler doch nicht im Besitz der Ergebnisse von Versuchen in den Vereinigten Staaten zum Schutz von Soldaten und Zivi-

listen vor der Wirkung der furchtbaren Waffen seien. Er hätte ihnen diese Ergebnisse gerne mitgeteilt.

Wenn die Wissenschaftler sagten, ein kleines Land wie die Bundesrepublik schütze sich am besten durch einen ausdrücklichen Verzicht auf den Besitz atomarer Waffen, dann habe das mit wissenschaftlichen Erkenntnissen nichts zu tun. Das sei eine Frage rein außenpolitischer und militärischer Natur. Man müsse aber Kenntnis von den Erkenntnissen haben, die diese Wissenschaftler nicht hätten, weil sie nicht zu ihnen gekommen seien.

Der Bundeskanzler fügte abschließend hinzu, das deutsche Volk könne sicher sein, daß die Bundesregierung und die Koalition alles tun würden, um das deutsche Volk, für das sie verantwortlich seien, vor der Folgen eines Atomkrieges zu schützen.

Bei der Einweihung der Politischen Akademie führte der Bundeskanzler ferner aus. In der Politik könne nur tätig werden, wer über viel Wissen verfüge. Er hoffe, daß die jungen Menschen, die in dieser Akademie ausgebildet würden, dadurch befähigt würden, in der Politik tätig zu sein. Es gebe keine Politik ohne ethische Fundamente. Zu diesen Fundamenten gehöre die Überzeugung, daß die Freiheit der Person das Höchste auf Erden sei und nicht der Staat. (Siehe auch Seite 3.)

›Frankfurter Allgemeine Zeitung‹ vom 13. April 1957. »Nach der Abstimmung mit den in Frage kommenden Kollegen . . . konnten wir unseren Appell zum 12. April an die drei größten deutschen Tageszeitungen weiterleiten.« (›Mein Leben‹) »Ergebnis: schon am frühen Nachmittag ruft mich Strauß an; mehr als eine Stunde ist er sehr böse und schimpft. Ungehobelter Mensch! Wir hätten Gentleman-Agreement gebrochen etc. Ich widerspreche.« (Notizbuch, 12. 4. 1957) »Ich erwiderte, daß uns die Sorge um unsere Zukunft zu diesem Schritt veranlaßt habe, die aufgrund der letzten Meldungen über die atomare Bewaffnung nicht geringer geworden sei.« (›Mein Leben‹)

Scharfe Spannung nach der Göttinger Erklärung

Adenauer wendet sich abermals gegen die Atomforscher / Ollenhauer attackiert den Kanzler

EIGENE BERICHTE DER FRANKFURTER ALLGEMEINEN ZEITUNG

schw. Bonn, 14. April. Die erregende Auseinandersetzung zwischen der Bundesregierung und den achtzehn führenden deutschen Atomwissenschaftlern über eine Ausrüstung der Bundeswehr mit Atomwaffen hat sich am Wochenende durch neue Erklärungen des Bundeskanzlers, des Bundesverteidigungsministers und der Opposition dramatisch zugespitzt. Die Kontroverse droht zum Hauptgegenstand des Wahlkampfes zu werden und eine tiefe Kluft in den politischen Auseinandersetzungen aufzureißen.

Die Bundesregierung, die sich auf ihrer nächsten Sitzung mit dem Appell der Wissenschaftler befassen will, ist entschlossen, aus politischen und militärischen Erwägungen an einer gleichwertigen und daher auch atomaren Ausrüstung der Bundeswehr von 1959 an festzuhalten. Die Opposition ist gewillt, das um jeden Preis zu verhindern.

„Gefährdung meiner Politik"

Der Bundeskanzler sieht eine Gefährdung seiner Politik in dem Satz der Erklärung der Wissenschaftler vom Freitag, in dem es hieß, ein kleines Land wie die Bundesrepublik schütze sich am besten und fördere den Weltfrieden am ehesten, wenn es freiwillig auf Atomwaffen jeder Art verzichte. Auf einem Landesparteitag der Union in Köln sagte der Kanzler am Samstag, in diesem Satz stecke die Auflösung der Atlantikpaktorganisation und die Auflösung des ganzen westlichen Verteidigungssystems gegenüber Sowjetrußland. „Das wird verlangt, und das ist eine Frage für die verantwortlich sind die politische Führung des deutschen Volkes und die politischen

Parteien." Adenauer verwies auf das „Triumphgeschrei" der Presse der Sowjetzone. Er erklärte, daß „niemals einer von den

achtzehn Herren gebeten werden wird", an einer Herstellung von Atomwaffen mitzuwirken. Er stehe ihnen jederzeit zu einer Aussprache über die politische Seite dieser Frage zur Verfügung. Er glaube aber, keiner, der sich mit Politik beschäftige, könne zulassen, daß in dieser Weise Politik getrieben werde.

Die achtzehn Wissenschaftler, fügte Dr. Adenauer hinzu, hätten die Weitlage nicht richtig gesehen. Er würde es verstehen, wenn Atomwissenschaftler, die durch ihre Kenntnisse und ihre Forschungen letzten Endes diese Entwicklung, wenn auch nicht gewollt, ausgelöst haben, die Atomwissenschaftler der ganzen Welt einschließlich der Sowjetunion auffordern würden, keine Forschung für eine Atomwaffenentwicklung zu treiben.

Adenauer erläuterte aufs neue die These der Abschreckung mit Wasserstoffbomben. Eines sei klar: Wir könnten den „Aggressor der Welt" nur dann zurückhalten, wenn bei einer von ihm ausgelösten Aggression der

Gegenschlag ihn selbst vernichten würde. „Ich weiß, das klingt furchtbar, aber es ist realistisch gedacht, und wir die Dinge liegen, müssen wir realistisch denken." Erst wenn die Abrüstungsvorschläge Amerikas von den Russen angenommen würden, werde ein Alpdruck

von der Menschheit weichen. Die Forderung nach einem neutralisierten Deutschland und nach einem Verzicht auf die modernen Waffen sei irreal. „Es ist vollkommen daneben, wenn die Herren sagen: ‚Wir lehnen unsere Mitarbeit ab‘, denn sie sind gar nicht darum gebeten worden."

Ungewöhnlich heftiger Angriff

Kp. Wiesbaden, 14. April. Der sozialdemokratische Parteivorsitzende Ollenhauer hat am Sonntag in Wiesbaden den Bundeskanzler ungewöhnlich scharf angegriffen. Ollenhauer, der auf dem Kongreß seiner Partei für Vertriebene, Flüchtlinge und Kriegssachgeschädigte sprach, sagte in der Erklärung der achtzehn deutschen Atomwissenschaftler, das deutsche Volk könne diese Männer nur beglückwünschen. Die Ansicht des Bundeskanzlers, es wäre gut gewesen, die Wissenschaftler hätten zuvor mit ihm als dem verantwortlichen Leiter der Politik gesprochen, beweise ein nicht mehr zu überbietendes Maß an Arroganz und Ueberheblichkeit. In einer solchen Frage höre die Parteipolitik auf, und ein solcher Mann dürfe nicht an der Spitze des deutschen Volkes bleiben. Adenauers Aeußerungen zeigten aber auch einen Mangel an Respekt vor einer selbständigen Meinung. Damit habe er in einer seltenen Weise seine autoritäre Haltung und Einstellung offenbart. Wörtlich fuhr Ollenhauer fort: „Diese Regierung ist unfähig, dem deutschen Volke eine Politik zu bieten, die dem Volk Sicherheit gibt durch soziale Leistung und soziale Gerechtigkeit." (Siehe auch Seite 3.)

›Frankfurter Allgemeine Zeitung‹ vom 15. April 1957. »*Auch Bundeskanzler Adenauer äußerte sich . . . scharf gegen unsere Erklärung, die wir nicht mit ihm abgestimmt hätten.*« (›Mein Leben‹)

»Die Erklärung der deutschen Gelehrten ist ein ergreifendes Dokument. Jeder ist von Dankbarkeit erfüllt, daß die auf diesem Gebiet erfahrensten Fachleute sich zutiefst der Verantwortung bewußt sind, die der wissenschaftliche Fortschritt, an dem sie mitwirken, mit sich bringt. Der Abgrund, an dessen Rand die Welt steht und an dem sie bislang von einer kompensierenden Gegenseitigkeit der Gefährdung behütet wurde, wird mit nüchternen Worten in seiner ganzen Furchtbarkeit aufgerissen. Die Welt, in der die Namen der Unterzeichneten einen Klang haben, wird zum Nachdenken gezwungen.« (Nikolaus Benckiser. In: Frankfurter Allgemeine Zeitung, 13. 4. 1957)

Adenauer bittet die Atomforscher zu sich

Das Gespräch am Mittwoch in Bonn / Auch Balke und Strauß sollen teilnehmen

F. A. Z. Bonn, 15. April. Mit einer Einladung des Bundeskanzlers nach Bonn an die bekanntesten der Professoren, die die Göttinger Erklärung unterschrieben haben, ist die Auseinandersetzung zwischen der Regierung und den Wissenschaftlern in ein neues Stadium getreten. Die Professoren Hahn und Heisenberg sagten in Göttingen, an eine weitere Erklärung sei nicht gedacht. Professor Fleischmann aus Erlangen, der demgegenüber zunächst eine zweite Stellungnahme der achtzehn Wisenschaftler ankündigte, erklärte später, sie erübrige sich durch das geplante Gespräch mit Dr. Adenauer.

arbeiten wollten. Auf diese Mitarbeit lege das Atomministerium den größten Wert

Ardenne dankt die Göttinger Erklärung

a. e. Berlin, 15. April. Sieben namhafte Atomphysiker Mitteldeutschlands, an ihrer Spitze Professor von Ardenne, haben am vergangenen Sonntag in Dresden die Erklärung der achtzehn Wissenschaftler in der Bundesrepublik begrüßt und in einer in der Zone üblichen politischen Stellungnahme ihre Solidarität im Kampf gegen die „Lagerung von Atomwaffen und die atomare Bewaffnung der Bundeswehr in Westdeutschland" bekundet. In der Dresdner Stellungnahme heißt es, die ostdeutschen Atomphysiker, die ausschließlich mit der friedlichen Anwendung der Atomenergie beschäftigt seien, hätten mit leidenschaftlicher innerer Bewegung von den geschlossenen Aktion der großen westdeutschen Kollegen erfahren und fühlten sich in diesem Augenblick besonders eng mit ihnen verbunden.

Der Leninpreisträger von Ardenne sprach sich bei dieser Gelegenheit in einer von ihm verfaßten „Mahnung" gegen eine Ausrüstung deutscher Armeen — also auch der nationalen Volksarmee der Zone — mit Kernwaffen aus und schlug einen entsprechenden gemeinsamen Schritt der deutschen Wissenschaft vor. Er gab zu bedenken, Atomwaffen auf westdeutschem Gebiet bedeuteten eine un-

Telefonische Einladungen

EIGENE BERICHTE DER FRANKFURTER ALLGEMEINEN ZEITUNG

R. Bonn, 15. April. Der Bundeskanzler hat am Montag die Professoren Hahn, Heisenberg, von Laue, von Weizsäcker und andere Unterzeichner der Erklärung der achtzehn Professoren gegen die atomare Aufrüstung der Bundeswehr zu einer Besprechung nach Bonn auf Mittwoch eingeladen. Dieser Entschluß des Kanzlers wurde so rasch gefaßt, daß die Einladungen telefonisch ergehen mußten. Die Professoren Hahn, von Laue, Gerlach und von Weizsäcker haben die Einladung angenommen.

Von der Regierung sollen die Minister Strauß und Balke teilnehmen. Als militärische Experten für die Nato und die Bundeswehr sind die Generale Speidel und Heusinger für diese Besprechung vorgesehen. Alle achtzehn Unterzeichner der Erklärung konnten, wie ein Regierungssprecher betonte, nicht eingeladen werden, weil sonst nach Ansicht des Kanzlers

der Kreis der Teilnehmer zu groß geworden wäre. Man beschränkt sich deshalb, wie der Sprecher sagte, auf die bekanntesten Atomforscher.

Balke distanziert sich

Bonn, 15. April (dpa). Das Bundesatomministerium hat am Montag in Bonn mitgeteilt, daß Minister Balke an der Formulierung der Stellungnahme des Bundeskanzlers vom Freitag vor der Politischen Akademie der Union in Eichholz nicht beteiligt gewesen sei. Das Ministerium erklärte, daß sich Atomminister Balke zu der Zeit, als die Professoren und der Bundeskanzler ihre Erklärungen abgegeben hätten, in Karlsruhe aufgehalten habe. Balke, der sich zur Zeit in Stuttgart befindet, habe aber den Hinweis der Professoren begrüßt, daß sie künftig an der friedlichen Entwicklung der Atomenergie in der Bundesrepublik mit-

---

›Frankfurter Allgemeine Zeitung‹ vom 16. April 1957. »In der Erkenntnis, daß die Herstellung und Anwendung der Massenvernichtungsmittel durch keinen Zweck gerechtfertigt werden kann, danken wir in Ihrer Person den 18 Atomphysikern für den Dienst, den sie dem deutschen Volk und der Menschheit mit Ihrer Warnung vor der atomaren Bewaffnung deutscher Streitkräfte geleistet haben. Wir sind tief bewegt davon, daß deutsche Gelehrte aus echtem, wissenschaftlichem Ethos und letzter Verantwortung ihre Gewissensbindung über alle anderen Rücksichten gestellt haben.« (Martin Fischer, Heinrich Grüber, Hans Iwand, Hellmuth Gollwitzer, Gustav Heinemann, Martin Niemöller und Heinrich Vogel an Hahn, 15. 4. 1957) »Zahllose Telegramme und Briefe. Adenauer bittet einige von uns Mittwoch-Vorm. ins Palais Schaumburg. Es sind Weizsäcker, Gerlach, Laue, ich. Dazu später noch Riezler. Heisenberg kann sich nicht entschließen, weil er noch labil ist und sich nicht aufregen soll. Auch Weizsäcker und ich raten ihm eher ab als zu.« (Notizbuch, 15. 4. 1957)

»Nach Bonn. Laue, Weizsäcker, Gerlach, ich zur selben Zeit im Stern-Hotel. Besprechen uns, daß wir hart bleiben wollen. Essen dann gemütlich zu Abend und trinken gute Flaschen Wein.« (Notizbuch, 16. 4. 1957)

Auf dem Weg ins Bundeskanzleramt, 17. April 1957. (Von links: Hahn, Gerlach, v. Weizsäcker) »*Um 10 Uhr der Kanzler und 9 Herren, also 10 gegen uns 5. Lange Einführung Adenauers: sehr versöhnlich und überlegt. Aufgeregter und weniger gewandt: Herr Strauß.*« (Notizbuch, 17. 4. 1957)

»Nun wollen wir, sagte Adenauer, die Herren Professoren hören. Als erster sprach Professor Hahn; er faßte noch einmal den im Memorandum dargelegten Standpunkt zusammen. Als nächster erklärte Professor Weizsäcker, das Memorandum sei durch die Erklärung Adenauers über Atomwaffen für die Bundeswehr nötig geworden. ›Als wir dies lasen, sind wir aus der Haut gefahren. Wir sagten uns: jetzt muß etwas geschehen.‹ Auch wäre es falsch zu sagen: Jetzt plötzlich kämen die Physiker mit dieser Erklärung. Man möge doch nachlesen, was sie in den letzten acht Jahren gesprochen und geschrieben haben. Darauf sagte der Bundeskanzler, humanitäre Erklärungen hätten keinen Sinn mehr, sie machten keinen Eindruck. Weizsäcker betonte mit großem Ernst, es sei sinnlos, andere aufzufordern, abzurüsten, wenn man es selbst nicht tue.« (Süddeutsche Zeitung, 18. 4. 1957)

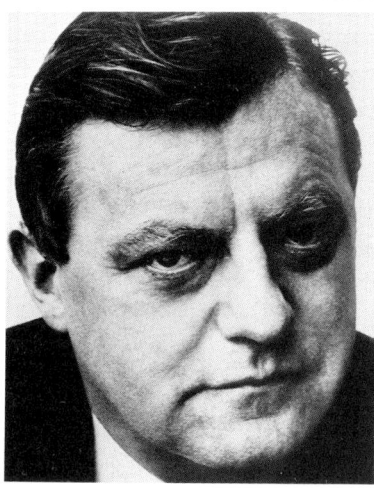

Franz-Josef Strauß. *»In einer Pause hielt mir Minister Strauß im Garten eine Standpauke. Was ich angestellt habe, ersähe man ja wohl aus dem ›Triumphgeschrei‹ der Kommunisten.«* (›Mein Leben‹) »Die meisten Einwürfe waren im Laufe des Vormittags vom Bundesverteidigungsminister gekommen. Strauß forderte, die Physiker sollten erklären, sie wollten mit ihren Kollegen der ganzen Welt Kontakt aufnehmen: 1. um technische Vorschläge für eine internationale Überwachung der Waffenproduktion auszuarbeiten, und 2. um Normen für den allgemeinen Atomschutz (nicht nur gegen Waffen) auszuarbeiten. Diesen Vorschlag des Verteidigungsministers wiesen die Wissenschaftler zurück, vor allem mit dem Hinweis darauf, daß sie ja hofften, einmal solche Kontakte aufnehmen zu können und es dann so aussähe, als handelten sie im Auftrage der Regierung. Adenauer pflichtete diesem Argument bei und sagte: die Herren müssen ganz frei sein. Strauß widersprach heftig und steigerte sich in solche Erregung hinein, daß er bleich wurde und am ganzen Körper zitterte. Der Bundeskanzler versuchte ihn zu beruhigen und wies auf die bevorstehenden Osterferien hin. Strauß verließ als erster das Verhandlungszimmer.« (Süddeutsche Zeitung, 18. 4. 1957) Einige Jahre später bezeichnete Strauß Hahn als einen »alten Trottel, der die Tränen nicht halten und nachts nicht schlafen kann, wenn er an Hiroshima denkt«.[67]

Die endgültige Fassung des Communiqués

„Am Mittwoch fand im Hause des Bundeskanzlers eine Besprechung statt, an der Bundeskanzler Adenauer, Bundesminister Strauß, die Staatssekretäre Hallstein, Rust, Globke, die Generäle Heusinger und Speidel und die Professoren Gerlach, Hahn, von Laue, Riezler und von Weizsäcker teilnahmen. Gegenstand der Besprechung war die weltpolitische und strategische Lage im Atomzeitalter in Verbindung mit der Erklärung der 18 deutschen Atomwissenschaftler vom 12. April 1957.

Die Bundesregierung teilt die Besorgnisse, die in der genannten Erklärung zum Ausdruck kommen. Sie stimmt mit den Motiven und Zielen der Wissenschaftler überein und empfindet volles Verständnis für die Verantwortung, die die Atomwissenschaftler für die Entwicklung in einer Welt der Spannung zwischen Ost und West in sich fühlen.

Der Bundeskanzler und die Wissenschaftler, die an dieser Besprechung teilnahmen, glauben, daß es notwendig ist, mit allen zur Verfügung stehenden Mitteln auf die Regierungen in Ost und West einzuwirken, um zu einem Abkommen über eine allgemeine kontrollierte Abrüstung zu gelangen, die den Menschen auf der ganzen Welt die Furcht vor einem Atomkrieg nehmen könnte. Sie sind sich der furchtbaren Gefahr bewußt, die durch die Entwicklung der Atomwaffe über die Menschheit gebracht würde, und sind gewillt, jeder ehrlichen Anstrengung, diese Gefahr zu bannen, volle Mitarbeit zu gewähren.

In einer eingehenden Aussprache über die politische und strategische Lage, in der sich die Bundesrepublik, Europa und die Welt befinden, wurde klargestellt, daß die Bundesrepublik nach wie vor keine eigenen Atomwaffen produzieren wird und daß die Bundesregierung demgemäß keine Veranlassung hat, an die deutschen Atomwissenschaftler wegen einer Beteiligung an der Entwicklung nuklearer Waffen heranzutreten. Die Bundesregierung wird ihre Anstrengungen darauf richten, bei einem Abkommen zwischen allen Mächten eine generelle atomare Bewaffnung der sich in Ost und West gegenüberstehenden Armeen zu vermeiden.

Die Atomforscher, die an der Besprechung teilgenommen haben, wünschen zum Ausdruck zu bringen, daß es nicht ihr Hauptziel war, nur die Bundesrepublik aus einem allgemeinen Verhängnis herauszuhalten, sondern sie wollten eine Initiative zur Abwehr dieses die Welt bedrohenden Verderbens ergreifen. Sie waren der Meinung, in dem Staate beginnen zu müssen, dessen Bürger sie sind. Der Bundeskanzler sprach den Wunsch aus, in diesen Fragen mit Vertretern der Wissenschaft in Verbindung zu bleiben und sie über die Entwicklung auf den genannten Gebieten sowie über die Entwicklung der internationalen Lage auf dem laufenden zu halten. Die Vertreter der Wissenschaft begrüßten den vom Bundeskanzler ausgesprochenen Wunsch."

Die gemeinsame Presseerklärung, ›Süddeutsche Zeitung‹ vom 18. April 1957. »*Herr v. Eckhardt legte uns den Entwurf einer inzwischen vorbereiteten Erklärung vor, den wir nach einigen Streichungen und Abänderungen akzeptierten . . . Die Erklärung wurde der Presse übergeben. Wir waren mit dem Ergebnis zufrieden – Minister Strauß allerdings weniger –, denn mehr konnten wir nicht erreichen, und unseren Standpunkt hatten wir gehalten.*« (›Mein Leben‹) »Nie zuvor hatten in irgendeinem anderen Lande nahezu alle bedeutenden Kernphysiker so eindringlich gegen den Mißbrauch ihrer Wissenschaft Stellung genommen und die Erkenntnis durch eine feierliche Verpflichtung besiegelt. Es waren alles Persönlichkeiten, deren Wissen um die Gefährlichkeit eines Atomkrieges außer Zweifel steht. An der Spitze aber stand Otto Hahn, dessen moralische Integrität in der Welt unbestritten ist. Mit der schon fast zwanzig Jahre getragenen Gewissensnot war er das geistige Haupt der Achtzehn, während Weizsäcker der Organisator und Sprecher der Gruppe wurde. Ihre Namen und ihr internationales Ansehen als Wissenschaftler machten ihre Warnung zu einem politischen und wissenschaftsethischen Ereignis von besonderer Bedeutung. Es zerriß den über die Bonner Atomrüstung gebreiteten Schleier und löste eine weltweite Protestbewegung aus.« (Winfried Löschburg)[68]

Albert Schweitzer (1875-1965). »Am 23. April appellierte der weltbe-
kannte Arzt und Friedensnobelpreisträger Albert Schweitzer über den
norwegischen Sender und hundertvierzig Rundfunkstationen der Welt
an das Verantwortungsbewußtsein der Staatsmänner, jede weiteren
Atomversuche durch ein internationales Übereinkommen einzustellen.
Er erhebe seine Stimme mit allen anderen, die in diesen Tagen als Mahner in Wort und Schrift aufträten. ›Mein Alter und die Sympathie, die
mir die von mir vertretene Idee der Ehrfurcht vor dem Leben eingetragen
hat, lassen mich erhoffen, daß meine Mahnung mit dazu beitragen
wird, der Einsicht, die not tut, den Weg zu bereiten.‹ Damit hatte sich
einer der Großen unserer Tage ebenfalls für den Appell der Göttinger
Achtzehn ausgesprochen.« (Winfried Löschburg)[68]
»Ich habe es sehr begrüßt, daß Herr Schweitzer mit seiner außerordent-
lichen Autorität den Völkern so klar gemacht hat, welche Möglichkeiten
und Gefahren bestehen, daß er die Welt aufmerksam gemacht hat, daß
man sich zusammensetzen müsse, nicht nur die Amerikaner, sondern
auch die Russen, die Engländer, alle zusammen, damit diese furchtbaren Versuche abgebrochen werden.« (Otto Hahn)[69]

Audienz bei Papst Pius XII. (1876-1958), Rom, 20. Mai 1957. (In der Mitte Hahns Schwiegertochter Ilse) *»Die katholische Kirche hat mich besonders in ihrem Zentrum, in Rom, stark beeindruckt. Als älterer Mensch habe ich mehrere Male den Vatikan besucht.«* (›Mein Leben‹) *»Gestern beim Papst, der vorzüglich Deutsch spricht und einen gütigen, vornehmen Eindruck macht.«* (An Heiner Hahn, 21. 5. 1957)

Hahn, Sommer 1957. »Otto Hahn ist eine Gestalt der Weltgeschichte. Er ist auch eine Schlüsselfigur der gegenwärtigen deutschen Politik. Aber er besitzt keines der Attribute der traditionellen Helden aus den Geschichtsbüchern. Seine feingliedrige, etwas gebeugte Gestalt, die wie gemeißelt wirkenden Gesichtszüge mit der hohen Stirn, der Ausdruck forschender Redlichkeit und kritischer Unantastbarkeit haben etwas unendlich Vornehmes an sich. Diese undefinierbare persönliche Vornehmheit, zusammen mit seinem hohen Alter, seinem großen Ruhm und der Würde seiner Stellung verleihen Otto Hahn ein fast einzigartiges Prestige in Deutschland und verliehen im Frühjahr der Göttinger Erklärung, die seine Unterschrift trug, ihre gewaltige Wirkung auf die deutsche Öffentlichkeit. In den Augen der Deutschen wog die Unterschrift von Otto Hahn wahrscheinlich schwerer als die der übrigen 17 Wissenschaftler zusammen, und zwar nicht nur, weil er der große alte Mann der deutschen Wissenschaft ist, sondern weil seine Entscheidung lebendiger als jede andere einen Akt des Gewissens verkörperte.« (The Observer, London, 9. 6. 1957)

Konrad Adenauer (1876-1967). Brief an Hahn, 9. Juli 1957. *»In Erledigung Ihres liebenswürdigen Schreibens vom 9. Juli schicke ich Ihnen beiliegend die Schlußworte, die ich bei der Hauptversammlung unserer Max-Planck-Gesellschaft am 28. Juni in Lübeck nicht in meiner Eigenschaft als Präsident, sondern als Wissenschaftler gesprochen habe.«* (Hahn an Adenauer, 12. 7. 1957)

»Für Ihr Schreiben vom 12. Juli 1957 danke ich Ihnen sehr. Ihren Gedanken, durch einen internationalen Physikerkongress wirksame Methoden für eine Kontrolle des Atomrüstens in der Welt auszuarbeiten, halte ich für sehr nützlich. Ich würde es begrüßen, wenn Ihre Anregung den erwünschten Widerhall fände und zu Ergebnissen führen würde, die ihre praktische Verwirklichung ermöglichen. Die Wissenschaft würde damit einen wertvollen Beitrag leisten, um die, wie ich hoffe, positiven Ergebnisse der Londoner Abrüstungsgespräche wirksam zu gestalten und damit das Gefühl der Sicherheit in der Welt zu erhöhen.« (Adenauer an Hahn, 19. 7. 1957)

»In diesen kurzen, auf das Nötigste beschränkten Briefen spürt man die gegenseitige Achtung der beiden so verschiedenen Männer.« (Ernst H. Berninger)[15]

Reinhold Schneider (1903-1958) in Wien. »Vor dem Tor, auf dem Minoritenplatz, ruft mich Otto Hahn an, der heute abend im Konzerthaus sprechen will. Seine Bestimmung, seine Persönlichkeit beschäftigen mich immerfort, wie mir ja die Forscher als Regenten der Zeit . . . mehr als die Künstler zu sagen haben vom Menschlichen, vom Schicksal des Geistes, von Geschichte. Ich darf mich auf ihn berufen und werde also heute abend Einlaß finden.« (Reinhold Schneider)[70]

Krieg ist kein Mittel der Politik mehr

Prof. Dr. Otto Hahns Wiener Appell gegen weitere A- und H-Bomben-Experimente

Im überfüllten Konzerthaussaal hauptung als widersinnig, denn seine Entdeckung sei schon Anfang Jänner 193 n der deutschen Zeitschrift „Naturwissenschaften" veröffentlicht worden und damit allgemein zugänglich gewesen. Hahn bezeichnete nach diesem Extempore, nachdem sich das Publikum erneut mit herzlichem Beifall auf seine Seite stellte, als bedeutsamstes Ergebnis der Atomkernspaltung die Umwandlung von Atomenergie in elektrischen Strom und die Gewinnung, bzw. Verwendung der zahlreichen im Atomreaktor gleichsam mitentstehenden künstlich strahlenden Elemente. Als für Deutschland und Österreich besonders interessant bezeichnete der Gelehrte die Anwendungsmöglichkeiten der Radioisotope in Medizin, Technik, Landwirtschaft und Forschung. Welcher Wert in diesen außerordentlich leicht herstellbaren Radioisotopen stecke, erhelle die Tatsache, daß ein Gramm natürliches Radium auch heute noch rund 600 Millionen Schilling, eine Menge „Caesium 137" zum Beispiel, die einem Gramm Radium entspricht, aber nur rund 60 Schilling und Kobalt 60 sogar nur 20 bis 30 Schilling kostet. Der Preis für Kobalt 60 dürfte sich in absehbarer Zeit sogar auf 1.50 Schilling herabdrücken lassen. Dazu kommt, daß der Herstel-

wurde in Anwesenheit zahlreicher Vertreter des öffentlichen Lebens und des in Wien akkreditierten Diplomatischen Korps der deutsche Atomphysiker Prof. Dr. Otto H a h n mit enthusiastischem Beifall begrüßt. „Atomenergie für den Frieden oder für den Krieg?" lautete das The a, welches sich der deutsche No reisträger gestellt hatte. Nach einem kurzen Rückblick auf seine eigenen Leistungen und die seines Mitarbeiters Straßmann, nämlich die Atomspaltung, setzte sich Professor Hahn kurz und elegant mit dem törichten Inhalt eines Flugblattes auseinander, das nicht nur ihm selbst vor dem Vortrag zur Kenntnis gebracht worden war, sondern auch als Flugblatt im Konzerthaus verteilt wurde. Der im Impressum genannte Konrad Windisch, bzw. der „Trommler, Kampfschrift der nationalen Jugend in Österreich" stellte darin die Frage: „War Ihr Verrat von Atomgeheimnissen während des Zweiten Weltkrieges an die Alliierten, der als Folge davon den Amerikanern den Abwurf von Atombomben auf Hiroshima und Nagasaki ermöglichte und die heutige Macht des Bolschewismus begründete, Dienst am Krieg oder am Frieden?" Hahn bezeichnete diese Be-

lung dieser Radioisotope auch rein mengenmäßig praktisch keine Grenzen gesetzt sind.

Mit merklich größerer Bewegung wandte sich Hahn dann der Herstellung von Atom- und Wasserstoffbomben zu, über die sowohl die USA wie Rußland bereits in derartigen Mengen verfügten, daß ihr Einsatz in einem „heißen" Krieg die Vernichtung der Menschheit bedeuten könnte. Das gefährliche sei dabei aber nicht die „lokale" Wirkung der Wasserstoffbomben, sondern vielmehr die Tatsache, daß langlebige radioaktive Stoffe überall auf die Erde niedergehen und im Verlaufe von wenigen Jahrzehnten durch Hervorrufung von Krankheiten, von Veränderungen der Erbmasse und durch Sterilisierung des Menschengeschlecht ausrotten würden.

Wozu aber, fragte Prof. Hahn, werden noch weitere Wasserstoffbomben erzeugt, wenn schon die jetzigen Mengen ihren furchtbaren Zweck voll und ganz erfüllen können? „Möge die Erkenntnis wachsen", schloß Otto Hahn, „daß bei der heute bestehenden Möglichkeit der Zerstörung alles irdischen Lebens ein großer Krieg nicht mehr die ‚Fortsetzung der Politik mit anderen Mitteln' ist."

›Salzburger Nachrichten‹ vom 14. November 1957. »Otto Hahns Vortrag im besetzten Konzerthaus ist der Versuch einer Rechenschaft: Ein Mann, dessen Bestimmung Fragen und Finden ist, gelangte vor Sein und Nichtsein der Welt; die Forschung war nicht darauf vorbereitet, die Verantwortung für Geschichte, ihren Übergang in Geschichte anzunehmen. Forschung kann sich vielleicht in persönlich-ethischem Sinne festigen; ihr geschichtlicher Ort ist eine überraschende Entdeckung und noch kaum erforscht . . . Auch das Genie arbeitet heute im Steinbruch der Macht. Der kühne Versuch eines ringenden Gewissens . . . sittliche Freiheit zu dokumentieren, ist achtunggebietend, ergreifend . . . Die Zuhörer spüren, daß es sich nicht um einen Vortrag handelt, sondern um ein Ereignis. Während sie danken, packt der Redner, über einen Stuhl gebeugt, die Tafeln, die ihm zum Vortrag dienten, sorgfältig in seine Mappe: Macht und Unmacht des Geistes, Macht und Unmacht des Gewissens, und also: Persönlichkeit. « (Reinhold Schneider)[70]

9000 Wissenschaftler warnen

Appell für Versuchsstopp — Hahn und Schweitzer Unterzeichner

New York, 14. Januar (dpa)

9235 Wissenschaftler aus 44 Ländern, darunter den Vereinigten Staaten, der Sowjetunion und der Bundesrepublik, haben in einer gemeinsamen Petition den sofortigen Abschluß eines internationalen Abkommens zur Einstellung der Atomwaffenversuche gefordert.

Sie erklärten: „Wir halten es für eine gebieterische Notwendigkeit, daß eine sofortige Aktion eingeleitet wird, um ein internationales Abkommen über die Einstellung aller Atomwaffenversuche zu erreichen." Jeder Atombombenversuch gefährde die Gesundheit der Menschen und führe durch schädliche Einwirkung auf die menschlichen Keimzellen „zu einer Erhöhung der Zahl mit ernsten Mängeln behafteter Kinder, die in zukünftigen Generationen geboren werden".

Das von den Wissenschaftlern — darunter 36 Trägern des Nobel-Preises — unterzeichnete Dokument wurde UNO-Generalsekretär Hammarskjöld am Montag von dem amerikanischen Nobel-Preisträger Dr. Linus Pauling überreicht. Unter den Unterzeichnern sind 216 sowjetische Wissenschaftler — Mitglieder der Sowjetischen Akademie der Wissenschaften — und 2705 Amerikaner, die eine ähnliche von Pauling entworfene Erklärung unterstützt haben, die dem Präsidenten Eisenhower im Juni vergangenen Jahres überreicht worden war.

Zu den Unterzeichnern gehören ferner 146 Professoren der Naturwissenschaften aus der Bundesrepublik, darunter die Nobel-Preisträger Born, Heisenberg, Hahn, Adler, Butenandt, Kuhn, Windhaus und Domagk. Auch Albert Schweitzer und der britische Philosoph Bertrand Russell unterzeichneten das Dokument. Aus Japan kamen 1141 und aus Italien 174 Unterschriften.

Auf einer Pressekonferenz erklärte Pauling nach Überreichung der Petition, die amerikanischen und sowjetischen Vorschläge bezüglich einer Einstellung der Atomversuche „sind nicht so weit voneinander entfernt, daß ein wirksamer Kompromiß, der allen Menschen zugute käme, nicht erreicht werden könnte". Er habe an Wissenschaftler aller Länder geschrieben und ihnen erklärt, daß sie die Pflicht hätten, ihre Meinung kundzutun. Aber die Wissenschaftler „haben Kenntnis von den entstehenden Gefahren und tragen deshalb eine besondere Verantwortung, diese Gefahren bekanntzumachen".

›Die Welt‹ vom 15. Januar 1958. »In einem Interview mit der Kopenhagener Zeitung ›Politiken‹ äußerte der deutsche Atomphysiker Prof. Hahn die Hoffnung, daß es den 18 Göttingern gelingen werde, jetzt eine breite inernationale Bewegung von Wissenschaftlern zum Kampf gegen das Atomwettrüsten ins Leben zu rufen. Prof. Hahn warnte mit Nachdruck vor den Plänen der USA, in allen westeuropäischen NATO-Ländern Atomraketenstützpunkte zu errichten und die Armeen dieser Länder mit Atomwaffen auszurüsten. Ein ›kleiner Hitler‹ könnte damit die Möglichkeit bekommen, ganz Europa ins Verderben zu stürzen.« (Neues Deutschland, 6. 12. 1957)

Mit Hanns Lilje (1899-1977) während der Tagung der Max-Planck-Gesellschaft, Hannover, 30. Mai 1958. »*Mit Landesbischof Lilje aus Hannover habe ich mich mehrmals freimütig unterhalten können; er hatte für die Schwierigkeiten eines Naturwissenschaftlers in religiösen Fragen volles Verständnis . . . Ich schätze natürlich die christliche Ethik und den positiven Einfluß, der von den Kirchen ausgeht. Auch lernte ich im Laufe meines Lebens viele Persönlichkeiten kennen, die aktiv in der christlichen Arbeit standen und sich in schweren Zeiten unter dem Einsatz ihres Lebens zu Gott bekannten. Diesen Männern, darunter Pfarrer Niemöller und seiner ›Bekennenden Kirche‹, kann ich nur den größten Respekt entgegenbringen. Ich selbst konnte mich zu einem Glauben an einen lebendigen Gott nie durchringen . . .*« (›Mein Leben‹)

HAHN SEES ATOM
SHORN OF TERROR

Pioneer Predicts Hydrogen Fusion Will Serve Peace Without Bomb's Peril

By HARRY GILROY
Special to The New York Times.

HANOVER, Germany, May 30 —Prof. Otto Hahn forecast today that hydrogen fusion reactors would produce all the beneficial results now achieved by uranium fission piles, but without developing any conceivable potentiality for war.

The scientist, who first split the uranium atom nearly twenty years ago, suggested that all uranium reactors might be destroyed in the interest of peace. If hydrogen fusion reactors were developed, "uranium would become superfluous," he said. "It could be sunk in the ocean," he added.

›New York Times‹ vom **31. Mai 1958.** »*Meine eigenen Ansichten über Zukunft der Fusionsreaktoren. Dann Besprechung mit Adenauer: er erklärt seine Meinung über die Weltlage.*« (Notizbuch, 30. 5. 1958)

Mit Frédéric Joliot-Curie auf der Lindauer Nobelpreisträgertagung, Juli 1958. ». . . in Lindau war der freundschaftliche Kontakt sofort wieder hergestellt. Und nicht nur ich, sondern wohl alle Teilnehmer der Tagung, die mit Joliot in nähere Berührung kamen, waren tief beeindruckt von diesem eine innere Güte ausstrahlenden Menschen. In einem schönen, mit vielen Bildern erläuterten Bericht über den Aufbau des unter seiner Leitung stehenden neuen Zentrums der Grundlagenforschung für Kernphysik in Orsay, südlich von Paris, klang aus seinem Lindauer Vortrag noch einmal die Hingabe zu der von ihm mit so großen Entdeckungen vorwärts getriebenen Atomkernforschung für friedliche Zwecke. Fern jeder politischen Polemik hinterließ der Bericht auf alle einen großen Eindruck. In privaten Ausflügen außerhalb des offiziellen Programms in die Umgebung Lindaus haben wir unsere alte Freundschaft erneuert. Wir schieden mit dem Versprechen und der Hoffnung auf ein Wiedersehen. Wir wußten nicht, daß Joliot schon in Lindau vom Tode gezeichnet war. Nicht nur einen berühmten Gelehrten, sondern auch eine Persönlichkeit großer menschlicher Güte haben wir mit ihm verloren. Es ist ein Zeichen wahrer staatsmännischer Gesinnung, daß die französische Regierung das Gedenken an diesen großen Toten, der ihr durch sein politisches Verhalten mancherlei Sorge bereitet hatte, durch ein Staatsbegräbnis geehrt hat.« (Otto Hahn)[26]

SIGNERS of the AGREEMENT

... to call a convention for drafting a world constitution ...

CHIEF EXECUTIVES

LORD CLEMENT ATTLEE, England
Former Premier

EDGAR FAURE, France
Former Premier

JOSE FIGUERES, Costa Rica
Former President

TETSU KATAYAMA, Japan
Former Premier

AYUB KHAN, Pakistan
President of Pakistan

OTILIO ULATE, Costa Rica
Former President

CABINET MEMBERS

K. A. GBEDEMAH, Ghana
Minister of Health

HISATO ICHIMADA, Japan
Former Finance Minister

TOKUTARO KITAMURA, Japan
Former Finance Minister

K. M. MUNSHI, India
Former Cabinet Member

EZEQUIEL PADILLA, Mexico
Former Secretary of State

CHIYO SAKAKIBARA, Japan
Former Vice-Minister of Justice

JUNZO SASAMORI, Japan
Former Minister of State

LORD LEWIS SILKIN, England
Ex-Min. Town, Country Planning

MAURICIO DE MEDEIROS, Brazil
Minister of State

EDUCATORS

HIROMI ARISAWA, Japan
President, Hosei University

TANO JODAI, Japan
President, Japan's Women's University

EASTON MONROE, USA
Exec. Director U.C.L.A.

ARATA OSADA, Japan
Former President Hiroshima U.

HYOE OUCHI, Japan
Former President, Hosei University

EDWARD SPARLING, USA
President Roosevelt College

AUTHORS

KAY BOYLE, USA

ERICH KAHLER, USA

PITIRIM SOROKIN, USA, Sociologist

MARK VAN DOREN, USA

PARLIAMENTARIANS

OVIDIO ABREU, Brazil
Former Minister of Finance

LORD AIREDALE, England

JOKOB ALTMEIR, Germany

GUILLERMO EZQUIERDO ARAYA, Chile

BADARO JUNIOR, Brazil

LORD WILLIAM BEVERIDGE, England

JOSUE DE CASTRO, Brazil

A. CHAKRADHAR, India

MOTI LAL CHAUDHARY, India

DINH-XANG, So. Viet-Nam

JACOB FRANTZ, Brazil
Former Sec. of Agriculture

JOHN FOSTER, England

HEINRICH HAMACHER, Germany

AHMED E. H. JAFFER, Paistan

GERHARD JAHN, Germany

AKIRA KAZAMI, Japan

LORD KENWOOD, England

ICHIRO KIYOSE, Japan
Speaker, House of Representatives

KENZO MATSUMURA, Japan
Leader Liberal Demo. Party

RANIERI MAZZILLI, Brazil
Presidente de Camara dos Deputados

DR. WALTER MENZEL, Germany

NGO-PHOC-HUONG, So. Viet-Nam

HAMILTON NOGUEIRA, Brazil
Former Senator

RAMON OLIVEIRA, Brazil

NELSON OMEGNA, Brazil
Former Minister of Labor

W. J. OWEN, England

I. J. PITMAN, England

N. C. RANGA, India
President, Swantatra Party

M. G. REDDY, India

B. SATYANRAYANA, India

VASCONCELOS TORRES, Brazil
Sua.iuiuj.lul

TOSHIO TANAKA, Japan

TRAN-SANH-BUU, So. Viet-Nam

HENRY USBORNE, England

PATRICK WOLRIGE-GORDON, England

SETSUO YAMADA, Japan, Senator

NOBEL LAUREATES

MAX BORN, Germany, Physics

OTTO HAHN, Germany, Chemistry

LORD BOYD ORR, England, Peace

HERMANN J. MULLER, USA, Medicine

LINUS PAULING, USA, Chemistry

LORD BERTRAND RUSSELL, Sngland, Lit.

ALBERT SZENT-GYORGYI, USA, Med.

HIDEKI YUKAWA, Japan, Physics

MAYORS

SHINZO HAMAI, Hiroshima, Japan

JOSEPH HELLENBROCK, Krefeld, Germany

IRENE DE LIPKOWSKI, Orly, France

TARO NAGAI, Miyajima, Japan

HARVEY STANLEY, Coventry, England

GIZO TAKAYAMA, Kyoto, Japan

E. C. QUAYE, Accra, Ghana

SCIENTISTS

EDWARD U. CONDON, USA, Physicist

DR. JEROME FRANKE, USA, Physicist

ANTOINE LASSAGNE, France
Director of Institute of Radium

JOSEPH ROTBLAT, England, Physicist

BUSINESS MEN

YASABURO SHIMONAKA, Japan, deceased
Former President Heibonsha Publishing Co.

STANLEY SLOTKIN, USA
President, Abbey Rents

Unterzeichner des Abkommens, »eine Versammlung zur Ausarbeitung einer Weltverfassung einzuberufen«, 1958.

Mit Laksmij Pandit in Göttingen, 26. November 1958. »*Vorgestern großer Universitäts-Empfang und Vortrag von Frau Pandit (Schwester von Nehru), mit der ich mich lange unterhalten habe; eine sehr kluge, ruhige Frau mit großer Ausstrahlung – indische Weisheit. Wir wurden oft getypt, wenn ich ein Bild bekomme, schicke ich Euch eins.*« (An Hanno Hahn, 28. 11. 1958)

Mit Julius Raab (1891-1964). Wien, 19. Dezember 1958, anläßlich der Verleihung der Exner-Medaille. »*Um 6 Uhr mit Kanzler Raab im Gewerbeverein. Rede Plass, Sequenz. Danach Essen. Sehr nett. Raab zu mir: Wir san zwoa fesche Buabn! und: wir san zwoa alte Dacker. Raab: Cognac.*« (Notizbuch, 19. 12. 1958)

Hahns 80. Geburtstag, 8. 3. 1959, in Göttingen. (Erste Reihe, von links: Frau Schröder, Bundesinnenminister Schröder, Edith Hahn, Bundespräsident Heuss, Hahn. Zweite Reihe, von links: Hanno Hahn, Dietrich Hahn, Ilse Hahn, Lise Meitner)

»Dein 80. Geburtstag wird Dir Beweise aus der ganzen Welt bringen, daß Du als Mensch und Wissenschaftler die Liebe, Verehrung und Dankbarkeit von mindestens zwei Generationen der Menschen erworben hast und ein sehr schwer erreichbares Vorbild der jüngsten Generation bist.« (Lise Meitner)[71]

»Der 80. Geburtstag war der festlichste, der feierlichste: im schlichten Gemeinschaftsraum der MPG in Göttingen, das Podium ein Meer von Blumen, ›Prominenz‹ und goldene Ketten, Musik und 15 Reden, die höchsten Orden und Ehren . . . – geprägt war das Fest durch unseren unvergessenen Theodor Heuss.« (Walther Gerlach)[57]

Der Kuß des Präsidenten. »*Von 10 bis ½ 1 Uhr 15 Ansprachen, auf die ich alle (bis auf eine vergessenderweise) antworte. Heuss gibt mir Kuß auf die Stirn.*« (Notizbuch, 8. 3. 1959)
»Zu Ihrem achtzigsten Geburtstag, verehrter Herr Kollege Hahn, der ein Festtag der gesamten wissenschaftlichen Welt ist, möchten Ihre engeren Berufskollegen wieder einmal Dank sagen für Ihr Lebenswerk, das ein Beispiel für die Einheit der chemischen Wissenschaft und für die Vielfalt ihrer Wirkung auf andere Forschungsbereiche ist. In den letzten zehn Jahren haben Sie durch Ihre unermüdliche Mitarbeit in Institutionen und Organisationen unserer Wissenschaft der gedanklichen Zersplitterung von Forschung und Lehre entgegengewirkt. Als Präsident der Max-Planck-Gesellschaft, durch Ihr Interesse an den Tagungen unserer Gesellschaft und Ihre Tätigkeit in der Deutschen Atomkommission haben Sie nicht nur der Wissenschaft gedient, sondern das Gefühl menschlicher Zusammengehörigkeit in einer gefährdeten Welt gestärkt. [. . .]
Ihr Festtag gibt aber auch Anlaß zum Nachdenken über eine andere Leistung Ihrer Persönlichkeit. Wir – als Naturwissenschaftler und Techniker, deren Forschen und Handeln Mißdeutungen und menschlichem Fehlen ausgesetzt sind – sind Ihnen zutiefst dafür verpflichtet, daß Sie durch Ihr Leben und Ihr Tun stets der Würde des Menschen und seiner sittlichen Verantwortung den Vorrang vor allen rationalen Erfolgen gegeben haben. Die ›Gesellschaft Deutscher Chemiker‹ verehrt in Ihnen ein Vorbild und wünscht Ihnen noch viele gesunde und glückliche Jahre.« (Adresse zum 8. 3. 1959)

Betrifft: Nominierung von Prof. Hahn, Göttingen, für das Amt
         des Bundespräsidenten

Gesichtspunkte

1. Es steht außer Frage, daß das Amt des Bundespräsidenten durch
die Ereignisse der letzten Monate "abgewertet" wurde. Die zukünftige
Entwicklung muß daher die innen- wie außenpolitische Geltung und
Repräsentanz des Amtes und seine bisherige menschliche und geistige
Substanz ohne Fehl und Tadel unverzüglich wieder herstellen.

2. Die - vor und nach dem Rücktritt des Bundeskanzlers von seiner
Nominierung - in der Diskussion befindlichen Persönlichkeiten stehen
ohne Ausnahme im politischen Leben. Sie sind durch Parteizugehörigkeit
und aktive Stellungnahme zu den Ereignissen zwangsläufig exponiert
und für eine Nominierung "abgewetzt".

3. Während der Amtszeit des zukünftigen Bundespräsidenten wird die
Frage der Wiedervereinigung ihre entscheidende Phase durchlaufen.

Sollte es dazu kommen, daß Bundesrepublik und DDR. sich an ein und
denselben Tisch setzen - womöglich nich in paritätischer Zusammensetzung der Verhandlungsgremien - wird schliesslich das größere
moralische Gewicht auf Seites des Partners sein, der an seiner
Spitze eine Persönlichkeit besitzt, die sich bisher im Kampf der
politischen Meinungen n i c h t exponiert hat und geeignet ist,
b e i d e   T e i l e   Deutschlands "übergeordnet" und "treuhän-
derisch" in ihre Obhut zu nehmen.

4. Der Name des zukünftigen Bundespräsidenten sollte über nationale
und weltanschauliche Grenzen hinweg Anerkennung finden. Der Name
Prof. Hahns bürgt für weltweite Resonanz - er ist verbunden mit
einer neuen Aera menschlichen Fortschritts. Dieser Mann hat Gesicht!

5. Man kann Prof. Hahn nicht als "politische Persönlichkeit" im
eigentlichen Sinne bezeichnen. Die Existenz des Bundespräsidenten
bedarf einer solchen Analyse auch nicht, denn nicht er bestimmt
die Richtlinien der Politik. Seine Existenz jedoch, richtig verstanden, verbürgt alle jene Voraussetzungen, welche für die Zukunft
mit dem Amt des Bundespräsidenten - besonders für das "übernationale"
Anliegen der Wiedervereinigung - verknüpft sein werden.

Es könnte auch jenseits des Eisernen Vorhangs die Meinung populär werden
daß man sich eine Persönlichkeit vom internationalen Ansehen Prof.
Hahns als Präsident eines wiedervereinigten Deutschlands gefallen
lassen kann.

6. Schließlich: Hahn als Nachfolger von Heuß - das ist eine gute
Linie geistiger Repräsentanz, die in allen Bevölkerungsschichten
populär sein wird. Erinnern Sie sich an den Bruderkuss beim letzten
Göttinger Geburtstag! Und würde nicht Prof. Hahn schon altersmässig
ebenfalls eine wirkungsvolle "Konkurrenz" zum Bundeskanzler Adenauer
abgeben? ...

Presse-Vorinformation. *»Das käme sowieso nie in Frage. Zwei Achtziger
in Bonn? Einer reicht schon voll und janz!«* (›Erlebnisse‹)

Mrs. Chaim Weizmann

requests the pleasure of the Company of

Prof. Dr. O. Hahn

at **13:00 p.m. · for lunch**

on **Thursday, December 3, 1959**

Weizmann House

R.S.V.P. *Rehovoth*

Einladungskarte von Frau Weizmann an Otto Hahn. Im Dezember 1959 besuchte Hahn zusammen mit Feodor Lynen, Wolfgang Gentner und seinem Sohn Hanno Israel.

»So wie er nie die Verfolgung der Juden im Dritten Reich vergessen konnte, benutzte er auch die erste Gelegenheit, Beziehungen zum neuen Staate Israel aufzunehmen. Es war seine letzte große Reise, die unvergeßlichen Eindruck auf ihn machte. Der größte Eindruck für Otto Hahn war der herzliche Empfang im Weizmann-Institut und der ungeheure Erfolg der Aufbauarbeiten in diesem Land. Die Witwe des Gründers des Weizmann-Instituts, der auch der erste Präsident dieses neuen Staates gewesen war, gab ein Essen zu Ehren von Otto Hahn, ebenso der Rektor der Universität von Jerusalem.« (Wolfgang Gentner)[72]

»*Besuch im Kernphysikinstitut. Vor allem ›Isotopentrennung‹. Zu Mittag bei Mrs. Weizmann mit Abba Eban und Frau. Gegen 5 Uhr Interview.*« (Notizbuch, 3. 12. 1959) »*Dr. Cohn erzählt mir von sehr gutem Eindruck von uns in Rehovoth bei Frau Weizmann. Sie hatte das eindringlich Dr. Dohrn erzählt.*« (Notizbuch, 6. 1. 1960)

Abba Eban. »*Ich war im Weizmann-Museum, habe den israelischen Atomreaktor gesehen, konnte mich mit zahlreichen leitenden Herren aus Wissenschaft und Politik unterhalten und war zum Abschluß meiner Reise beim damaligen Präsidenten des Weizmann-Instituts, dem derzeitigen Außenminister Abba Eban, zu Gast.*« (›Mein Leben‹)

»Abba Eban, der spätere Außenminister und damalige Präsident des Weizmann-Instituts, gab einen Empfang, bei dem Otto Hahn seinen tief empfundenen Dank für die Einladung in dieses Land des Aufbauwunders ausdrücken konnte. Bei Gesprächen im engeren Kreis wurde damals die Grundlage für den seither so erfolgreichen Austausch junger Wissenschaftler aus Israel und Deutschland gelegt.« (Wolfgang Gentner)[72]

Yigael Yadin. »*Ich lernte auf ausgedehnten Fahrten durch das biblische Land die interessantesten historischen Stätten kennen und konnte mich von den imposanten Aufbauleistungen des jungen Staates überzeugen.*« (›Mein Leben‹)

»*Fahrt zu Aussicht nach Ölberg, Totes Meer-Zipfel. Dann mit Hanno bei Archäologen, Professor, General Yadin. Zurück nach Rehovoth. Tee bei Abba Eban. Interview.*« (Notizbuch, 9. 12. 1959) »*. . . wir bekamen sehr viel gezeigt und haben eigentlich an keiner Stelle irgendwelche unfreundlichen Bemerkungen gehört. Der Eindruck war auf uns alle ein ungewöhnlich großer.*« (An Selmar Spier, November 1961)

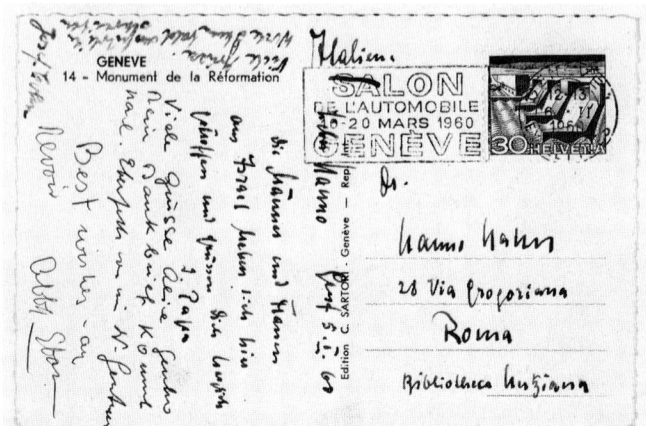

Postkarte an Hanno Hahn; Genf, 5. 1. 1960. Transkription: »*Lieber Hanno. Die Männer und Frauen aus Israel haben sich hier getroffen und
grüßen Dich herzlich, D. Papa* – Viele Grüße Alice Gentner. Mein
Dankbrief kommt nach. – Ebenfalls von mir W. Gentner – Best wishes,
au revoir Abba Eban – Viele Grüße. Werde Ihnen bald ausführlich
schreiben. Josef Cohn.«

»Das Eis war gebrochen. Im Februar 1960 war Dr. Cohn wieder bei
Adenauer und berichtete dem Bundeskanzler über die erfreuliche Ent-
wicklung. Professor Hahn hatte in einem Memorandum vorgeschlagen,
die Bundesregierung möge einen jährlichen Zuschuß von einer Million
DM, vorerst für drei Jahre im voraus, an das Weizmann-Institut leisten.
Adenauer war sofort dafür. ›Ersuchen Sie Professor Hahn, mir das Me-
morandum zu schicken‹, sagte er zu Cohn. Vierzehn Tage später teilte
ein hoher Beamter in Bonn Cohn mit, ›die Sache gehe in Ordnung.‹
[. . .] Wenige Tage nach Adenauers Rückkehr erhielt das Weizmann-
Institut einen Scheck auf drei Millionen Mark.« (Joseph Wechsberg)[73]
1974 wurde Hahn zu Ehren ein Flügel des Weizmann-Instituts »Otto-
Hahn-Wing« benannt.

Lise Meitner, um 1959. »Wenn ich an unsere mehr als 30jährige Zusammenarbeit zurückdenke, so sind – abgesehen von den wissenschaftlichen Erlebnissen – meine stärksten und liebsten Erinnerungen die an Hahns fast unzerstörbare Fröhlichkeit und heitere Gemütsart, seine stete Hilfsbereitschaft und seine Freude an der Musik. Obwohl er kein Instrument spielt, ist er ausgesprochen musikalisch begabt, mit sehr gutem musikalischen Gehör und einem außergewöhnlich guten musikalischen Gedächtnis. Ich erinnere mich, daß er die Themata aller Sätze sämtlicher Beethoven-Symphonien und einige Themen aus Tschaikowsky-Symphonien zu singen oder zu pfeifen pflegte. War er besonders guter Laune, so pfiff er große Teile aus dem Violinkonzert von Beethoven und änderte manchmal absichtlich den Rhythmus des letzten Satzes, nur um über meinen Protest dagegen lachen zu können. Solange wir in der sogenannten Holzwerkstatt bei Emil Fischer arbeiteten, wo wir noch keine Assistenten hatten, sangen wir öfters zweistimmig Brahmslieder, besonders wenn die Arbeit gut ging.« (Lise Meitner)[74]

ALICE HERDAN-ZUCKMAYER

DIE FARM
IN DEN
GRÜNEN BERGEN

*Zur Erinnerung an
den 1. März —
verehrungsvoll*

*Alice Herdan-
Zuckmayer*

FISCHER BÜCHEREI

Alice von Herdan-Zuckmayer. »Wir haben mit Professor Hahn anläßlich des 70. Geburtstages von Heinz Hilpert in Göttingen ein köstliches Fest erlebt, das noch um so schöner wurde, weil es keine Riesentafel, sondern Einzeltische gab, wo wir mit Otto Hahn nur zu viert einen Tisch hatten. Unvergeßlich ist mir, daß er sich ungefähr um drei Uhr nach dem Essen von uns verabschiedete mit den Worten: ›Ich muß ins Geschäft!‹ und das in einem Ton, als ob er Krawatten verkaufen würde.« (Alice Herdan-Zuckmayer)[75]
Widmungsexemplar.

Glückwünsche für Adolf Butenandt. »*Mein lieber Herr Butenandt, Sie gehören seit vielen Jahren unserer Gesellschaft als Institutsdirektor und als Senator an. Ihr allgemein bekanntes Organisationstalent hat sich in vielen Ämtern und Situationen bewährt. So sind in Ihrer Person alle die Eigenschaften vereint, die vom Präsidenten erwartet werden. Ich weiß, daß Sie sich dieses Amtes mit besonderer Liebe, Aufopferung und mit Erfolg annehmen werden. So gebe ich hiermit das Schicksal der Max-Planck-Gesellschaft in Ihre Hände.*« (Weser Kurier, 20. 5. 1960)

»*Am 19. Mai 1960 gab ich auf unserer Hauptversammlung in Bremen die Präsidentschaft der Max-Planck-Gesellschaft an Professor Butenandt ab und verabschiedete mich mit einem kurzen Gruß und einem Festvortrag.*« (›Mein Leben‹)

»Mit dem heutigen Tage haben Sie das Amt des Präsidenten der Max-Planck-Gesellschaft Ihrem Nachfolger übergeben. Sie haben soeben vernommen, daß die Hauptversammlung dem Vorschlag des Senats, Sie zum Ehrenpräsidenten der Max-Planck-Gesellschaft zu ernennen, einstimmig entsprochen hat.« (Petersen und Reusch an Hahn, 18. 5. 1960)

Göttingen
1960-1968:
Die letzten Jahre

Mit Hanno und Ilse Hahn. »*Kaum hatte ich von meiner Amtszeit einigen Abstand gewonnen, als mich der schwerste Schlag traf, den das Schicksal für einen Vater bereithalten kann. Mein Sohn Hanno verlor auf einer Autofahrt durch Frankreich das Leben. In der Nähe von Mars-la-Tour war der Reifen eines Vorderrades geplatzt, so daß sich der Wagen überschlug und Hanno herausgeschleudert wurde. Er war auf der Stelle tot. Meine Schwiegertochter Ilse überlebte den Unfall vom 29. August nur um wenige Tage, dann wurde auch sie von ihren schweren Leiden für immer erlöst. Am 6. September fand die Trauerfeier für meinen Sohn, am 12. September für meine Schwiegertochter in Frankfurt statt.*« (›Mein Leben‹) »Das hat er nie überwunden, nie aber bei anderen Trost gesucht; wie viele Menschen ihn liebten und verehrten, durfte er hier erfahren.« (Walther Gerlach)[3]

Uns aber schwindet eilends
das kurze Licht,
schlafend und ewig eint uns
die große Nacht.

Auf der Rückkehr von einer Studienfahrt nach Südengland und Nordfrankreich ist

Dr. Hanno Hahn, Rom

am 29. August 1960 in Mars-la-Tour durch einen Autounfall tödlich verunglückt.

Seine Frau

Ilse Hahn geb. Pletz

wurde schwer verletzt. Nach einem in bewundernswerter Stärke getragenen Krankenlager folgte sie in Briey am 7. September ihrem Mann in den Tod nach.

Die Einäscherung hat im engsten Familienkreis in Frankfurt a. Main stattgefunden.

Otto Hahn und Frau Edith Hahn,
Göttingen

Arthur Pletz und Frau Margarethe Pletz,
Frankfurt/M.-Berkersheim

Dieter Hahn

September 1960

Die Todesanzeige vom 14. September 1960. »Verehrter lieber Freund, ein paar Tage war ich unterwegs – unter der Briefmasse, die mich erwartete, hat mich nur die Tragik bewegt, die in Ihre Familie eingebrochen ist. Ich kann nicht Worte des ›Trostes‹ suchen, wie das so üblich ist, sondern nur sagen, daß ich im innigsten Mitgefühl in meinem Denken bei Ihrer Gattin und bei Ihnen bin. Eine freundschaftliche Unterhaltung bei Ihrem 80. Geburtstag, die ich mit dem Sohn hatte, schenkte mir ein Gefühl für seinen menschlichen und wissenschaftlichen Rang – aber davon zu reden ist schier abwegig in dem Schmerz, der Sie, Ihre Familie, Ihre Freunde nach dieser so schrecklichen Kunde bewegt und bewegen muß. Ich will nur sagen dürfen, wie sehr, verehrter lieber Freund, ich an Ihrer und Ihrer Gattin Trauer teilnehme. Wie immer Ihr Theodor Heuss.« (Heuss an Hahn, 16. 9. 1960) »*Sehr lieber Brief von Theodor Heuss.*« (Notizbuch, 19. 9. 1960)

Hanno Hahn (1922-1960), der sein Hauptwerk ›Die frühe Kirchenbaukunst der Zisterzienser‹, Berlin 1957, seinem Vater Otto Hahn gewidmet hatte.

»Er hat an Kloster Eberbach Beobachtungen gemacht, die seit 50 Jahren
hätten entdeckt werden müssen.« (Harald Keller)[77]

»Hahn hat durch Verfeinerung der Analyse und neuartige Betrachtungs-
und Darstellungsweisen der Zisterzienserforschung für die romanische
Periode weitgehend neue Wege gewiesen. Für seinen Beruf als Kunsthistoriker, speziell als Bauforscher, war er wie geschaffen; scharfe Beobachtungsgabe und feines Einfühlungsvermögen, künstlerische Intuition
und klares mathematisches Denken, mit anderen Worten ratio und Gefühl hielten sich die Waage. Sein freudiges, erlebnisstarkes Temperament ließ ihn Schönes unmittelbar erfahren; er verstand, sich zu freuen
und von seiner Freude anderen mitzuteilen, Erschautes und Erlebtes
anschaulich zu schildern, Kunstwerke in Wort und Schrift zu beschreiben und zu erklären, er besaß eine ausgeprägte pädagogische Gabe,
sein Blick begeisterte, sein Wort überzeugte. Hahn war frei von geisti-
gem Hochmut, zu jeder Hilfeleistung stets bereit, auch zur bescheiden-

HANNO HAHN

DIE FRÜHE KIRCHENBAUKUNST
DER ZISTERZIENSER

Untersuchungen
zur Baugeschichte von Kloster Eberbach im Rheingau
und ihren europäischen Analogien im 12. Jahrhundert

VERLAG GEBR. MANN · BERLIN 1957

sten, auch zur manuellen. Die kunstgeschichtliche Disziplin verliert mit ihm einen Fachgenossen, der soeben die Schwelle seines endgültigen wissenschaftlichen Lebensraumes hoffnungsfreudig überschritten hatte, der Arbeitskreis der Hertziana einen treuen Kameraden.« (Franz Graf Wolff Metternich)[76]

»Sein jugendfrischer Geist lebt in seinem wissenschaftlichen Vermächtnis, das, wenn auch erst in den Anfängen, so doch durch seine Gediegenheit den Meister verriet und in allen Kreisen Beachtung gefunden hat.« (Ludwig Voelkl)[77]

»Wie viel bedeutete er aber auch für alle, die in der Hertziana arbeiteten; immer war er bereit, die eigenen drängenden Vorhaben zurückzustellen, um die Probleme der anderen – wissenschaftliche und persönliche – zu diskutieren und zurückhaltend seinen klugen Rat zu geben. All dies wäre gewiß nicht möglich gewesen ohne seine Frau. Vielleicht ist es ja für sie selbst ein Glück, daß sie nicht allein zurückblieb; für uns alle, die wir Hanno und Ilse Hahn kannten und liebten, wird dadurch das Unglück noch unendlich unfaßbarer.« (Stephan Waetzoldt)[77]

DAS INTERVIEW

Juristisches und vernünftiges Denken
Gespräch mit Otto Hahn zum Fall Simon

Phys. Bl.: „Durch einen Leserbrief an die Tageszeitung «Welt» hatten Sie in der Ausgabe vom: 17. August 1960 zu dem Urteil Stellung genommen, durch das der ehemalige SS-General Simon freigesprochen wurde, der bei Kriegsschluß Erschießungen in Brettheim wegen der Öffnung einer Panzersperre vornehmen ließ. Welches war der Anlaß zu Ihrem Schreiben an die «Welt»?

Otto Hahn: „Beim Lesen der Leserbriefe in der Zeitung hatte ich mich gefreut, daß wenigstens die Mehrzahl der Einsender ein ähnliches Gefühl der Bestürzung, um nicht zu sagen des Entsetzens, empfunden hat, wie ich es während und nach dem Prozeß empfand."

Phys. Bl.: „Sie sagen, Sie waren entsetzt und bestürzt. Also halten Sie dieses Urteil nicht für richtig."

Otto Hahn: „Ich konnte es nicht verstehen. Daher habe ich ein paar juristisch gebildete Bekannte gefragt. Sie erklärten mir, daß die an dem Prozeß tätigen Juristen sicher geglaubt haben, gerecht und unparteiisch zu handeln, da sie formal wohl keinen anderen Weg wußten. So ist ein Urteil herausgekommen, das einem Juristisch nicht festgelegten Menschen als jedem menschlichen Gefühl widersprechend angesehen werden muß."

Phys. Bl.: „Sie haben wohl selbst eine ganz ähnliche Angelegenheit miterlebt, die aber glücklicherweise nicht so ausging?"

Otto Hahn: „Ja, es war am 24. April 1945. In dem Industriestädtchen Tailfingen in Württemberg sollten gegen die ankommenden Alliierten Panzersperren errichtet und Widerstand geleistet werden. Ein oder zwei Tage vorher war noch unter einem Major oder Oberst eine kleine deutsche Einheit nach Tailfingen gekommen. Sie sollten, oder wollten, Widerstand leisten. Es gelang, sie zu weiterem Rückzug, vom Feind entfernt, zu veranlassen. Aber die Sperren sollten geschlossen werden.

Am 24. April versammelte sich eine größere Anzahl von Menschen, meist Frauen, vor dem Rathaus, um gegen die Sperren laut zu protestieren. Ich erfuhr in meinem Institut davon, und da ich den Bürgermeister von Tailfingen, Herrn Robert Amann, bei einigen Gelegenheiten etwas näher kennengelernt hatte, beschloß ich, zu ihm zu gehen. Er war ein Verehrer von Hitler, aber ein guter Mensch. Ich sagte ihm, er möge doch die Sperren öffnen lassen und nicht versuchen, Widerstand zu organisieren. Er antwortete mir: «Aber der Führer hat doch den Widerstand bis zum Letzten» befohlen. Ich sagte ihm: «Der Führer kann Ihnen jetzt gar nichts mehr sagen. Sie wissen gar nicht, ob er sich nicht ebenfalls, wie so viele, nach Österreich oder sonstwo verzogen hat. Retten Sie Ihre Stadt, dann wird man Sie preisen, oder leisten Sie Widerstand, der doch sinnlos ist, dann wird man Sie verfluchen»."

Phys. Bl.: „Und wie hat der Bürgermeister in diesem Fall reagiert?"

Otto Hahn: „Nach einigem Hin und her wurden die Sperren geöffnet, der Weg freigemacht. Am 25. April 1945 kam dann ein amerikanischer Panzer mit ein paar amerikanischen und britischen Soldaten. Der Stadt passierte nichts. Diese Leute hatten nur Interesse an dem dorthin verlagerten Kaiser-Wilhelm-Institut. Die Gruppe zog am folgenden Tage wieder ab. Nach zwei Tagen kamen die zur Besetzung der Stadt vorgesehenen Franzosen. Wieder fiel kein Schuß."

Phys. Bl.: „Sie haben damals durch Ihr Eingreifen nicht nur Ihr Institut, sondern auch den Ort Tailfingen vor der Zerstörung bewahrt."

Otto Hahn: „Sicher ich nicht allein. Es war ein Sieg der Vernunft. Daß er möglich wurde, war dem glücklichen Umstand zu verdanken, kein militärischer Befehlshaber des Typus Simon zugegen war."

Phys. Bl.: „Ja, General Simon handelte als gut erzogener Soldat, für den die Erfüllung von Befehlen oberstes Gebot ist."

Otto Hahn: „... und der jede Regung menschlichen Gefühls durch die militärische Erziehung zum blinden Gehorsam verloren hat."

Phys. Bl.: „Aber nun zurück zu dem juristischen Fall Simon. Auch das Gericht — und hier liegt die zweite erschreckende Stufe des ganzen Geschehens — hat im gleichen Geist ausschließlich nach formalen Bestimmungen gehandelt."

Otto Hahn: „So ist es! Vernunft wird zum Wahnsinn, wenn Sünden gegen das elementare Naturrecht durch formales Recht gedeckt werden."

Interview von Hahn in den ›Physikalischen Blättern‹ Nr. 17, 1961.

MESSAGE FROM PROF. OTTO HAHN
(FEDERAL REP. OF GERMANY)

As I have often emphasized on official occasions and in my lectures, I consider the manufacturing of A and H bombs a great danger to mankind especially when small countries, one after another, wish to produce them, too. It would be satisfactory if the USA and Britain on one hand and Soviet Union on the other be neutralized by the possession of those bombs. We must reach an agreement through negotiations with these "A-bomb-manufacturing" nations, and even after that I am against any further increasing of A-bombs and support all that is opposed to the expansion of them. I wish a full success to the Japan Council against A and H Bombs.

Hahns Botschaft an den Kongreß des Japan Council Against A and H Bombs, Tokyo, September 1960. *»Zu dem meeting des Japan Council am 1. März sende ich meine herzlichen Grüße. Viele meiner deutschen Kollegen haben volles Verständnis für den Wunsch des japanischen Volkes, von den Wirkungen der Atomwaffenversuche auf Eniwetok befreit zu werden. Deshalb sind auch wir für eine Einstellung der Versuche. Ich wünsche Ihrer Tagung einen vollen Erfolg.«* (Brief an das Japan Council, 29. 1. 1958) *»Da leider unmöglich, persönlich zu erscheinen, wünsche ich der Zusammenkunft des Japan Council Against Atomic and Hydrogen Bombs einen vollen Erfolg.«* (Telegramm an Koshiro Okakura, 10. 2. 1959)

»Otto Hahn hat nach dem Kriege alle Möglichkeiten genutzt, die einem bürgerlichen Wissenschaftler zur Verfügung stehen, um gesellschaftspolitisch aktiv zu werden; nicht zuletzt ausgelöst durch die Atombewaffnungsdebatten der Nachkriegsjahre. Unter vielen Appellen und Aufrufen stand sein Name. Otto Hahn hat als Wissenschaftler eines kapitalistischen Landes eine neue ethisch-moralische Qualität in der Verantwortlichkeit gegenüber der Gesellschaft erreicht.« (Klaus Hoffmann)[78]

Mit Willy Brandt im Schöneberger Rathaus, anläßlich der Hauptversammlung der Max-Planck-Gesellschaft in Berlin, Juni 1961. *»Festver-
sammlung: Lübke, Brandt, viele Minister. Ausgezeichnete Vorträge Butenandt und Kuhn. Ich am Nachmittag im Fritz-Haber-Institut, kurz
auch bei Warburg. Abends Einladung Bürgermeister Brandt: sehr
schön.«* (Notizbuch, 8. 6. 1961) *»Was glaubt Ihr, kann man diesen jungen Mann schon zum Bundeskanzler wählen? Besonders jetzt nach den
ungeheuren Spannungen in Berlin? Er scheint ein so sehr tüchtiger Bürgermeister zu sein und sollte da vorerst bleiben. Da ich Bürgerm. Brandt
kenne, fällt mir die Wahl schwer. Was soll man heute wählen?«* (Brief an
Arthur Pletz, 10. 9. 1961) Am 13. August wurde die Berliner Mauer
gebaut, am 17. September war Bundestagswahl. Hahn wählte SPD/
FDP. *»Sieg der FDP, sodaß die CDU keine absolute Majorität mehr hat!
Hammarskjöld tödlich abgestürzt in Afrika: großes Weltunglück.«*
(Notizbuch, 18. 9. 1961)

Mit Fritz Straßmann vor dem früheren Labortisch, 30. 6. 1962, im Deutschen Museum in München.

»v. Randow: Hahn machte in den letzten Jahren einen überaus bescheidenen Eindruck; nun ist ein Mann, nachdem er Weltruhm erlangt hat, oft nicht mehr der gleiche wie vorher.

Straßmann: Er hatte sich keineswegs verändert. Bescheidenheit und Sinn für Humor waren seine hervorstechenden Charaktereigenschaften.

v. Randow: Hätte der Nobelpreis nicht auch gerechterweise Lise Meitner und Ihnen zugesprochen werden müssen?

Straßmann: Lise Meitner hätte ihn wohl auch bekommen sollen. Ich war eigentlich nur chemischer Mitarbeiter von Hahn und Meitner. Hahn hatte mich darum gebeten, bei den Experimenten mitzuarbeiten, weil analytische Methoden gebraucht wurden, und ich hatte in Hannover eine sehr gute analytische Ausbildung genossen.

v. Randow: Otto Hahn hat außer der Uranspaltung noch eine Reihe anderer Entdeckungen gemacht . . .

Straßmann: . . . darunter sehr wichtige Entdeckungen für die Kernchemie und Physik. Aber mindestens so bedeutsam wie seine wissenschaftlichen Erfolge war seine vorbildliche Haltung, der mutige Einsatz für seine Mitarbeiter, sein Verantwortungsbewußtsein und die Selbstverständlichkeit, mit der er seine Entscheidungen unbeeinflußt vom Willen einer Obrigkeit traf.« (Fritz Straßmann)[35]

Mit Walther Gerlach (1889-1979), Hahns wohl bestem Freund der letzten Jahrzehnte. Garmisch, August 1962.

»Ich habe öfters versucht, in ruhigen Abendstunden oder auf einsamen Wanderungen mit ihm über seine Tätigkeit im Ersten Weltkrieg zu sprechen, besonders im Hinblick auf Hiroshima und auf den die amerikanische Regierung so eindringlich vor einem Bombenabwurf warnenden, seine Folgen so klar voraussehenden Franck-Report (desselben James Franck, der 30 Jahre vorher als preußischer Reserveleutnant mit Hahn und den anderen Freunden die Verantwortung für den Gaskrieg mitgetragen hatte). Dann brach sein ganzes Leid durch, und ich habe wörtlich behalten, was er sagte: *Eigentlich war es doch fürchterlich, was wir da machten. Aber es war damals so.*

Nur so kann man die kalte Darstellung, den so völlig unreflektierenden Bericht über die Kriegserlebnisse verstehen, den breiten Raum, den ihre Darstellung in seinen Lebenserinnerungen einnimmt, hier wie an anderen Stellen früher Gelebtes und Erlebtes nicht mit später Gedachtem verschleiernd. Es waren Fakten seines Lebens, seiner Entwicklung, Folgen früherer Zeit, Ursachen der späteren. Diese auch sich selbst nie schonende Ehrlichkeit ist wohl der tiefste Grund für Vertrauen, Achtung, und Liebe, die ihm entgegengebracht wurden; wie schwer er unter vielem litt, hat vielleicht niemand erfahren.« (Walther Gerlach)[3]

Joseph Breitbach (1903-1980). »Interessant war an Otto Hahn für mich folgendes: der Mann war, ich habe das alles erraten, ungeheuer getroffen, daß in diesem selben Hause, wo er war, jemand gerade an einem Roman schrieb, dessen Thema das Verhältnis Enkel-Großvater war. Daher das Interesse für mich. Das Interesse war nicht primordialment meine Literatur, sondern es war der Gegenstand dieses Buches. Er war damals ungeheuer besorgt um Sie. Für mich war übrigens das Sehen Ihrer Person auch ein Ereignis, weil Sie mir die Bestätigung meines Bruno waren, auch physisch. Ich sagte ihm, wenn ich Sie mit Ihrem Enkel zusammen sehe, dann sehe ich immer meine Figuren, denn ich schreibe gerade ein Buch, in dem das Verhältnis eines Großvaters zu seinem Enkel im Mittelpunkt steht. [. . .] Er war der einzige Mensch, dem ich diesen Roman erzählt habe, ganz gegen meine Absicht und gegen mein Prinzip. Und er war ganz traurig, als ich ihm sagte, das endet in großer Feindschaft. Der Bruno ist eigentlich der politische Untergang des Großvaters.

Von der Beziehung Großvater-Enkel war er aus einem rein privaten und aktuellen Grund besessen. Ich weiß noch, wie das überhaupt kam: Er hat mich gefragt, was schreiben Sie denn für Romane und ich sagte ihm, das wird Sie komisch berühren, was ich jetzt schreibe ist gar kein Liebesroman. Ich habe meine Modelle sogar da sitzen, das sind Sie und Ihr Enkel. – Meine Erinnerung ist deshalb so lebendig, weil die Zeit der Gespräche auf Kosten meines Buches ging. Vor allem war ja für mich das spectacle, daß ich da plötzlich Bruno und seinen Großvater vor mir sah. Das war für mich eine Faszination, die ich nicht so schnell vergessen habe.« (Joseph Breitbach im Gespräch mit Dietrich Hahn)[79]
Widmung zu ›Bericht über Bruno‹, Frankfurt am Main 1962.

Der „alte Radiochemiker" Otto Hahn warnt vor den Gefahren der Atombombe

Nobelpreisträger und Entdecker der Kernspaltung auf Kurzbesuch in Wien

W i e n. — Um in der Stadt, mit der er sich seit Jahrzehnten verbunden fühlt, über „Erinnerungen eines alten Radiochemikers" zu erzählen und um das Burgtheater und Freunde zu besuchen, ist einer der Bahnbrecher des Atomzeitalters zu einem Kurzbesuch in Wien eingetroffen: Nobelpreisträger Prof. Otto **H a h n** aus Göttingen, der Entdecker der Kernspaltung.

Im ausverkauften Auditorium maximum der Universität sprach der 84jährige weltberühmte deutsche Gelehrte gestern abend auf Einladung des Verbandes der Volkshochschulen über die beiden Möglichkeiten, die sich für die Menschheit des 20. Jahrhunderts ergäben die Freude, daß es gelungen ist, das Atom friedlichen Zwecken nutzbar zu machen, und die Angst vor dem Mißbrauch der Naturgewalten in Gestalt der Bombe.

Prof. Hahn, einer der ältesten lebenden Radiochemiker, hat die Entwicklung der Atomforschung von ihrer Frühzeit an miterlebt und durch seine Forschungen entscheidend beeinflußt, wobei er, wie er in seinem Vortrag ausführte, jahrelang mit österreichischen Kernphysikern eng zusammengearbeitet hat. Vor allem mit der Wienerin Prof. Lise **M e i t n e r** hatte er schon vor dem ersten Weltkrieg in Berlin wichtige Untersuchungen der Beta-Strahlen durchgeführt und neue radioaktive Substanzen gefunden.

›**Die Presse**‹, Wien, 24. Oktober 1962, nach Hahns Vortrag in der Universität – eine der wenigen von Hahn noch wahrgenommenen ausländischen Einladungen. »*28. Mai: Absage nach Indien wegen Einladung zu Friedenstagung. 6. Juni: Besuch vom ägyptischen Botschafter Sari, ich sage Einladung nach Ägypten endgültig ab. 20. September: Briefe nach Moskau, Absage Einladung Vernadskyfeier. 10. Dezember: Absage wegen Einladung London zu Ramsay-Memorial-Dinner (Königin) im Frühjahr 63. 11. Dezember: Nochmals Brief an türkischen Außenminister, daß ich nicht nach der Türkei fahren kann.*« (Auszug aus dem Notizbuch, 2. Halbjahr 1962)

OTTO HAHN

Vom Radiothor
zur Uranspaltung

Eine wissenschaftliche Selbstbiographie

Friedr. Vieweg & Sohn   Braunschweig

Titelblatt von Hahns erster Autobiographie, 1962. ». . . diesem nüchtern-sachlichen und wegen Deiner unbestechlichen Objektivität wissenschaftsgeschichtlich so wertvollen Buch.« (Walther Gerlach)[57]
»Aus der Geschichte seines Weges, wie er sie selber aufgeschrieben hat, ist einfach und klar zu lernen, worauf es ankommt bei wissenschaftlicher Arbeit.« (Hans-Joachim Born und Fritz Straßmann)[32]
»Eine reizvolle und sehr klare Darstellung seiner ganzen Lebensarbeit.« (Lise Meitner)[80]
»Hahn ist einer der Begründer der ›Radiochemie‹ und hat als solcher eine erhebliche Zahl neuer radioaktiver Substanzen entdeckt. Mit großer Erfindungsgabe hat er es verstanden, diese auf vielerlei physikalisch-chemische und geologische Probleme anzuwenden. Letztlich gehört auch seine größte Leistung, die Entdeckung der Uranspaltung, für die er den Nobelpreis erhalten hat, in diese Arbeitsrichtung . . . Hahns folgenreichste Leistung ist zweifellos die Entdeckung der Uranspaltung, die zur Erschließung einer fast unerschöpflichen Energiequelle mit sehr eingreifenden Anwendungsmöglichkeiten – zum Guten oder Bösen – geführt hat.« (Lise Meitner)[81]

John F. Kennedy (1917-1963) in der Frankfurter Paulskirche, 25. Juni 1963.
»Vormittags nach Frankfurt: am Nachmittag Paulskirche, zu der Rede des Präsidenten der USA. Ich lerne Kennedy kennen, er macht sehr netten Eindruck. Danach wieder nach Göttingen. Ich bedauere sehr, daß ich Einladung Adenauer zum Essen mit Kennedy abgesagt habe: es war in Bonn nur ganz kleiner Kreis.« (Notizbuch, 25. 6. 1963)

Prof. Dr. Otto Hahn

1.
   An den
   Allgemeinen Deutschen Nachrichtendienst

   532 Bad Godesberg
   Plittersdorfer Straße 21

   In Erwiderung Ihrer Anfrage vom 8. August beantworte ich Ihre
   beiden Fragen.

   Zu 1.
   Ich begrüße das in Moskau unterzeichnete Atomversuchsstopp-
   abkommen.

   zu 2.
   Ich bin dafür, daß die Bundesrepublik diesem Abkommen bald
   beitritt.

                    Mit vorzüglicher Hochachtun g

                        (Otto Hahn)

Brief an ADN, Bad Godesberg, 10. August 1963. »Ich betrachte jedes Gespräch, das zu einer wirklichen Entspannung zwischen Ost und West
führen kann, als wünschenswert. Deshalb begrüße ich wärmstens die
Einstellung der Kernwaffenversuche in der Atmosphäre, im Kosmos und
unter Wasser. Es ist bewiesen, daß die ständig wachsende Zahl solcher
Tests auch die Radioaktivität der Luft und des Wassers anwachsen lassen. Ebenso bekannt ist die Tatsache, daß davon ein ungünstiger Einfluß
auf die menschliche Gesundheit ausgeht, der sogar zu ernsten erblichen
Schäden führen kann. Ich betrachte jeden Schritt zur Verhütung dessen
als etwas Gutes.« (Hahn in einem Interview mit CTK, Prag. In: Neues
Deutschland, 5. 8. 1963) Am 19. August 1963 tritt die Bundesrepublik
Deutschland dem Abkommen, dem sogenannten »Moskauer Vertrag«,
bei.

Trauerfeier für Theodor Heuss in der Stuttgarter Stiftskirche, 17. Dezember 1963. Hinter dem Rednerpult: Hahn (zweiter von links). *»Verehrte Trauerversammlung! Als einer der ältesten Vertreter der deutschen Wissenschaft (und als einer, der – wie ich vielleicht auch sagen darf – dem Altbundespräsidenten persönlich wohl etwas nähergestanden hat) bin ich gebeten worden, im Namen der gesamten deutschen Wissenschaft und ihrer Organisationen für unseren verewigten Professor Heuss einige Gedenkworte zu sagen. Professor Heuss hatte ja immer besondere wissenschaftliche Interessen und konnte deshalb mehr als andere Staatsmänner dieses Interesse in die Tat umsetzen. Theodor Heuss war es, der durch seine Tatkraft und Initiative den Deutschen Wissenschaftsrat ins Leben gerufen hat. Mit ihm hat er eine für Deutschland völlig neuartige Einrichtung geschaffen, die schon heute großen Segen gestiftet hat. [. . .] Ich selbst habe ein tiefes Gefühl der Dankbarkeit, daß er immer wieder mit einigen freundlichen Scherzworten mein manchmal geringes Selbstvertrauen zu heben verstand. Er hat mir allezeit als Berater und Freund in fast väterlicher Weise nahegestanden. Und nicht nur mir . . . Alle, die Theodor Heuss persönlich verbunden waren, müssen nun von einem lieben Freunde Abschied nehmen. Die deutsche Wissenschaft hat einen großen Menschen, einen Aristokraten des Geistes verloren. Wir alle trauern um ihn und verneigen uns in Dankbarkeit und Ehrfurcht an seiner Bahre.«* (Rede in der Stuttgarter Stiftskirche, 17. 12. 1963)[54]

Hahn 1964. »Aus Forscher, Organisator, Präsident ist der weise Mahner geworden, Würden und Bürden sind abgelegt, hinter dem verbleichenden äußeren Glanz leuchtet rein der Urgrund, aus dem die Kraft Deines Wirkens kam – bei Dir bleibt übrig, was anderen als Ziel vorschwebt; Der Mensch. Ein Mensch der seinen Humanismus im Herzen trägt. Zu ihm kamen und kommen Deine Freunde, welche deshalb bei Frohsinn und Ausgelassenheit, bei Scherz und Humor nie den Kummer, den Schmerz vergessen, den steigende Jahre Dir in steigendem Maße brachten, die uns nur umso enger mit dem verehrten und geliebten Menschen verbanden. Schwerstes Leid im Innern verschließend bist Du uns der Alte geblieben.« (Walther Gerlach)[57]

»Otto Hahn hat sein so schweres menschliches Schicksal mit unvergleichlicher Haltung getragen, stets blieb er äußerlich heiter, den Mitmenschen zugewandt in nie versiegender Herzensgüte, ein wunderbares Vorbild an sittlicher Kraft. Alle, die ihm begegneten, werden die Erinnerung an seine einzigartige Persönlichkeit als unverlierbaren inneren Besitz empfinden.« (Berta Karlik)[82]

Die »NS Otto Hahn«. (NS steht für Nuclear Ship) Gemälde von Jochen Sachse, 1964.
»Sehr heiß. Stapellauf des Atomschiffs ›Otto Hahn‹ mit Herrn und Frau Minister Lenz und vielen offiziellen Menschen. Vier Redner. Frau Lenz ist Taufpatin. Danach offizielles Essen, wo ich ein paar Worte spreche. Dann bei Hitze und Schwüle nach Göttingen zurück.« (Notizbuch, 13. 6. 1964) Vier Wochen vorher: *»Ich schicke einen Artikel nach New York für die ›capsule‹, die auf der New Yorker Weltausstellung für 5000 Jahre aufbewahrt (eingemauert) werden soll. Wahrscheinlich ist mein Beitrag über ›Kernenergie‹ viel zu primitiv.«* (Notizbuch, 11. 5. 1964)

Mit Werner Heisenberg und Linus Pauling (Friedensnobelpreis 1963) auf der Tagung der Nobelpreisträger 1964 in Lindau. »Den Lindauer Gedanken hat niemand besser und prägnanter interpretiert als Otto Hahn in seinen mit großer Leidenschaft vorgetragenen Ausführungen: ›Das Lindauer Familientreffen ist der einzige Konnex des Alters und der Jugend ohne akademische Feiern, ja ohne Feierlichkeit. Sprechen wollen wir mit der Jugend in dieser vom technischen Fortschritt bedrohten Welt. Wir Nobelpreisträger müssen dafür sorgen, daß der Fortschritt nicht zum Rückschritt wird. Es ist eine Pflicht, eine Sendung und kann niemals vom Katheder aus erfolgen.« (Alexander Dées de Sterio)[59]
»Er war eines meiner Vorbilder.« (Linus Pauling zu Dietrich Hahn, 29. 6. 1981)

Atomwaffenverbot fördert Entspannung
Prof. Hahn drückt Hoffnung der Völker aus / 12 000 neue Unterschriften in Hessen

Ernste Warnung an die Welt
Nobelpreisträger Prof. Hahn appelliert an die Großmächte?

Atombombenversuche lassen sich nicht verantworten
Eine Pressekonferenz mit Nobelpreisträger Professor Hahn

Professor Dr. Hahn gegen kriegerische Verwendung radioaktiver Stoffe

Prof. Dr. Otto Hahn: Niemals Atomwaffen für Westdeutschland

Atomforscher stehen zu ihrem Protest
Hahn und Heisenberg: Was gesagt werden mußte, ist gesagt worden

Bonn giert nach Raketen
Nobelpreisträger Prof. Hahn bekräftigt Göttinger Appell

Neue Initiative der Göttinger 18
Prof. Hahn für Weltbewegung der Wissenschaftler gegen Atomkriegsgefahr

Prof. Hahn alarmierte Öffentlichkeit

Prof. Hahn: An die richtige Adresse gewandt

Westdeutsche Atomforscher erhärten Mahnung
Prof. Hahn: Forderung aus der Kenntnis des Schreckens

Prof. Hahn unterstreicht Schweitzers Warnung
Verantwortliche müssen über Einstellung der Kernwaffenversuche verhandeln

Prof. Hahn ächtet den Atomkrieg

Presseverschwörung gegen Prof. Otto Hahn
DPA veröffentlichte nur Foto / Atompolitikern Dorn im Auge

Auswahl von Hahn-Schlagzeilen, vorwiegend der Presse der Deutschen Demokratischen Republik, von 1955 bis 1959.

Für
einen der
wenigen Menschen,
die ich verehre.
Irmgard Keun
Rottach Egern
19. Aug. 1964

Irmgard Keun (1905-1982), die Hahn im August 1964 in Rottach-Egern, während seines alljährlichen Sommerurlaubs im Hotel Bachmair am See, kennenlernte.

Widmung zu Irmgard Keuns Roman ›Das Mädchen, mit dem die Kinder nicht verkehren durften‹, Düsseldorf 1959.

Pastellzeichnung von Hans Jürgen Kallmann, der Hahn im Sommer 1964 in Göttingen mehrmals malte.

»Ich schicke Dir hier einen Abzug des besten Bildes. Ich sehe zwar aus wie ein Toter, ist aber trotzdem sehr gut. Übrigens ist der Professor Kallmann ein ebenso gemütlicher Mann wie Herr Feichtinger; offenbar sehr ›gesucht‹, aber er malt nur wen er will, sagt er.« (An Dietrich Hahn, 15. 10. 1964)

»Hahn hatte das wunderbarste deutsche Gelehrtengesicht, ganz unauffällig nach innen bezogen. Was wurde es für eine Aufgabe, aus diesem Gesicht alles herauszuspüren, was introvertiert ist und verborgen in dem feinen, durchsichtigen Filigran der Falten und Fältchen nistet. Es schien so, als sei über sein Gesicht ein ziseliertes Spinnennetz gezogen, tausende von Prägestempeln für erlittenes Leben. Hier wurde die Malerei zu einem echten Abenteuer, denn alles, was diesen Mann so bedeutend machte, bedurfte der Intuition, um gedeutet zu werden. Wir alle sind ja in ein Weltbild hineingestellt, an dessen Formung er den größten Anteil hat. [. . .]

Acht Tage lang arbeitete ich täglich mit ihm zusammen, ich erlebte seine scheue Resignation, manifestiert durch das Hochziehen des einen Mundwinkels, – die nach außen gespielte Heiterkeit konnte den Maler nicht täuschen. Ich erlebte die harmonische Schädelbildung, die herrliche Stirnform, die wie eine wohlgeformte Glocke über dem Gesicht lastete, die vielen Einkerbungen, die über der sensiblen Nase die Stirn einkreuzten, die schmerzlichen Falten um die Augen. Auf meinem schönsten Blatt hatte Hahn den Kopf ein wenig gesenkt, die herunterblickenden Augen waren von den Lidern beinahe verdeckt, und ich hatte so ihre verführerischen Möglichkeiten ausgeschaltet. Nun wirkte das Gesicht nur von der Form her. Keine der vielen anderen Studien, die ich mit voll sichtbaren Augen gemalt und gezeichnet habe, sagt so viel aus wie diese ›ohne Augen‹. [. . .]

Setze ich noch einmal wieder alle Details zusammen und erreiche mit blinzelnden Augen die große Sicht über dieses Kopf-Wesen, dann bleibt das Rührende und Ernste dieses merkwürdig schönen Menschen als innere Beglückung.« (Hans Jürgen Kallmann)[83]

Stolz wandre ich des Lebens Bahn hin,

Seit ich geliebt von Otto Hahn bin!

In großer Verehrung und Dankbarkeit

Ihr

Eugen Roth

Widmung zu ›Mensch und Unmensch‹, *München 1961*

Eugen Roth (1895-1976). *»Kennst du den Dichter Eugen Roth? Er hat mir vor kurzem mehrere seiner witzigen, aber doch auch ganz ernsten Bücher geschenkt. Alle Gedichte beginnen mit ›ein Mensch . . .‹ und dann kommt eine ernste Lebensweisheit. Ich kann diese Gedichte viel besser verstehen als Deine – auch wenn sie sprachlich ganz gut sind.«* (An Dietrich Hahn, 17. 11. 1964)

HEINZ HILPERT

WIRD AM 1. MÄRZ 1965 75 JAHRE ALT

Zusagen

DIE STADT GÖTTINGEN

BITTET AUS DIESEM ANLASS

Herrn Professor Dr. Otto H a h n

IM ANSCHLUSS AN DIE FEIERSTUNDE IM DEUTSCHEN THEATER

ZU EINEM KLEINEN FESTLICHEN ESSEN

IN DAS FOYER DER STADTHALLE

[Unterschrift] *[Unterschrift]*

OBERBÜRGERMEISTER   OBERSTADTDIREKTOR

U. A. W. G. BIS 25. 2. 1965 AN KULTURDEZERNAT, REINSGRABEN 1, TELEFON 521693

EⅡR

Absagen 4

On the occasion of the State Visit of
Her Majesty Queen Elizabeth II
and His Royal Highness The Prince Philip, Duke of Edinburgh
The British Ambassador
is commanded by The Queen to invite

Herrn Professor Dr. Hahn und Frau Hahn
to a Reception in honour of
Their Excellencies the President of the Federal Republic of Germany and Frau Lübke
on Wednesday, the 19th of May, 1965 at 9.30 p.m.
at the Petersberg

A reply is requested to
The Social Secretary,
British Embassy, Bonn

Dress: White Tie or Uniform
with Decorations

»Zusagen«. »Absagen«.

Heinz Hilpert LIEBE ZUM THEATER

STUTTGART
ERNST BATTENBERG VERLAG

Heinz Hilpert (1890-1967), als Miller in ›Kabale und Liebe‹, Regie Hilpert, Deutsches Theater Göttingen 1961/62. »*Du kennst doch den Schriftsteller Dürrenmatt. Von ihm habe ich vor drei Tagen einen Fernsehfilm gesehen, Titel war ›Meteor‹. Kennst Du dieses Stück oder den Film? Ich habe ihn gar nicht verstanden, für mich zu kompliziert mit den vielen Toten. Das Stück ist komplizierter als die mir ja bekannten ›Physiker‹; die moderne Literatur ist mir doch sehr fremd. Unseren Hilpert, resp. sein hiesiges Theater habe ich immer verstanden. Hat man da andere Stücke gehabt oder waren die Künstler besser?*« (An Dietrich Hahn, 25. 1. 1968)
Widmungsexemplar.

Carl Zuckmayer
Als wär's ein Stück von mir

Horen der Freundschaft

*Herrn
Prof. Otto Hahn
in Verehrung und
Herzlichkeit
zugeeignet.
Carl Zuckmayer
1966*

S. Fischer Verlag

Carl Zuckmayer (1896-1976). »Mit großer Freude habe ich Ihren Brief erhalten, für den ich Ihnen herzlich danke. Nur betrübt es mich ein wenig, daß Sie meine Erinnerungen in der ›Welt am Sonntag‹ lesen, die nur Auszüge bringt und sehr viel wegläßt, wovon die Redaktion findet, daß es für ihre Durchschnittsleser zu ›hoch‹ oder zu ›frei‹ wäre, – das unverschnittene Buch erscheint im September, und ich werde mir die Freude machen, es Ihnen zu dezidieren. Ich glaube, gerade die in der Zeitung weggelassenen Teile könnten Sie besonders interessieren.« (Zuckmayer an Hahn, 4. 4. 1966)

Widmung an Hahn. »*Sie haben mir mit der Übersendung Ihrer Biographie eine sehr große Freude gemacht, und ich möchte Ihnen sehr herzlich dafür danken. Ich lese ja ›Als wärs ein Stück von mir‹ regelmäßig und freue mich immer, wenn die ›Welt am Sonntag‹ erscheint, und ich wieder etwas von Ihrem Leben erfahre. Nun haben Sie mir das viel ausführlichere Buch geschickt, und ich kann darin noch sehr viel mehr von Ihnen erfahren als ich bisher wußte. Ich habe Ihnen vielleicht früher schon einmal erzählt, daß mich von Ihren Büchern besonders ›Des Teufels General‹ beeindruckt hat, weil Sie eine so gute Kenntnis über das 3. Reich hatten zu einer Zeit, als Sie selbst gar nicht bei uns in Deutschland waren.*« (An Carl Zuckmayer, 12. 10. 1966)

**Mit Oberbürgermeister Willi Brundert (1911-1970) auf dem Jahresemp-
fang der Stadt Frankfurt am Main, 30. März 1966.** »Er war in jedem Jahr
begeistert, wenn wir nach einem festlichen Akt im Kaisersaal ihn herun-
terführten zu unserem Frankfurter Abend und er das alte Frankfurt im
Sachsenhäuser Stil erleben durfte. Da hätte niemand, der ihn nicht
kannte, vermutet, daß das ein großer Wissenschaftler sei. Da saß ein
Mann mit einem freundlichen Blick, mit einem etwas listigen Auge, der
Dialekt sprechen konnte, ja, der plauderte, der kleine Geschichten erzählte und der einen ungewöhnlichen Charme auf seine Umwelt aus-
strahlte. Als er Ehrenbürger dieser Stadt wurde, hat er sich eine Bedin-
gung erbeten: ›Ich muß in jedem Monat von Ihnen ein kleines Kistchen
Frankfurter Würstchen kriegen!‹ Die Stadt Frankfurt am Main war selbst
in den Monaten, da der Haushalt bedroht war, immer in der Lage, diese
Forderung zu erfüllen.« (Willi Brundert)[84]

Mit Frantişek Bĕhounek (1898-1973) in Jachymov (ČSSR), dem früheren St. Joachimsthal, wohin Hahn im Juni 1966 zur Enthüllung eines Curie-Denkmales eingeladen wurde.

»Otto Hahn war am 10. Juni mit einiger Skepsis aus Göttingen abgereist, denn er fühlte sich als Angehöriger einer Nation, die dem tschechoslowakischen Volk während der Nazizeit schweres Leid zugefügt hatte. Die Regierung seines Landes lehnte es zudem damals noch ab, mit der ČSSR diplomatische Beziehungen aufzunehmen. Um so erfreuter war Hahn über den außerordentlich gastfreundlichen Empfang. *Ich habe mich noch nicht von der Überraschung erholt über die freundschaftliche Aufnahme, der ich überall begegnet bin,* äußerte er sich gegenüber der Zeitung ›Lidova Demokracie‹. *Meiner Meinung nach sind persönliche Begegnungen dieser Art der beste Weg zur Beseitigung aller Mißverständnisse und zur Schaffung von guten Beziehungen, die mit Sicherheit zu einem dauerhaften Frieden führen.*

Als Gast der Tschechoslowakischen Akademie der Wissenschaften folgte Otto Hahn zum Abschluß seiner Reise einer Einladung nach Prag. In einer Ansprache über den tschechoslowakischen Rundfunk nahm Hahn auch Stellung zu den Beziehungen der beiden Länder zueinander. Einem zeitgenössischen Bericht zufolge bewies Hahn ›ein erstaunliches Gespür für reale und ideale Werte, die Völker miteinander verbinden können‹. Otto Hahn habe Worte gefunden, die manchem Politiker gut zu Gesicht stehen würden.« (Klaus Hoffmann)[2]

Die Frankfurter Oper. *»In der letzten Zeit habe ich gehört, daß das vom Krieg zerstörte alte Frankfurter Opernhaus doch wieder aufgebaut und in ein Konzerthaus umgewandelt werden soll. Ich freue mich sehr über diesen Plan, denn bei meinen nicht seltenen Besuchen in meiner Vaterstadt werde ich sentimental und traurig, wenn ich an der Ruine dieses schönen Hauses vorbeikomme. Ich glaube, es wird vielen alten Frankfurtern so gehen wie mir. Sie leben in der Erinnerung an die Oper, die ihnen unvergeßliche Stunden gegeben hat. Die Überschrift am Opernhaus, ›Dem Wahren, Schönen und Guten‹, bewährte sich bei den Bürgern. Sie war in großen Lettern über dem Eingang angebracht. Vielleicht habe ich das Glück, als einer der ältesten Frankfurter Bürger, wenn auch nicht die Vollendung, so doch die Inangriffnahme des Neuaufbaus zu erleben. Es wäre so schön!«* (An Fritz Dietz, 4. 1. 1967)

Bürger Frankfurts!

Ehrt Euren Ehrenbürger Professor Dr. Otto Hahn und beteiligt Euch an der

Otto-Hahn-Geburtstagsspende

8. März 1967

für den Wiederaufbau des Frankfurter Opernhauses

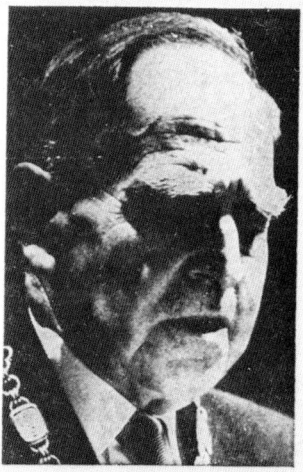

Professor Dr. Otto Hahn

Herr Professor Dr. Dr. h. c. mult. Otto Hahn, Nobelpreisträger, Ehrenpräsident der Max-Planck-Gesellschaft und Ehrenbürger der Stadt Frankfurt am Main, hat in einem persönlichen Handschreiben an den Präsidenten der Industrie- und Handelskammer Frankfurt und Vorsitzenden der Aktionsgemeinschaft Opernhaus Frankfurt am Main, Fritz Dietz, die Hoffnung geäußert, ihm möge noch das Glück beschieden sein, die Inangriffnahme des Wiederaufbaues des im zweiten Weltkriege zerstörten Opernhauses seiner Vaterstadt zu erleben; dort habe er im Jahre 1885 als sechsjähriger Bub mit seinen Eltern zum ersten Male eine Oper besucht.

Wir würden uns freuen, wenn dieser Wunsch von Professor Hahn in Erfüllung ginge, und wollen dazu beitragen, indem wir ihm zu seinem 88. Geburtstag am 8. März dieses Jahres einen Geldbetrag überreichen, den er für den Wiederaufbau des Frankfurter Opernhauses zur Verfügung stellen möchte.

Wir bitten daher alle, die sich Professor Hahn in Dankbarkeit verbunden wissen, ihren Beitrag an die Aktionsgemeinschaft Opernhaus Frankfurt am Main (Frankfurt am Main, Börsenstr. 8-10, Postscheckkonto Frankfurt am Main Nr. 8) mit dem Vermerk „Otto-Hahn-Geburtstagsspende" (steuerbegünstigt) zu überweisen. Die Aktionsgemeinschaft Opernhaus hat mit annähernd 8 Millionen D-Mark bereits die Grundfinanzierung für den Wiederaufbau dieses traditionsreichen Gebäudes als „Konzerthaus Alte Oper" sichergestellt.

Wohl jeder, der Professor Hahn eine Freude machen will – sei es nun eine Behörde, eine Gesellschaft, ein Verband, ein Chemiker, aber auch alle Bürger unseres Vaterlandes, besonders aber seiner Geburtsstadt, für die dieser große Mensch und Wissenschaftler ein Vorbild ist — möge sich an diesem Geburtstagsgeschenk beteiligen.

Prof. Dr. mult. Karl Winnacker
Präsident des Verbandes
der Chemischen Industrie

Dr. Ing. Helfried Ley
Präsident der Gesellschaft
Deutscher Chemiker

Prof. Dr. Dr. mult. Adolf Butenandt
Präsident der Max-Planck-Gesellschaft
zur Förderung der Wissenschaften

Aktionsgemeinschaft Opernhaus
Frankfurt am Main e.V.

Plakat der Aktionsgemeinschaft Opernhaus. Hahn hatte sich bereit erklärt, seinen Namen für den bundesweiten Spendenaufruf einzusetzen. *»Die Frankfurter machen einen großen Zirkus mit meinem Brief an Dietz, nachdem ich der Oper ein Sümmchen gestiftet habe. Hoffentlich nützt's was, glaub's aber nicht.«* (An Arthur Pletz, 5. 3. 1967) Hahn spendete DM 5000,–; bis zum 8. März liefen über DM 100 000,– ein.

ERKLÄRUNG

Im Vier-Mächte-Gefängnis zu Berlin-Spandau vollendet
sich am 1.Oktober 1967 ein Jahr in absoluter Einsam-
keit für den dort immer noch gefangen gehaltenen ehemaligen Reichsminister R u d o l f H e s s . Es ist
das 74.Jahr seines Lebens, das 27. seiner Haft.

Der Nürnberger Gerichtshof hat Hess im Jahre 1946 von
der Anklage, Kriegsverbrechen und Verbrechen gegen die
Menschlichkeit begangen zu haben, ausdrücklich freigesprochen. Der Schuldspruch wurde ausschließlich mit dem
historisch-politischen Vorwurf begründet, er habe an
der Vorbereitung und Durchführung von Angriffskriegen
mitgewirkt. Die Unterzeichneten enthalten sich einer
Erörterung dieser Beschuldigung, sie beurteilen den
Fall Hess unter dem humanitären Aspekt des Jahres 1967
und bekennen sich zu der Ansicht, daß dieser Gefangene
das Maß persönlichen Leidens, das ihm auferlegt wurde,
reichlich erfüllt hat.

Sie glauben auch, daß die Aufrechterhaltung einer
politischen Haftanstalt durch vier Großmächte, nur um
das langsame Sterben eines Greises zu überwachen, unseres Zeitalters unwürdig ist, das um den Durchbruch zur
Menschlichkeit ringt.

Gegenüber den großen weltpolitischen Angelegenheiten,
denen sie täglich ihre Aufmerksamkeit widmen müssen,
mag der "Fall Hess" den beteiligten Regierungen gering-
fügig erscheinen – und doch kann diese Herausforderung
menschlicher Empfindungen tragische Bedeutung gewinnen,
wenn nicht rechtzeitig der friedliche Schlußstrich gezogen wird, zu dem die Unterzeichneten aufrufen.

(Ort, Datum)
25. Sept. 1967

Prof. Otto Hahn
Göttingen,Geranienstr.5
(Unterschrift)

Rudolf Hess (1894-1987) in Spandau. »*Ich bin durchaus Ihrer Meinung,
daß man Rudolf Hess aus dem Spandauer Gefängnis so schnell wie
möglich entlassen sollte. Und ich kann nur sagen, daß ich mit den Bemühungen der Hilfsgemeinschaft ›Freiheit für Rudolf Hess‹ e.V. entschieden sympathisiere und auf einen baldigen Erfolg der Bestrebungen
hoffe. Wie ja allgemein bekannt ist, bin ich ein ausgesprochener Gegner
des Nationalsozialismus gewesen; dennoch halte ich es für ein Unrecht, gerade Rudolf Hess noch weiterhin inhaftiert zu halten.*« (An
Wolf-Rüdiger Hess, 28. 4. 1967)
›**Aufruf für Rudolf Hess**‹, den Hahn am 25. September 1967 unterzeichnete.

Manfred Hausmann (1898-1987). »Nach einer Sitzung der Mainzer Akademie der Wissenschaften und der Literatur nahm er mich beiseite . . . und sprach mit mir über die moderne Chemie. Nicht über Einzelheiten, bei denen ich ihm doch nicht hätte folgen können, sondern über etwas Grundlegendes. Er hatte am Morgen den Vortrag eines jüngeren Kollegen gehört und war noch immer verwirrt, weil er den Auslassungen keinen Sinn abzugewinnen vermocht hatte. ›Können Sie sich vorstellen, was das für mich bedeutet? Es ist mein Fach, es sind die mir vertrauten Vokabeln, Zeichen, Formeln, Chiffren, und ich kann nichts mehr damit anfangen.‹ Da stand er vor mir, einer der Größten im Bereich seiner Wissenschaft, weltweit bekannt, weltweit geehrt. Aber diese seine Wissenschaft war über ihn hinweggeschritten, war ihm fremd, war ihm unheimlich geworden. Er begriff nicht mehr, wovon der junge Kollege eigentlich redete. Ein bestürzendes Erlebnis. Ich gab ihm zu verstehen, daß er damit zu einem Symbol geworden sei. Vielfach könnten ja nur noch die Spezialisten der Stunde einander verstehen, nein, nicht einmal mehr die Spezialisten, sondern nur noch die spezialisierten Spezialisten.« (Manfred Hausmann)[85]

OTTO HAHN
gewidmet

Man nennt mich scherzhaft manchmal einen Otto-manen.
Nun gut! So wird man Widmung leicht und Motto ahnen.
Ich widme dieses Büchlein meinem Otto Hahn.
Stets gütig hilft mir selbst zu einem Motto Hahn:
Mich hieß, der das Atom gespalten, Worte spalten.
Er ließ mich listig gern bei diesem Sporte walten.
Ihn hat mein Spalten oft – nie nannt' er's Wahn – erheitert.
So sei die Sammlung denn zum Büchlein, Hahn, erweitert. –
Dank Herz und Geist wirst Du der Nachwelt hehrer Ahn.
Du nennst mich Freund. Ich bleibe Dein Verehrer, Hahn.

C. Palm-Nesselmanns (1894-1970). Hahns Freund, der Bankier Clemens Plassmann. *»Was hältst Du von diesen Gedichten? Sind die nicht wunderbar? Ich habe das nie gekonnt und der macht das mit einer Leichtigkeit, stundenlang. Dabei ist Nesselmanns, resp. Plassmann Bankdirektor. Ihn kann ich viel besser verstehen im Gegensatz zu Deinen.«* (An Dietrich Hahn, 19. 10. 1967)
Widmung zu C. Palm-Nesselmanns: ›Schüttelreime‹, Stuttgart 1967

Dominique Pire (1910-1969), Friedensnobelpreisträger 1958. *»Auf Ihr freundliches Schreiben vom 3. Februar hatte Ihnen meine Sekretärin Frau Marie-Luise Rehder mitgeteilt, daß es aufgrund meines hohen Alters nicht anzuraten sei, mich neben einer Anzahl anderer Nobelpreisträger vorzusehen für die Übernahme des Protektorats für einen im Rahmen der Weltausstellung 1970 in Osaka geplanten ›Pavillon de la Paix‹. Nachdem Sie nun in Ihrem liebenswürdigen Schreiben vom 4. März an Frau Rehder Ihre Bitte wiederholt und mir die Zusicherung gegeben haben, daß durch die Zurverfügungstellung meines Namens mir in dieser Beziehung nicht die geringsten Verpflichtungen entstehen, will ich mich Ihrem Wunsche nicht verschließen. Es sollte mich sehr freuen, wenn Ihre Bestrebungen dazu beitragen würden, endlich alle Völker bzw. deren Herrscher von der Notwendigkeit eines Weltfriedens zu überzeugen, so daß in nicht zu ferner Zeit jegliche Kriegsgefahr gebannt sein wird.«* (An Pire, 18. 3. 1968) Hahns letztes offizielles Schreiben. Wenige Tage später Einlieferung in das Krankenhaus Neu-Mariahilf infolge der Verletzung eines Rückenwirbels, die er sich beim Aussteigen aus seinem Dienstwagen zugezogen hatte.

WIR, DER SENAT UND DAS ABGEORDNETENHAUS VON BERLIN,

BEKUNDEN HIERMIT, DASS WIR

HERRN PROFESSOR

Dr. OTTO HAHN

DIE EHRENBÜRGERRECHTE

DES LANDES UND DER STADT BERLIN

VERLIEHEN HABEN.

WIR EHREN DAMIT DEN HERVORRAGENDEN FORSCHER,

DER WESENTLICH DAZU BEIGETRAGEN HAT,

DEN RUF BERLINS

ALS STÄTTE DER WISSENSCHAFTEN ZU BEGRÜNDEN.

DIE EHRUNG BEDEUTET ZUGLEICH

EINE DANKBARE WÜRDIGUNG DER BEISPIELGEBENDEN

MENSCHLICHEN GRÖSSE DES GELEHRTEN.

BERLIN, DEN 17. JUNI 1968

REGIERENDER BÜRGERMEISTER
VON BERLIN

STELLVERTRETENDER PRÄSIDENT
DES ABGEORDNETENHAUSES VON BERLIN

Der Ehrenbürgerbrief Berlins, ausgestellt am 17. Juni 1968, dem Tag der Deutschen Einheit. »Sein Name ist viel zu groß, um nur einer Stadt, ja einer Nation allein zu gehören. Wir wußten das, als wir ihm am Ende seines Lebens einen Titel antrugen, der unsere Hochachtung und Dankbarkeit nur unvollkommen ausdrücken kann. Es ist eine Ehre für Berlin, seinen Namen auf diese Weise besonders fest mit der Geschichte dieser Stadt verbinden zu dürfen. Berlin verneigt sich vor Leben und Werk Otto Hahns. Auch diese Stadt ist ihm tief verpflichtet. « (Werner Stein)[86]

Unser Ehrenpräsident

Otto Hahn

ist in seinem 90. Lebensjahr am 28. Juli 1968 entschlafen.

Als Begründer des Atomzeitalters wird er in die Geschichte der Menschheit eingehen.

Deutschland verliert mit ihm einen Gelehrten, der sich durch aufrechte Haltung und innere Bescheidenheit in gleicher Weise auszeichnete.

Die Max-Planck-Gesellschaft trauert um ihren Gründer, der die Aufgaben und die Tradition der Kaiser-Wilhelm-Gesellschaft nach dem Kriege fortführte, und um einen gütigen und geliebten Menschen, der allen unvergessen bleibt, die ihm begegnen durften.

Sein Werk wird fortbestehen. Wir gedenken seiner in großer Dankbarkeit und Verehrung.

**Max-Planck-Gesellschaft
zur Förderung der Wissenschaften**

A d o l f   B u t e n a n d t

Trauerfeier am Donnerstag, dem 1. August 1968, um 11.00 Uhr, in der Universitätskirche St. Nicolai zu Göttingen, Nicolaistraße.

Anschließend Beisetzung auf dem Stadtfriedhof zu Göttingen.

Todesanzeige der Max-Planck-Gesellschaft, erschienen am 29. Juli 1968 in allen großen Zeitungen.

»Die letzten vier Monate verbrachte er in einer Göttinger Klinik: ohne Klagen, über jeden Besuch sich freuend, mit wiederaufleuchtenden Augen an vergangene Zeiten erinnernd und immer wieder erfüllt von Dankbarkeit für die Hilfe der Ärzte und der ›ihren Professor‹ umsorgenden Ordensschwester. Er starb am 28. Juli.« (Walther Gerlach)[5]

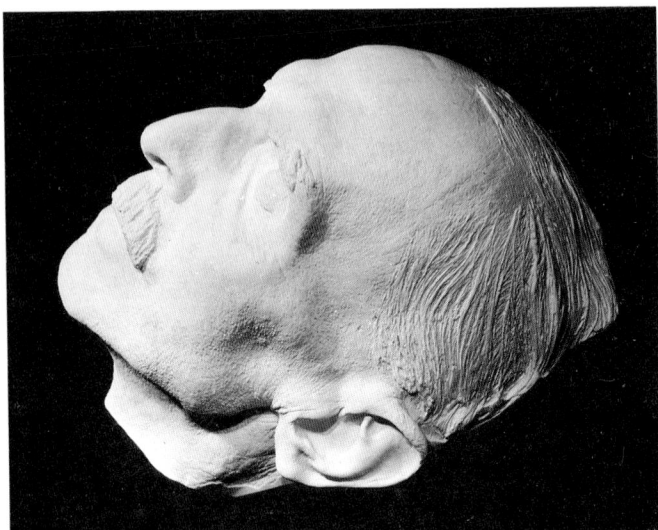

Totenmaske, abgenommen von Adolf Öxle, Stuttgart. »Der letzte Abschied von einem wahrhaft Großen im Geiste, der der ganzen Menschheit gehörte, knüpft ein unsichtbares Band um alle Wissenden dieser Erde. Gegensätze schweigen. Man verneigt sich in Ehrfurcht vor dem Genius. Beileids- und Verbundenheitsbezeugungen aus aller Welt, die uns zu dieser Stunde unseres Abschieds von Otto Hahn erreichten, bezeugen es. Sie sprechen vom begnadeten Forscher, vom Genius der Wissenschaft, dem es vergönnt war, Wegbereiter eines neuen Zeitalters zu werden, sie sprechen vom großen und vorbildlichen Menschen. Wir aber, die den Menschen Otto Hahn persönlich kannten und mit ihm arbeiten durften, sind erschüttert und traurig. Wir vermögen noch nicht zu fassen, daß dieser liebe, liebenswürdige, stets hilfsbereite, zutiefst bescheidene und bis in die letzten Wochen seiner langen Krankheit heitere Mensch nicht mehr unter uns weilt. Für uns ist die Welt ärmer geworden; denjenigen, die ihm ganz nahe stehen und ihn lieben durften, erscheint sie nunmehr weniger schön.« (Adolf Butenandt)[47]

Unter Anteilnahme der Welt der Wissenschaft

Abschied von Otto Hahn

Der Bundespräsident am Sarg - Landesbischof Hanns Lilje hielt die Trauerpredigt
Professor Butenandt würdigte den Verstorbenen als einen der „Unsterblichen der Menschheit"

GT Göttingen, den 1. August 1968

Die sterbliche Hülle Professor Otto Hahns, der durch seine Entdeckung der Uranspaltung das Atomzeitalter heraufführte, wurde am Donnerstag auf dem Stadtfriedhof von Göttingen unter dem Läuten aller Kirchenglocken feierlich zu Grabe getragen, durch ein Spalier vieler Tausender Bürger der Stadt, die beiderseits der Straßen, die der Trauerkonvokt nahm, entblößten Hauptes Abschied von ihrem bedeutendsten Nobelpreisträger und Ehrenbürger nahmen. Vorher hatte in der Universitätskirche der Stadt, in St. Nicolai, die Trauerfeier stattgefunden, an der neben Bundespräsident Lübke und dem niedersächsischen Ministerpräsidenten Diederichs sowie dem Bundesminister Stoltenberg und Carlo Schmid und dem niedersächsischen Kultusminister Langeheine rund 500 Persönlichkeiten des öffentlichen Lebens aus Staat, Wissenschaft und Forschung teilnahmen. Landesbischof D. Lilje hielt die Trauerpredigt.

Bei der Trauerfeier für Otto Hahn in der Göttinger St. Nicolai-Kirche bewegte Bundespräsident Lübke durch seine Anwesenheit die Anteilnahme des ganzen deutschen Volkes. Hier spricht er zu dem Enkel des Verstorbenen, Dieter Hahn, sei. Beifeld aus. In der Bildmitte der niedersächsische Ministerpräsident Diederichs. Dahinter von links Professor Butenandt, Präsident der Max-Planck-Gesellschaft, Bundesvizepräsident Professor Carlo Schmid, der Direktor des Göttinger Max-Planck-Instituts für Geschichte, Professor Hermann Heimpel, und Bundesforschungsminister Stoltenberg.
Auth.: Fritz Paul

Religion und Wissenschaft

Otto Hahns größte Erfindung habe den Weg zur Atombombe freigemacht und die Reichweite dieser Erfindung habe ihn betroffen und besonders nach Hiroshima, erschüttert...

Ein Großer im Geiste

In einem Gedenkwort würdigte Professor Butenandt den Verstorbenen als einen makrohaft Großen im Geiste...

Butenandt schilderte den wissenschaftlichen Weg Otto Hahns, der schon mit 32 Jahren in Berlin habilitierte...

"Unser Otto Hahn"

Viele tausend Göttinger standen bei drückender Schwüle schweigend und entblößten Hauptes beiderseits der Straßen...

›Göttinger Tageblatt‹, 2. 8. 1968. »Am 1. August geleiteten ihn Freunde und Wissenschaftler aus aller Welt, der Bundespräsident, der Landesbischof und die ganze Bevölkerung Göttingens zum Ehrengrab auf dem Göttinger Friedhof neben Max Planck und Max von Laue. Der einfache Grabstein trägt nur seinen Namen und die Formel der Uranspaltung.« (Walther Gerlach)[3]

Grabstein auf dem Göttinger Stadtfriedhof, errichtet 1969. »Seine berühmteste Entdeckung hat in ihren Folgen das politische und wirtschaftliche Bild der Welt von Grund auf umgestaltet. Vielleicht war diese Entdeckung in ihren Auswirkungen umstrittener als irgendein anderer wissenschaftlicher Fortschritt vorher. Aber es hat, wenn man an die Persönlichkeit Otto Hahns denkt, auch kaum je einen Forscher gegeben, der so wenig umstritten, so allgemein geachtet und geliebt gewesen wäre, wie er. Vielleicht war die tiefste Wurzel für seinen überragenden menschlichen und wissenschaftlichen Erfolg der Umstand, daß er allen Schwierigkeiten zum Trotz ohne Vorbehalt zum Leben ja sagte, und daß er dieses fröhliche Ja auch auf seine Mitarbeiter und Freunde übertragen konnte. Die große Entdeckung Otto Hahns wird auch in viel späteren Zeiten noch als der Beginn einer völlig neuen Epoche der Weltgeschichte erscheinen, in der Naturwissenschaft und Technik, und das hinter ihnen stehende rationale Denken das Leben der Menschheit in einem bisher ungekannten Ausmaß beherrschen; eine Epoche, von der wir einstweilen nur mit Bangen hoffen können, daß sie glücklicher sein werde als die schwierige Vergangenheit, in der doch Otto Hahn mit Freude gewirkt hat. « (Werner Heisenberg)[87]

Otto-Hahn-Büste im Ehrensaal des Deutschen Museums in München. Enthüllt 1978. »*Mein besonderer Wunsch für die Zukunft wäre, daß es den Physikern gelänge, die gesteuerte Fusion des Wasserstoffs in Helium zu erreichen. Dann hätte man in Zukunft die Möglichkeit der Gewinnung der künstlichen Elemente ohne Verwendung des in dem Kernreaktor enthaltenen Urans 235 und ohne das darin entstehende Plutonium, die ja beide das Material für die Atombomben abgeben. Die Reaktionswärme des Fusions-Reaktors könnte genau so zur Erzeugung von elektrischem Strom verwendet werden, wie die des Uran-Reaktors. So könnte man sich für die so gar nicht ferne Zukunft eine Welt vorstellen, in der das in unerschöpflicher Menge vorhandene Wasser der Weltmeere uns allen die Segnungen der modernen Atomtechnik bringen würde, die zur Zeit noch an das Uran mit seinen gefährlichen Umwandlungen geknüpft sind.*« (Otto Hahn)[88]

Anmerkungen und Quellen

Die vier nachfolgenden Publikationen der Primärliteratur, aus denen öfter zitiert wurde, habe ich aus Gründen der Platzersparnis und größeren Übersichtlichkeit im Text gekürzt wiedergegeben.

»Erinnerungen« . . . Otto Hahn: Einige persönliche Erinnerungen aus der Geschichte der natürlichen Radioaktivität. In: Naturwissenschaften, Nr. 35, 1948.
»Radiothor« . . . Otto Hahn: Vom Radiothor zur Uranspaltung. Eine wissenschaftliche Selbstbiographie. Braunschweig 1962. Erweiterte Neuausgabe. Braunschweig-Wiesbaden 1988.
»Mein Leben« . . . Otto Hahn: Mein Leben. München 1968. Erweiterte Neuausgabe. München-Zürich 1986.
»Erlebnisse« . . . Otto Hahn: Erlebnisse und Erkenntnisse. Mit einer Einführung von Karl-Erik Zimen, herausgegeben von Dietrich Hahn. Düsseldorf-Wien 1975.

1 Ingeborg Schnack: Marburg – Bild einer Stadt. Impressionen und Profile. Bad Honnef 1961.
2 Klaus Hoffmann: Otto Hahn – Stationen aus dem Leben eines Atomforschers. Mit einem Vorwort von Manfred von Ardenne. Berlin, DDR, 1978. 3. Auflage 1981.
3 Walther Gerlach/Dietrich Hahn: Otto Hahn – Ein Forscherleben unserer Zeit. (Große Naturforscher, Band 45) Stuttgart 1984. (Soddy: Siehe S. 178).
4 Emil Fischer: Gutachten über Otto Hahn, 1907.
5 Otto Hahn: Zur Nomenklatur der Thoriumverbindungen. In: Physikalische Zeitschrift, 9. Jg., Nr. 8, 1908.
6 Otto Hahn: Über eine neue Erscheinung bei der Aktivierung mit Aktinium. In: Physikalische Zeitschrift, 10. Jg., Nr. 3, 1909.
7 Lise Meitner: Einige Erinnerungen an das Kaiser-Wilhelm-Institut für Chemie in Berlin-Dahlem. Otto Hahn zum 75. Geburtstag am 8. März 1954. In: Naturwissenschaften, 41. Jg., Nr. 5, 1954.
8 Otto Hahn: Ansprache anläßlich des 80. Geburtstages von Max von Laue. In: Mitteilungen MPG, Göttingen, Nr. 6, 1959.
9 Charlotte Haber-Nathan: Mein Leben mit Fritz Haber. Spiegelungen der Vergangenheit. Düsseldorf-Wien 1970.
10 Stefan Meyer: Zur Erinnerung an die Jugendzeit der Radioaktivität. In: Naturwissenschaften, 35. Jg., Nr. 6, 1948.
11 Fritz Haber (unterzeichnet von Haber, Schlenk, von Laue, Einstein und Planck): Wahlvorschlag für Otto Hahn zum OM. Datum der Wahl: 2. 12. 1924. In: Physiker über Physiker. Wahlvorschläge zur Aufnahme von Physikern in die Berliner Akademie 1870 bis 1929. Christa Kirsten und Hans-Günther Körber (Hrsg.). Berlin, DDR, 1975. (Band I).
12 Otto Hahn: Antrittsrede bei der Aufnahme in die Preußische Akademie der Wissenschaften. In: Physiker über Physiker. Band II. Antrittsreden und Erwiderungen von Physikern in die Berliner Akademie 1870 bis 1929. Christa Kirsten und Hans-Günther Körber (Hrsg.). Berlin, DDR, 1979.
13 Max Planck: Erwiderung auf Hahns Antrittsrede. In: siehe Anmerkung 12.

14 A. Born: Rezension von Otto Hahn, Was lehrt uns die Radioaktivität über die Geschichte der Erde? In: Naturwissenschaften, 15. Jg., Nr. 13, 1927.

15 Ernst H. Berninger: Otto Hahn in Selbstzeugnissen und Bilddokumenten. (Rowohlts Monographien Nr. 204), Reinbek 1974. 2. Auflage 1979.

16 Eberhard Lämmert: Rede anläßlich der Enthüllung des Otto-Hahn-Denkmals und Benennung des Otto-Hahn-Platzes in Berlin-Dahlem. In: Erinnerung an Otto Hahn. Hrsg. von der Freien Universität Berlin. Universitätsreden, Heft 4. Berlin 1983.

17 Hans Käding: Aus Otto Hahns Leben und Arbeiten. In: Naturwissenschaftliche Rundschau, 36, Nr. 2, 1983.

18 Otto Hahn: Zur Erinnerung an die Haber-Gedächtnisfeier vor 25 Jahren am 29. Januar 1935 im Harnack-Haus in Berlin-Dahlem. In: Mitteilungen MPG. Göttingen, Nr. 1, 1960.

19 Friedrich Herneck: Otto Hahn und Albert Einstein. Zum 5. Todestag des Entdeckers der Uranspaltung am 28. Juli. In: Spektrum, 4, Heft 7, 1973.

20 Siehe auch: Max-Planck-Gesellschaft (Hrsg.): Otto Hahn zum 8. März 1959. Göttingen 1959.

21 Bernt Engelmann: Deutschland ohne Juden. München 1970.

22 Glenn T. Seaborg: Vorwort zu Otto Hahn, A Scientific Autobiography. New York 1966.

23 Otto Hahn: Lord Rutherford of Nelson. In: Naturwissenschaften, 25. Jg., Nr. 46, 1937.

24 Siehe auch: Arthur Stewart Eve: Rutherford. Being the Life and Letters of the Rt Hon. Lord Rutherford, O.M. Cambridge 1939.

25 Siehe auch: Jost Lemmerich: Max Born, James Franck. Der Luxus des Gewissens. Physiker in ihrer Zeit. Ausstellungskatalog. Wiesbaden 1982.

26 Otto Hahn: Persönliche Erinnerungen an Frédéric Joliot. In: Physikalische Blätter, 14, 1958.

27 Franz Baumer: Otto Hahn. Berlin 1974.

28 Lise Meitner: Otto Hahn zum 8. März 1949. In: Zeitschrift für Naturforschung, 4a, Heft 2, 1949.

29 Carl Friedrich von Weizsäcker: Wissenschaftliche Tradition. Otto Hahn zum 70. Geburtstag. In: Göttinger Universitäts-Zeitung, 4, 11, 1949.

30 Karl-Erik Zimen: Strahlende Materie. Radioaktivität – ein Stück Zeitgeschichte. Esslingen-München 1987.

31 Fritz Straßmann: Erinnerungen an die Entdeckung der Uranspaltung. In: Mitteilungen MPG, Nr. 1, 1957.

32 Hans-Joachim Born und Fritz Straßmann: Otto Hahn. In: Radiochimica Acta, 9/2, 3, 1968.

33 Dietrich Hahn: Otto Hahn und Fritz Straßmann. In: Physikalische Blätter 37, Nr. 2, S. 44-46, 1981. (Hier genaue Angaben der verwendeten Zitate.)

34 Ernst Biekert: Ansprache. In: Feier der 100. Geburtstage von Albert Einstein, Otto Hahn, Lise Meitner, Max von Laue. Hrsg. von der Max-Planck-Gesellschaft, München 1979.

35 Fritz Straßmann: Zum Tode von Otto Hahn. Interview mit Thomas von Randow. In: Die Zeit, Hamburg, 2. 8. 1968.

36 Siegfried Flügge: Zur Vorgeschichte meiner Aufsätze betreffend die Atomenergie. Manuskript, 1972.

37 Robert Jungk: Heller als tausend Sonnen. Das Schicksal der Atomforscher. Stuttgart 1956.

38 Hans Götte: Otto Hahn – Der Forscher und der Mensch. In: Frankfurter Neue Presse, 30. 7. 1968.

39 Richard Willstätter: Aus meinem Leben. Weinheim 1949. (Geschrieben 1940).

40 Elizabeth Rona: How it came about. Radioactivity, Nuclear Physics, Atomic Energy. Oak Ridge Associated Universities, 1978. (Übersetzung vom Herausgeber.)

41 Jost Herbig: Kettenreaktion. Das Drama der Atomphysiker. München-Wien 1976.

42 Albert Speer: Erinnerungen. Frankfurt-Berlin-Wien 1969.

43 Werner Heisenberg: Interview mit David Irving. Institut für Zeitgeschichte, München. Archiv. (Siehe auch: Armin Hermann: Werner Heisenberg in Selbstzeugnissen und Bilddokumenten. Reinbek 1976.)

44 Wolf Jobst Siedler: Mündliche Äußerung. In: Reichshauptstadt privat – Ein Sittenspiegel. Folge 4. Die Großstadt als Fuchsbau. Zeitzeugen schildern die Jahre 1941 bis 1945. Ein Film von Horst Königstein. Gesendet am 25. 10. 1987 im Bayerischen Fernsehen.

45 Max Auwärter: Bericht. In: Gerlach/Hahn: Otto Hahn – Ein Forscherleben unserer Zeit. Stuttgart 1984. S. 114.

46 Werner Heisenberg: Der Teil und das Ganze. Gespräche im Umkreis der Atomphysik. München 1969.

47 Adolf Butenandt: Rede anläßlich der Trauerfeier für Otto Hahn. In: Otto Hahn 8. 3. 1879-28. 7. 1968. Hrsg. von der MPG, München 1968.

48 Lise Meitner: 25 Jahre Uranspaltung. In: URANIA, Berlin, DDR. Sonderdruck 1964.

49 Arne Tiselius: Ansprache auf Otto Hahn. In: Les Prix Nobel en 1946. Stockholm 1948.

50 Otto Hahn: Danksagung. In: Lex Prix Nobel en 1946. Stockholm 1948.

51 Friedrich Herneck: Einstein und sein Weltbild. (Kapitel: Einstein, der Zionismus und »die Deutschen«). Berlin, DDR, 1976.

52 Otto Hahn: Über Theodor Heuss. In: Begegnungen mit Theodor Heuss. Tübingen 1954.

53 Otto Hahn: Forschung und Technik – Freiheit und Verantwortlichkeit. Rede anläßlich der ACHEMA IX, 9. Juli 1950. Sonderdruck 1950. (Siehe auch: Otto Hahn: Erlebnisse und Erkenntnisse. S. 189-198).

54 Otto Hahn: Rede anläßlich der Trauerfeier für Theodor Heuss in der Stuttgarter Stiftskirche am 17. Dezember 1963. Nicht publiziert.

55 Thea Herfeld: Erinnerungen an Otto Hahn in Göttingen. In: Hannoversche Zeitung, 29. 7. 1968.

56 Ernst von Khuon: Abenteuer Wissenschaft. Begegnungen mit unserem Jahrhundert. Frankfurt am Main-Berlin 1986.

57 Walther Gerlach: Otto Hahn zum 85. Geburtstag. In: Mitteilungen MPG, 1/2, 1964.

58 Otto Hahn: Rede auf der Hauptversammlung der MPG am 11. Juni 1954 in Wiesbaden. In: Mitteilungen MPG, Göttingen, Nr. 3, 1954.

59 Alexander Dées de Sterio: Nobelpreisträger in Lindau. Solothurn 1963.

60 F. J. Beer- Poitevin: Im Geiste des Hippokrates. I. bis IX. Tagung der Mediziner. In: Siehe Anmerkung 62.

61 Otto Grotewohl: Kundgebung vom 19. Februar 1955 in Berlin, Deutsche Demokratische Republik.

62 Alexander Dées de Sterio: Nobel führte sie zusammen. Begegnungen in Lindau. Stuttgart 1975. 2. erweiterte Ausgabe, Konstanz 1985.

63 Karl Winnacker: Nie den Mut verlieren. Erinnerungen an Schicksalsjahre der Deutschen Chemie. Düsseldorf-Wien 1971.

64 Otto Hahn: A Visit in Palm Springs. In: Hollywood Cultural Center, 1, 1956.

65 Theodor Heuss: Rede auf der Hauptversammlung der MPG. Stuttgart, 13. 6. 1956.

66 Otto Hahn: Rede anläßlich der Enthüllung der Hahn-Straßmann-Gedenktafel am 17. 12. 1956 in Berlin-Dahlem. In: Mitteilungen MPG, Göttingen, Nr. 1, 1957.

67 Siehe: »Der Spiegel« vom 5. April 1961. Ferner: Erich Kuby, Eugen Kogon, Otto von Loewenstern, Jürgen Seifert: Franz Josef Strauß. Ein Typus unserer Zeit. Verlag Kurt Desch, München o. J. S. 68. Und: Otto Hahn: Erlebnisse und Erkenntnisse. S. 253.

68 Winfried Löschburg: Es begann in Göttingen. Berlin, DDR, 1964.

69 Otto Hahn in einem Interview mit der Deutschen Presse Agentur (dpa). In: Göttinger Tageblatt, 24. 4. 1957.

70 Reinhold Schneider: Winter in Wien. Aus meinen Notizbüchern 1957/1958. Freiburg-Basel-Wien 1958.

71 Lise Meitner: Otto Hahn zum 80. Geburtstag. In: Mitteilungen MPG, Göttingen, Nr. 1, 1959.

72 Wolfgang Gentner: Erinnerungen an Otto Hahn. In: Otto-Hahn-Preis 1979 – Wolfgang Gentner. Stadt Frankfurt am Main, Dezernat Kultur und Freizeit (Hrsg.). Sonderdruck 1979.

73 Joseph Wechsberg: Weizmann Institute of Science. Ein Modellfall moderner Wissenschaftsorganisation. Tübingen 1969.

74 Lise Meitner: Otto Hahn zum 80. Geburtstag am 8. März 1959. In: Naturwissenschaften, Jg. 46, Nr. 5, 1959.

75 Alice von Herdan-Zuckmayer: In: Christine Schemmann: Forscher von Tyndall bis Hahn und Wittig. Alpenvereins-Jahrbuch 1980. Innsbruck 1981.

76 Franz Graf Wolff Metternich: Gedenkrede für Hanno und Ilse Hahn. Bibliotheca Hertziana. Sonderdruck. Rom, 1961.

77 Hanno und Ilse Hahn in memoriam. Ein Gedenkblatt zum 20. Todestag. Privatdruck, München 1980.

78 Klaus Hoffmann: Interview der Woche. In: Neue Zeit. Berlin, DDR, 17. 3. 1979.

79 Joseph Breitbach: Gespräch mit Dietrich Hahn. Tonbandaufnahme vom 31. 7. 1978. Siehe auch: Dietrich Hahn (Hrsg.): Otto Hahn – Begründer des Atomzeitalters. Eine Biographie in Bildern und Dokumenten. München 1979. S. 317. Und: Gerlach/Hahn: Otto Hahn – Ein Forscherleben unserer Zeit. Stuttgart 1984. S. 196.

80 Lise Meitner: Otto Hahn zum 85. Geburtstag. In: Naturwissenschaften, 51. Jg., Nr. 5, 1964.

81 Lise Meitner: Otto Hahn – Der Entdecker der Uranspaltung. In: Forscher und Wissenschaftler im heutigen Europa. Hrsg. von H. Schwerte und W. Spengler. Oldenburg-Hamburg 1955.

82 Berta Karlik: Otto Hahn. In: Acta Physica Austriaca, 29, 1969.

83 Hans Jürgen Kallmann: Der verwundbare Stier. Die Kunst – mein Leben. München 1980.

84 Willi Brundert: Ansprache. In: Otto-Hahn-Stiftung der Stadt Frankfurt am Main. Reden. Frankfurt am Main, 1969.

85 Manfred Hausmann: Otto Hahn. In: Kleine Begegnungen mit großen Leuten. Ein Dank. Neukirchen-Vluyn 1973. 5. Auflage 1977.

86 Werner Stein: Ansprache. In: Akademische Gedenkfeier zu Ehren von Otto Hahn und Lise Meitner am 21. Februar 1969 in Berlin. Hrsg. von der MPG. München 1969.

87 Werner Heisenberg: Otto Hahn. Zum Tode des Gelehrten. In: Werner Heisenberg, Gesammelte Werke. Abteilung C, Band IV. Biographisches und Kernphysik. München 1986.

88 Otto Hahn: Biographischer Beitrag. In: Forscher und Gelehrte. Hrsg. von W. Ernst Böhm, Stuttgart 1966.

Zeittafel

1879
8. März: Otto Emil Hahn wird in Frankfurt am Main geboren. Geburtshaus: Bockgasse 17 (heute Ziegelgasse).

1894
Erstes Interesse an Chemie; spielerische Experimente in Mutters Waschküche. Kurze, intensive Beschäftigung mit Spiritismus.

1896
Lektüre von Stöckhardts *Schule der Chemie*«, die ein ernsthaftes Interesse an der Chemie bewirkt.

1897
Ostern: Abitur an der Klinger-Oberrealschule; anschließend Studium der Chemie und Mineralogie (Nebenfächer Physik und Philosophie) an der Universität Marburg.

1898
Drittes und viertes Semester an der Universität München. Beginnendes Interesse an Kunstgeschichte und Musik.

1901
24. Juli: Hahn promoviert an der Universität Marburg mit einer Dissertation *»Über Bromderivate des Isoeugenols«* zum Doktor der Philosophie (magna cum laude). Danach absolviert er einen einjährigen Militärdienst.

1902
1. Oktober: Zweijährige Assistenz bei Geheimrat Theodor Zincke am Chemischen Institut der Universität Marburg.

1904
Oktober: Hahn reist nach London und wird Mitarbeiter von Sir William Ramsay am University College.

1905
Februar: Hahn entdeckt in London das Radiothorium.
September: Reise nach Montreal, Kanada; Hahn wird Mitarbeiter von Ernest Rutherford am Physikalischen Institut der McGill-Universität.

1906
Winter 1905/06: Hahn entdeckt in Montreal das Radioactinium und das Thorium C'.
Sommer: Rückkehr nach Deutschland; Beginn der radioaktiven Arbeiten bei Emil Fischer in der »Holzwerkstatt« des Chemischen Instituts der Universität Berlin.

1907
15. Juni: Habilitation an der Universität Berlin.
Sommer/Herbst: Hahn entdeckt das Mesothorium I, das Mesothorium II und – unabhängig von Boltwood – das Ionium.
28. September: Begegnung mit der österreichischen Physikerin Lise Meitner. Beginn der 30jährigen Zusammenarbeit und lebenslangen Freundschaft.

1908
Sommer: Hahn und Meitner entdecken das Actinium C''.
Dezember: Hahn entdeckt den »Radioaktiven Rückstoß«.

1909
Hahn und Meitner entdecken mit der von ihnen neuentwickelten »Rückstoßmethode« das Radium C'' und das Thorium C''.

1910
1. Juni: Hahn und Otto von Baeyer publizieren die ersten »Magnetischen Linienspektren von Beta-Strahlen«.
13. September: Hahn wird in Brüssel Mitglied der neugegründeten Internationalen Radium-Standard-Kommission (u. a. mit Marie Curie, Rutherford, Boltwood, Soddy).
10. Oktober: Hahn wird vom Preußischen Kultusminister der Titel »Professor« verliehen.

1911
11. Januar: Gründung der Kaiser-Wilhelm-Gesellschaft zur Förderung der Wissenschaften in Berlin.
11. Juni: Hahn begegnet erstmals der Kunststudentin Edith Junghans auf einer Dampferfahrt bei Stettin.

Ende August: Hahn besteigt das Matterhorn und die Dent Blanche in den Walliser Alpen.

1912

23. Oktober: Einweihung des Kaiser-Wilhelm-Instituts für Chemie in Berlin-Dahlem in Anwesenheit Wilhelms II.; Hahn wird Leiter der Abteilung für Radioaktivität.

1913

22. März: Hahn heiratet Edith Junghans in Stettin; Hochzeitsreise nach Südtirol und an den Gardasee (San Vigilio).

1914

Hahn wird erstmals für den Chemie-Nobelpreis vorgeschlagen (dann auch 1923, 1924, 1925, 1933 und 1935).

1. August: Beginn des Ersten Weltkrieges.

1915

Januar: Einweisung Hahns in die von Fritz Haber geleitete Spezialtruppe für den Gaskampf. Fronteinsatz in Flandern und Polen.

1916

Dezember: Versetzung Hahns in das »Große Hauptquartier Seiner Majestät« nach Berlin. Fortsetzung der Arbeiten im KWI für Chemie.

1917

Hahn und Meitner entdecken das Protactinium.

1919

23. April: Hahn erhält den Lehrauftrag für Radioaktivität an der Universität Berlin.

1921

Hahn entdeckt die Kernisomerie am Uran Z und Uran X_2.

1922

9. April: Geburt des einzigen Sohnes Hanno (später Kunsthistoriker in Rom, 1960 tödlich verunglückt).

Hahn entwickelt die »Emaniermethode« zur Untersuchung des thermischen Verhaltens fester Stoffe.

1923

Hahn begründet die sogenannte »Angewandte Radiochemie«.

1924

Juni: Hahn wird II. Direktor des Kaiser-Wilhelm-Instituts für Chemie und im Dezember Ordentliches Mitglied der Preußischen Akademie der Wissenschaften.

1926

Hahn publiziert die »Hahnschen Fällungs- und Adsorptionssätze«.

1929

März: Hahn bezieht mit seiner Familie das neuerrichtete Haus Altensteinstraße 48, Berlin-Dahlem (heute am Otto-Hahn-Platz gelegen); Wohnung bis 1944.

30. April: Hahn rückwirkend vom 1. April 1928 Direktor des KWI für Chemie.

1930

Sommer: Hahn macht drei große Bergtouren und besteigt mit dem Bruder Heiner den Mönch, das Finsteraarhorn und die Jungfrau im Berner Oberland.

1932

16.-19. Mai: Hahn leitet die internationale Bunsentagung über Radioaktivität in Münster (anwesend u. a. Rutherford, Vernadsky, Geiger, Chadwick, Lise Meitner, Hevesy, Chlopin, Stefan Meyer).

1933

30. Januar: Machtergreifung Adolf Hitlers in Deutschland.

7. März: Hahn tritt eine Gastprofessur an der Cornell-Universität in Ithaca, New York, an.

Ende Juni: Vorzeitige Rückkehr nach Berlin. Hahn wird kommissarischer Leiter des KWI für Physikalische Chemie, da Fritz Haber zurücktreten muß. Weigerung Hahns, der NSDAP beizutreten.

6. September: Ausschluß Lise Meitners aus der Universität Berlin; Entzug der Lehrbefugnis.

1934

31. Januar: Hahn erklärt seinen Austritt aus der Universität Berlin.

6. bis 15. September: Hahn und Meitner nehmen am Mendelejew-Kongreß in Moskau und Leningrad teil. Nach der Rückkehr beginnen sie mit der Bestrahlung des Urans mit Neutronen.

1935
29. Januar: Hahn hält die Gedächtnisrede auf der vom Preußischen Kultusministerium und der NSDAP verbotenen Gedenkfeier für Fritz Haber.

1936
Hahns Lehrbuch »*Applied Radiochemistry*« erscheint in Ithaca, New York und London, später auch in einer russischen Ausgabe.

1937
Entdeckung des Uranisotops 239, Muttersubstanz des Neptuniums. Aufstellung der drei »Umwandlungsreihen des Urans« mit ihren chemischen Eigenschaften und Halbwertszeiten.

1938
Juni: Hahn und Dirk Coster bereiten Lise Meitners Emigration vor, die seit dem Anschluß Österreichs besonders gefährdet ist.
13. Juli: Lise Meitner verläßt in Costers Begleitung illegal Deutschland und emigriert über Holland nach Stockholm.
17. Dezember: Hahn entdeckt zusammen mit seinem Assistenten Fritz Straßmann das »Zerplatzen« (Hahn) des Uran-Atomkerns.

1939
6. Januar: Hahns und Straßmanns (noch vorsichtige) erste Mitteilung des neuen Phänomens in den »*Naturwissenschaften*«.
10. Februar: Die zweite Veröffentlichung über die »Uranspaltung« in den »*Naturwissenschaften*«.
11. Februar: Meitner und Frisch publizieren ihre theoretische Deutung des Spaltungsprozesses; Frisch prägt die Bezeichnung »nuclear fission« (Kernspaltung).
Frühjahr/Sommer: Hahn hält Vorträge in Schweden, Norwegen, Dänemark und England.
9. Juni: Siegfried Flügge, Physiker im Hahnschen Institut, publiziert erstmals konkrete Vorstellungen über die technische Nutzung der Kernenergie.
Hahn und die Mitarbeiter Straßmann, Flügge, Götte und Seelmann-Eggebert arbeiten bis 1945 an den Spaltreaktionen und weisen bis zum Frühjahr 1945 als Spaltprodukte des Urans 25 Elemente mit etwa 100 Isotopen nach.
1. September: Beginn des Zweiten Weltkrieges.

1940
Januar: Louis Turner publiziert die erste Monographie über die ›Nuclear Fission‹, mit einer Bibliographie von über 100 Artikeln.

1942
Februar und Juni: Teilnahme Hahns an den Geheimkonferenzen (Heereswaffenamt/Rüstungsministerium) über eine mögliche technische Verwertung der Atomenergie.

1944
11. Februar: Zerstörung des KWI für Chemie durch einen Bombenangriff; Verlagerung nach Tailfingen (Württemberg).
November: Die Schwedische Akademie wählt Hahn für den Chemie-Nobelpreis 1944, stellt die Verleihung aber zurück.
November/Dezember: Hahn interveniert bei der SS im Falle »der Jüdin Maria Sara von Traubenberg geborene Rosenfeld« und erreicht ihre spätere Rettung.

1945
25. April: Verhaftung Hahns und Internierung mit neun deutschen Physikern in Farmhall, England (bis Januar 1946).
19. Mai: Heirat des Sohnes Hanno mit der Operationsschwester Ilse Pletz in Tailfingen.
6. August: Abwurf der amerikanischen Atombombe auf Hiroshima.
9. August: Eine zweite Atombombe der USA trifft Nagasaki.
15. November: Offizielle Bekanntgabe der Nobelpreis-Verleihung an Hahn.

1946
1. April: Hahn wird Präsident der Kaiser-Wilhelm-Gesellschaft.
14. April: Geburt des einzigen Enkels Dietrich in Frankfurt am Main.
10. Dezember: König Gustav V. von

Schweden überreicht Hahn in Stockholm den Nobelpreis für Chemie des Jahres 1944.

1947

6. Januar: Hahns Appell an die Alliierten *»An solche, die guten Willens sind«* (Themen: Unterernährung der deutschen Bevölkerung, Vertreibung Deutscher aus den Ostgebieten, Elend der Flüchtlinge u. a.).

1948

26. Februar: Hahn wird Präsident der »Max-Planck-Gesellschaft zur Förderung der Wissenschaften« in Göttingen.

1949

23. September: Bekanntgabe der Explosion der ersten sowjetischen Atombombe. Hahn begrüßt die Brechung des US-amerikanischen Kernwaffenmonopols.

1950

10. Juli: Bei der Eröffnung der ACHEMA IX in Frankfurt spricht Hahn über die »Wissenschaft als Machtfaktor« und fordert eine Beteiligung der Forscher an politischen Entscheidungen.

1951

April: Türkei-Reise; Vorträge in Istanbul und Ankara, anschließend in Athen, Rom und Bern.

24. Oktober: Attentat eines Geistesgestörten, der Hahn mit einer Schlachtviehpistole in den Rücken schießt.

1952

1. November: Zündung der ersten US-amerikanischen Wasserstoffbombe.

1953

Hahn hält zahlreiche Vorträge in Europa über *»Atomenergie für den Frieden«*.

12. August: Explosion der ersten sowjetischen Wasserstoffbombe.

Herbst: Hahn lehnt das Angebot der Firmen Hoechst und Bayer ab, Mitglied ihrer Aufsichtsräte zu werden.

1954

11. Juni: Hahn warnt vor der Cobalt-Bombe.

27. Juni: Das erste Atomkraftwerk der Welt nimmt in Obninsk bei Moskau seinen Betrieb auf.

28. Juni: Hahn trifft in Lindau mit Albert Schweitzer zusammen.

Dezember: Briefwechsel Hahns mit dem UNO-Präsidenten über die geplante Genfer Atomkonferenz.

1955

13. Februar: Hahns Rundfunkappell *»Cobalt 60 – Gefahr oder Segen für die Menschheit?«* in Deutschland, Dänemark, Österreich und Norwegen, anschließend über BBC London und in der internationalen Presse.

15. Juli: Die von Hahn initiierte *»Mainauer Kundgebung der Nobelpreisträger«* appelliert an die Nationen der Welt, auf Gewalt als letztes Mittel der Politik zu verzichten.

Juli/August: Internationale Konferenzen zur friedlichen Nutzung der Atomenergie in Moskau und Genf. Hahn leitet die Genfer Delegation der Bundesrepublik Deutschland.

12. September: Erstmalige Verleihung des »Otto-Hahn-Preises für Chemie und Physik« an Lise Meitner und Heinrich Wieland in München.

13. September: Hahn warnt vor einer nuklearen Abschreckungspolitik, die er auf lange Sicht für unwirksam hält.

November/Dezember: Reise Hahns mit Sohn Hanno in die USA; Vorträge und Besichtigung von Forschungsanlagen. Eine Einladung Präsident Eisenhowers ins Weiße Haus lehnt Hahn ab.

1956

26. Januar: Hahn wird Vize-Präsident der Deutschen Atomkommission.

14. Juni: Hahn verurteilt die »Milliarden für die Rüstung« und fordert »wenigstens einige hundert Millionen für Forschung, Wissenschaft und Schulen«.

13./14. Juli: Hahn begegnet in Bonn Ministerpräsident Nehru und Indira Gandhi.

20. September: Besuch bei König Paul I. und Königin Friederike von Griechenland in Hannover. In einer späteren Korrespondenz mit der Königin begrüßt Hahn Pauls »dringenden Appell an die Liebe der Men-

schen untereinander, ohne die unser Tun nur ›Schall und Rauch‹ ist«.

17. Oktober: Einweihung des ersten westlichen Atomkraftwerkes in Calder Hall, England.

19. November: Hahn und elf Wissenschaftler warnen Verteidigungsminister Strauß vor der Ausrüstung der Bundeswehr mit Atomwaffen.

1957

5. April: Bundeskanzler Adenauer bagatellisiert taktische Atomwaffen als »weiterentwickelte Artillerie«.

12. April: Hahn und 17 Kollegen veröffentlichen die *»Göttinger Erklärung der 18 Atomforscher«* gegen die atomare Bewaffnung der Bundesrepublik Deutschland. Heftige Kontroverse mit der Adenauer-Strauß-Regierung.

17. April: Vorladung von Hahn und vier Kollegen ins Bundeskanzleramt.

23. April: Hahn begrüßt Albert Schweitzers Osloer Rundfunk-Appell auf Einstellung aller Atomversuche.

1. Mai: Die französische Gewerkschaft CGT schlägt Hahn erstmals für den Friedensnobelpreis vor.

20. Mai: Vatikan-Besuch. Hahn wird von Papst Pius XII. empfangen.

Juni: England-Reise. Hahn wird Ehrendoktor der Universität Cambridge und Mitglied der Royal Society in London.

28. Juni: Hahn regt an, wirksame Methoden für eine Kontrolle des Wettrüstens auszuarbeiten.

13. November: Hahn protestiert in Wien gegen weitere A- und H-Bomben-Versuche.

5. Dezember: Der sowjetische Eisbrecher »Lenin«, das erste zivile Nuklearschiff, läuft vom Stapel.

28. Dezember: Über Radio Sofia plädiert Hahn für eine internationale Entspannungspolitik und fordert eine allgemeine atomare Abrüstung.

1958

13. Januar: Übergabe der von Hahn, Albert Schweitzer und Bertrand Russell u. a. unterzeichneten Pauling-Petition an UNO-Generalsekretär Hammarskjöld; Forderung eines internationalen Abkommens über die Einstellung der Atomversuche.

30. März: Hahn begrüßt den Entschluß des Obersten Sowjets, Kernwaffenversuche einseitig einzustellen.

5. Mai: Die ihm angebotene Ehrenmitgliedschaft in der Sowjetischen Akademie lehnt Hahn ab.

30. Mai: In einem Interview mit der ›New York Times‹ rät Hahn zum Abbau aller Uranspaltungsreaktoren ›im Interesse des Friedens« und plädiert für die Entwicklung von Fusionsreaktoren.

18. Juni: Rede auf der Weltausstellung in Brüssel: »*Atomium – Symbol internationaler Zusammenarbeit in der Wissenschaft«.*

4. Juli: Die internationale Grotius-Stiftung in Den Haag verleiht Hahn die Hugo-Grotius-Medaille »für besondere Verdienste um die Verbreitung des Völkerrechts«.

Oktober: Hahn unterzeichnet das *»Abkommen, eine Versammlung zur Ausarbeitung einer Weltverfassung einzuberufen«.*

1959

8. März: 80. Geburtstag mit zahlreichen Gästen aus Politik und Kultur. Hahn wird Ehrenbürger von Frankfurt und Göttingen.

Juni: Hahn wird, auch von der FDP, als Nachfolger von Theodor Heuss für das Amt des Bundespräsidenten vorgeschlagen. Er lehnt ab.

November: Israel-Reise; Hahn hält Vorträge in Rehovot und Jerusalem und ist u. a. Gast von Frau Chaim Weizmann, Abba Eban und Yigael Yadin.

1960

Februar: Hahn fordert die Bundesregierung auf, einen jährlichen Zuschuß von 1 Million Mark an das Weizmann-Institut in Rehovot zu zahlen; Adenauer akzeptiert Hahns Vorschlag.

19. Mai: Hahn übergibt die Präsident-

schaft der MPG an Adolf Butenandt und wird zum Ehrenpräsidenten ernannt.

29. August: Hahns Sohn, Dr. Hanno Hahn, verunglückt tödlich in Mars-la-Tour, Frankreich. Schwiegertochter Ilse Hahn stirbt am 7. September in Briey an den Folgen des Autounfalls.

11. September: Botschaft Hahns an den Kongreß des Japanischen Rates gegen A- und H-Bomben, in der er sich gegen jegliche Ausweitung von Atomwaffen ausspricht.

1961

Januar: Hahn unterzeichnet den Pauling-Appell *»Keine neuen Atommächte!«*

1962

Hahns wissenschaftliche Autobiographie *»Vom Radiothor zur Uranspaltung«* erscheint.

23. Oktober: Hahn warnt in Wien vor den drohenden Gefahren eines immer weiter fortschreitenden atomaren Wettrüstens.

1963

25. Juli: Begegnung Hahns mit Präsident John F. Kennedy in Frankfurt am Main.

5. August: Hahn begrüßt den *»Moskauer Vertrag zur Einstellung der Kernwaffenversuche in der Atmosphäre und unter Wasser«* zwischen der Sowjetunion, den USA und Großbritannien und plädiert für den sofortigen Beitritt der Bundesrepublik Deutschland.

19. August: Die Bundesrepublik Deutschland tritt dem Abkommen bei.

1964

Mai: Ein Artikel von Hahn über »Kernenergie« wird in New York für 5000 Jahre eingemauert.

13. Juni: Hahn nimmt am Stapellauf des ersten europäischen atomgetriebenen Handelsschiffes teil, der »NS Otto Hahn«.

1965

Hahn beginnt mit der Niederschrift von *»Mein Leben«*.

1966

Juni: Hahn reist nach Prag und St. Joachimsthal (Jachymov) zur Enthüllung eines Curie-Denkmals, obwohl die Bundesrepublik noch keine diplomatischen Beziehungen zur CSSR unterhält. Er findet »persönliche Begegnungen dieser Art für den besten Weg« zur Beseitigung aller Mißverständnisse und zur Schaffung von guten Beziehungen und einem dauerhaften Frieden.

6. August: Hahn wird von US-Präsident Lyndon B. Johnson zusammen mit Lise Meitner und Fritz Straßmann der »Enrico-Fermi-Preis« der amerikanischen Atomenergie-Kommission verliehen.

1967

Februar: Eine von Hahn unterstützte Aktion erbringt über 100 000 Mark für den Wiederaufbau des alten Frankfurter Opernhauses.

25. September: Hahn unterzeichnet einen Aufruf, den früheren Reichsminister Rudolf Heß aus humanitären Gründen aus dem Spandauer Gefängnis zu entlassen.

1968

18. März: Hahn begrüßt die Initiativen des Friedensnobelpreisträgers Dominique Pire, alle Völker von der Notwendigkeit eines Weltfriedens zu überzeugen.

17. Juni: Hahn wird Ehrenbürger des Landes und der Stadt Berlin.

1. Juli: Abschluß des Atomwaffen-Sperrvertrages in Moskau, Washington und London.

28. Juli: Hahn stirbt nach viermonatigem Klinikaufenthalt an Herzversagen in Göttingen.

1. August: Trauerfeier in der Göttinger Universitätskirche mit 600 Gästen aus aller Welt. Beisetzung auf dem Stadtfriedhof.

14. August: Edith Hahn stirbt nach jahrelangem schwerem Leiden. Ende August erscheint Hahns populäre Autobiographie *»Mein Leben«*.

1969

Gründung der »Otto-Hahn-Stiftung der Stadt Frankfurt am Main«, die alle zwei Jahre einen mit 25 000 DM ausgestatteten »Otto-Hahn-Preis« verleiht.

1974

Einweihung des »Otto-Hahn-Wing« am Weizmann Institute of Science, Rehovot, Israel.

1979

Stiftung der »Otto-Hahn-Medaille der Max-Planck-Gesellschaft« zur Förderung junger Wissenschaftler.

1988

Stiftung der »Otto-Hahn-Friedensmedaille in Gold« für besondere Verdienste um Frieden, Abrüstung und Völkerverständigung.

Bibliographie (Auswahl)

A. Primärliteratur

Otto Hahn: *Was lehrt uns die Radioaktivität über die Geschichte der Erde?* Berlin 1926.

Otto Hahn: *Applied Radiochemistry.* Ithaca, New York, London, Oxford 1936.

Otto Hahn: *Künstliche neue Elemente.* Weinheim 1948.

Otto Hahn: *Die Kettenreaktion des Urans und ihre Bedeutung.* Düsseldorf 1948.

W. Gaade (Ed.): *Otto Hahn – New Atoms.* New York, Amsterdam, London, Bruxelles 1950.

Otto Hahn: *Die Nutzbarmachung der Energie der Atomkerne.* München-Düsseldorf 1950.

Otto Hahn: *Vom Radiothor zur Uranspaltung. Eine wissenschaftliche Selbstbiographie.* Braunschweig 1962. Erweiterte Neuausgabe: Braunschweig-Wiesbaden 1988.

Otto Hahn: *Mein Leben.* München 1968. 5. Auflage 1969. Erweiterte Neuausgabe. München-Zürich 1986.

Dietrich Hahn (Hrsg.): *Otto Hahn – Erlebnisse und Erkenntnisse.* Düsseldorf-Wien 1975.

B. Sekundärliteratur

Badash, Lawrence: *Otto Hahn.* In: *Dictionary of Scientific Biography.* Volume VI. New York 1972.

Bagge, Erich; Kurt Diebner; Kenneth Jay: *Von der Uranspaltung bis Calder Hall.* Reinbek 1957.

Barthel, Jochen: *Otto Hahn.* In: *Vorbilder aus der Deutschen Geschichte.* München 1983.

Baumer, Franz: *Otto Hahn.* Berlin 1974.

Berninger, Ernst H.: *Otto Hahn – Eine Bilddokumentation.* München 1969.

Berninger, Ernst H.: *Otto Hahn 1879-1968.* Inter Nationes. Bonn-Bad Godesberg 1970.

Berninger, Ernst H.: *Otto Hahn in Selbstzeugnissen und Bilddokumenten.* Reinbek 1974. 2. Auflage 1979.

Clark, Ronald W.: *The Birth of the Bomb.* London 1961.

Dietz, David: *Atomic Energy in the coming era.* New York 1945. 6. Auflage 1949.

Farber, Eduard: *Otto Hahn.* In: *Nobelprizewinners in Chemistry.* London-New York-Toronto 1963.

Feldman, Anthony; Peter Ford: *Otto Hahn.* In: *Scientists and Inventors.* London 1979.

Fermi, Laura: *The Story of Atomic Energy.* New York 1961.

Freie Universität Berlin: *Erinnerung an Otto Hahn.* Berlin 1983.

Frisch, Otto R.: *What little I remember.* Cambridge 1979.

Gerlach, Walther; Dietrich Hahn: *Otto Hahn – Ein Forscherleben unserer Zeit.* Stuttgart 1984. (Große Naturforscher, Band 45).

Graetzer, H. G.; D. L. Anderson: *The Discovery of Nuclear Fission. A documentary history.* New York 1971.

Hahn, Dietrich (Hrsg.): *Otto Hahn – Begründer des Atomzeitalters. Eine Biographie in Bildern und Dokumenten.* München 1979.

Hahn, Dietrich (Hrsg.): *Otto Hahn in der Kritik.* München 1981.

Hartmann, Hans: *Otto Hahn.* In: *Begegnung mit Europäern.* Thun 1954.

Hartmann, Hans: *Otto Hahn – Der Entdecker der Atomspaltung.* Murnau-München-Innsbruck-Basel 1961.

Hausmann, Manfred: *Otto Hahn.* In: *Kleine Begegnungen mit großen Leuten. Ein Dank.* Neukirchen-Vluyn 1973.

Heimendahl, Eckart: *Otto Hahn.* In: *Wegbereiter unserer Zukunft.* Tübingen 1968.

Heisenberg, Werner: *Der Teil und das Ganze. Gespräche im Umkreis der Atomphysik.* München 1969.

Herbig, Jost: *Kettenreaktion. Das Drama der Atomphysiker.* München-Wien 1976.

Hermann, Armin: *Otto Hahn.* In: *Große Physiker.* Stuttgart 1959.

Hermann, Armin: *Otto Hahn.* In: *Deutsche Nobelpreisträger.* München 1968.

Hermann, Armin: *Die neue Physik. Der Weg in das Atomzeitalter. Zum Gedenken an Albert Einstein, Max von Laue, Otto Hahn, Lise Meitner.* München 1979.

Herneck, Friedrich: *Otto Hahn und Lise Meitner.* In: *Bahnbrecher des Atomzeitalters.* Berlin 1965. 8. Auflage 1979.

Hoffmann, Klaus: *Otto Hahn – Stationen aus dem Leben eines Atomforschers.* Berlin 1978. 3. Auflage 1981.

Irving, David: *Der Traum von der deutschen Atombombe.* Gütersloh 1967.

Jungk, Robert: *Heller als tausend Sonnen. Das Schicksal der Atomforscher.* Stuttgart 1956.

Krafft, Fritz: *Otto Hahn.* In: *Die Großen Deutschen unserer Epoche.* Frankfurt am Main-Berlin 1985.

Laurence, William L.: *Dawn over zero. The Story of the Atomic Bomb.* New York 1946. 5. Auflage 1953.

Mattauch, Josef: *Fünfzig Jahre Radioaktivität. Von Henri Becquerel bis Otto Hahn.* Mainz 1948.

Max-Planck-Gesellschaft (Hrsg.): *Otto Hahn 8. 3. 1879-28. 7. 1968.* München 1968.

Max-Planck-Gesellschaft (Hrsg.): *Akademische Gedenkfeier für Otto Hahn und Lise Meitner am 21. Februar 1969 in Berlin.* München 1969.

Max-Planck-Gesellschaft (Hrsg.): *Feier des 100. Geburtstage von Albert Einstein, Otto Hahn, Lise Meitner, Max von Laue.* Stuttgart 1979.

Meitner, Lise: *Otto Hahn – Der Entdecker der Uranspaltung.* In: *Forscher und Wissenschaftler im heutigen Europa.* Oldenburg-Hamburg 1955.

Radkau, Joachim: *Aufstieg und Krise der deutschen Atomwirtschaft 1945-1975.* Reinbek 1983.

Radvanyi, Pierre; Monique Bordry: *Otto Hahn.* In: *La Radioactivité artificielle et son histoire.* Paris 1984.

Radvanyi, Pierre; Monique Bordry: *Histoires d'Atomes.* Paris 1988.

Reid, R. W.: *Wissenschaft und Gewissen.* München 1969.

Riemer, Ulrike (Hrsg.): *Otto Hahn.* In: *Große Deutsche.* München 1983.

Schreiber, Georg: *Deutsche Wissenschaftspolitik von Bismarck bis Otto Hahn.* Bonn 1954.

Schreiber, Hermann: *Otto Hahn.* In: *Die Großen des 20. Jahrhunderts.* Würzburg 1971.

Schreiber, Hermann: *Vom Experiment zum Erfolg. Die Großen der Naturwissenschaft und Technik von Leonardo da Vinci bis Otto Hahn.* Würzburg 1971.

Seaborg, Glenn T.: *Nuclear Milestones.* San Francisco 1972.

Shea, William R. (Ed.): *Otto Hahn and the Rise of Nuclear Physics.* Dordrecht-Boston-Lancaster 1983.

Spence, Robert: *Otto Hahn 1879-1968. Biographical Memoirs of Fellows of the Royal Society. Volume 16.* London 1970.

Stephens, William E. (Ed.): *Nuclear fission and Atomic Energy.* Lancaster 1948.

Stolz, Werner: *Otto Hahn – Lise Meitner.* Leipzig 1983.

Theodor, Franz K.: *Otto Hahn.* In: *Menschen, die die Welt veränderten. Schicksale, Taten, Wirkungen.* Gütersloh o. J.

Vandenbosch, Robert; John R. Huizenga: *Nuclear Fission.* New York-London 1973.

Wohlfahrt, Horst (Hrsg.): *40 Jahre Kernspaltung. Eine Einführung in die Originalliteratur.* Darmstadt 1979.

Zimen, Karl-Erik: *Strahlende Materie. Radioaktivität – ein Stück Zeitgeschichte.* Esslingen-München 1987.

Verzeichnis der Abbildungen

Albert Speer (†), Heidelberg: 193, 194
Staatsbibliothek Preußischer Kulturbesitz, Berlin: 64, 107, 236, 283, 331 (links)
Süddeutscher Verlag, Bildarchiv, München: 40, 257 (rechts), 260, 276, 281, 334.
University College, London: 50, 53
University of California, Berkeley: 269
University of Glasgow, Glasgow: 77 (links)
Prof. Dr. Carl Friedrich von Weizsäcker, Starnberg: 181

Alle übrigen Bilder und Dokumente entstammen dem Archiv des Herausgebers. Urheber und Herkunft einiger Fotografien sind unbekannt, für Hinweise sind Herausgeber und Verlag dankbar.

Biographien, Leben und Werk
im insel taschenbuch

Biographien, Leben und Werk
im insel taschenbuch

Biographien, Leben und Werk
im insel taschenbuch